中央高校基本科研业务费NO.2019CDJSK07PT12资助

中国公民主观话语权研究

刘 毅 著

中国社会科学出版社

图书在版编目（CIP）数据

中国公民主观话语权研究／刘毅著．—北京：中国社会科学出版社，2019.6

ISBN 978-7-5203-3734-2

Ⅰ.①中…　Ⅱ.①刘…　Ⅲ.①公民权—研究—中国　Ⅳ.①D921.04

中国版本图书馆 CIP 数据核字(2018)第 294925 号

出 版 人　赵剑英
责任编辑　陈肖静
责任校对　刘　娟
责任印制　戴　宽

出　　版　中国社会科学出版社
社　　址　北京鼓楼西大街甲 158 号
邮　　编　100720
网　　址　http://www.csspw.cn
发 行 部　010-84083685
门 市 部　010-84029450
经　　销　新华书店及其他书店

印　　刷　北京明恒达印务有限公司
装　　订　廊坊市广阳区广增装订厂
版　　次　2019 年 6 月第 1 版
印　　次　2019 年 6 月第 1 次印刷

开　　本　710×1000　1/16
印　　张　14.5
插　　页　2
字　　数　231 千字
定　　价　66.00 元

推动我国民主协商制度建设的力作

张铭清

在刘毅的《中国公民主观话语权研究》付梓之际，我想结合他的研究谈点浅见。

近年来，在话语权研究中，研究者对国际话语权的关注较多，这是十分必要的。因为尽管我国的国际地位在不断提高，但我国仍然面临着国际话语权与国际地位不相匹配的现实。塑造良好的国际形象，营造良好的国际发展环境，争取我国国际话语权就成为国家和研究者的优先选项。

公民话语权建设是我国民主协商社会建设的重要组成部分和实现途径。公民话语权研究理应与国际话语权研究相辅相成，齐头并进，但是，目前国际话语权的研究与公民话语权的研究，一条腿长，一条腿短。两条腿长短不同，就难以行稳致远。

我国已经进入了全面建成小康社会的决胜阶段，走进了中国特色社会主义新时代。在这一时代背景下，研究、探讨和解答公民话语权这一现实问题显得更为迫切、尤为必要。公民话语权研究作为跨学科研究，以往从理论上对其进行探讨的情况尚不多见，刘毅的《中国公民主观话语权研究》补足了公民话语权研究较少的短板，是推动我国民主协商制度建设的力作。

公民话语权是话语权利和话语权力的统一，不仅包括公民所拥有的发言资格和机会，还包括发言效果——即衡量的尺度是“说了算不算数以及在多大程度上算数”。作者创造性地提出了“公民主观话语权”这一学术概念，并对我国普通公民主观话语权的影响因素和影响效应以及新闻工作者主观采编话语权的影响因素和影响效应进行了艰辛的理论探讨和实证研究，并在此基础上，提出了若干提升我国公民主观话语权的策略。

本书对公民主观话语权有独到的见解和结论，更为重要的是作者提出了公民主观话语权这一研究问题，并对其作了针对性的解答。希望本书能够引起更多的研究者对该问题的兴趣以及社会对该问题的关注，进而引起决策者的重视，这对于保障广大人民群众当家作主的权利以及推动我国民主协商社会建设具有建设性的意义。而这正是该研究最重要的学术价值和应用价值。

刘毅治学态度严谨，具备较为扎实的理论功底。难能可贵的是，他具有较强的创新意识和创新精神，这为他取得一系列代表性成果奠定了良好的基础。本书在他的博士论文的基础上作了认真修改，达到了较高的水平。希望他再接再厉，以本书的出版作为学术研究的新起点，不断取得新的高水平的研究成果。

2018 年 12 月

（作者系厦门大学新闻传播学院首任院长、教授、博士生导师，海峡两岸关系协会第二届理事会副会长）

开启学术研究的新视野

郝晓鸣

刘毅的首部专著《中国公民主观话语权研究》即将出版，可喜可贺！

在西方，似乎没有完全与话语权这一概念相对应的英文翻译，人们往往更多地使用表达权这一概念。公民话语表达的自由和权利是西方民主社会构想的基石。民主是世界范围内的大趋势，中国也将其列为社会主义核心价值观的一部分。随着中国社会经济的发展，公民话语权问题显得越来越重要。

公民主观话语权是指公民对自身话语权的主观感知。虽然主观话语权并不一定能够准确反映社会现实中每个公民真正享有的话语权，但它是人们当家作主感受的心理反映。作者提出了公民主观话语权这一学术概念并对其进行了操作化定义，体现了学术思想的创新。在整个社会结构中，公民包括了普通公民和在相当程度上代表普通公民掌握着社会话语权的新闻工作者两部分。作者不仅对中国普通公民的主观话语权进行了研究，还把新闻工作者的主观采编话语权纳入进来一并考察，拓展了以往公民话语权研究的对象。以往发表的有关话语权的文献多属论说文，而作者采用定量研究方法对中国公民的主观话语权进行了探讨，体现了研究方法的创新。在定量研究的基础上，作者提出了若干提升中国公民主观话语权的策略，这对改善社会现实具有指导意义。提出和探讨公民主观话语权这一问题开启了学术研究的新视野，研究难度较大，作者对这一问题做了比较深入的研究和思考，具备科学性，富有启发性。

刘毅在新加坡南洋理工大学访学期间是我的学生。他在新期间及回国后，我们都一直保持学术上的交流和接触，合作愉快，他是不可多得的朋友和学术合作伙伴。他勤奋努力，治学严谨，是青年博士中的佼佼者，相信他能够在专业领域取得更大的成就。

以上是我对本书和他本人的推荐，希望大家关注他的学术成长进程。

2018 年 12 月

（作者系南洋理工大学教授，《亚洲传播学报》主编）

目　　录

第一章

绪　论

第一节　研究意义

公民话语权不仅是公民的人权，关乎公民个人的利益和发展，还是社会进步程度和国家文明程度的衡量标尺。在当代中国，公民话语权理应与小康社会一起成长，共同发展。

一　公民话语权是实现个人现代化的重要方面

中国共产党第十五次全国代表大会确定了到21世纪中叶，我国基本实现现代化的宏伟目标（江泽民，1997）。个人现代化是现代化的一个重要方面，是我国实现社会主义现代化的前提和关键。英克尔斯（1992）认为，人的现代化对国家的现代化尤为重要。只有当一个国家的国民从心理到行为都转变为现代人格以及它的管理机构的工作人员都获得了某种与现代化发展相适应的现代性时，这样的国家才算真正实现了现代化。

国内外学者对个人现代化的主要特征进行了归纳。英克尔斯（1992）归纳出了现代人的12个特征，比如乐于接受新的生活经验、思想观念和行为方式，接受社会的改革和变化，思路广阔、头脑开放、尊重并愿意考虑各方面的不同意见和看法，对教育的内容和传统智慧敢于提出挑战，相互了解和尊重以及自尊等；邹吉君、曲卫君（2000）提出了自主意识、民主意识、参与意识、竞争意识和改革意识等12种人的现代化意识和观念；金奇（2002）提出了人的12种现代化素质，包括创新素质、热爱自由、崇尚民主、追求平等、锐意变革与向上发展的进取精神等。上述学者提出的现代化的特征和意识观念都与公民话语权密切相关。只有公民拥有充分的意见表达资格和机会，且发表的意见可能被采纳甚至有可能对他人和社会产生影响，他们才可能在这种话语表达的过程中培养出现代化意识和观念，形成现代性人格，实现自身的现代化。

二 公民话语权是中国共产党群众路线的题中应有之义

1981年6月中共中央作出的《关于建国以来党的若干历史问题的决议》将群众路线概括为“一切为了群众，一切依靠群众，从群众中来，到群众中去”（中共中央文献研究室，1982：834）。中国共产党历来高度重视群众工作和群众路线，并与时俱进地发展和深化了对群众路线的认识。中国共产党要坚持“思想上尊重群众、感情上贴近群众、工作上依靠群众，深入了解民情，充分反映民意，广泛集中民智，切实珍惜民力，把群众满意不满意作为加强和创新社会管理的出发点和落脚点”（胡锦涛，2011）。2012年，中国共产党第十八次全国代表大会提出了争取中国特色社会主义新胜利的八条基本要求，其中第一条就是“必须坚持人民主体地位”（胡锦涛，2012），这体现了中国共产党对群众路线的高度重视。

群众路线是中国共产党的认识论、工作方法、工作作风、组织原则和价值取向（李华，2012）。作为领导方法和工作方法，群众路线以群众观点为指导思想。要贯彻群众路线，必须树立群众观点；没有明确的群众观点，就不会有真正的群众路线（杜李，1984）。群众路线是中国式民主的精髓与实现路径（刘红凛，2014），其实质在于为民和民主等（许耀桐，2013）。刘智峰（1998）认为，群众路线是共产党传统的民主决策方式，是中国政治传统的重大突破，从现代政治学的角度来看，群众路线是基层群众反映自己的要求和意见，表达自身利益诉求，从而实现领导与群众的经常性沟通并在一定范围内对领导的决策进行监督、检验和纠正的民主机制。王绍光（2009）认为，与目前流行的各种公共参与模式相比，群众路线是一种逆向参与模式，它强调的是，决策者必须主动深入到人民大众中去，而不是坐等群众前来参与。中国共产党第十八届三中全会通过的《中共中央关于全面深化改革若干重大问题的决定》指出，“协商民主是我国社会主义民主政治的特有形式和独特优势，是党的群众路线在政治领域的重要体现”

“要在党的领导下，以经济社会发展重大问题和涉及群众切身利益的实际问题为内容，在全社会开展广泛协商，坚持协商于决策之前和决策实施之中”（中共中央，2013：29）。习近平（2014）指出，“中国共产党必须相信群众，敞开大门，让群众参与，让群众监督，诚恳请群众评判。”

无论是从中国共产党的革命、建设和改革的实践来看，还是从政治领导人的讲话以及政治学者的观点来看，广泛地听取群众的意见、保障公民的话语权都是中国共产党群众路线的题中应有之义，也是办好中国各项事业的关键环节。

三 公民话语权是民主协商社会的基石

1791 年，“美国宪法第一条修正案”规定，国会不得制定限制“言论自由或出版自由”的法律①。2012 年，中国共产党第十八次全国代表大会提出了全面建成小康社会的总目标，其中，人民民主不断扩大是全面建成小康社会的目标之一（胡锦涛，2012）。《中国共产党第十八次全国代表大会报告》指出，“必须继续积极稳妥推进政治体制改革，发展更加广泛、更加充分、更加健全的人民民主……更加注重健全民主制度、丰富民主形式，保证人民依法实行民主选举、民主决策、民主管理、民主监督”“支持和保证人民通过人民代表大会行使国家权力，健全社会主义协商民主制度；完善基层民主制度；建立健全权力运行制约和监督体系”。(胡锦涛，2012)

2018 年 3 月 11 日第十三届全国人民代表大会第一次会议通过的《中华人民共和国宪法修正案》第三十五条规定，中华人民共和国公民有言论、出版、集会、结社、游行、示威的自由。第四十一条规定，中华人民共和国公民对于任何国家机关和国家工作人员，有提出批评和建议的权利；对于任何国家机关和国家工作人员的违法失职行为，有向有关国家机关提出申诉、控告或者检举的权利，但是不得捏造或者歪曲事实进行诬告陷害。第五十一条规定，中华人民共和国公民在行使自由和权利的时候，不得损害国家的、社会的、集体的利益和其他公民的合法的自

---

① 见 *The First Amendment to the U. S. Constitution*，1791 - 12 - 15。

由和权利。这些条款为中国公民享有话语权奠定了宪法基础。

从话语权的实现层次来看，在民主社会，公民不仅应该拥有充分的话语表达权，而且这种话语表达至少应该有产生相应效力的可能；公民的话语表达如果不能产生任何影响，那么便没有实际意义。从话语权指涉的范围来看，公民的话语表达不仅体现在参政议政、参与公共政策的决策和执行以及事后监督方面，还体现在维护公民自身的合法权益等方面。人民是历史前进的推动力，在公共领域的话语表达过程中，充分保障公民话语权可以有效地体现人民的主体地位，实现人民当家作主的权利，推进政治民主化进程。

总之，民主的实现离不开公民有效的话语表达与参与。公民话语权是民主协商社会的基石，是实现人民当家作主的内在要求。研究公民话语权对于我国民主协商社会的建设具有前沿性的理论意义和现实意义。

四　公民话语权是中国公民社会兴起与发展的前提

在2008年的汶川大地震中，中国社会涌现出了大规模的志愿服务（募捐）和全国动员行动，因此徐永光（2008）把2008年称为“中国公民社会元年”。在2013年的芦山地震中，人们见证了中国公民社会的成长（伊文，2014）。人们在灾难事件中自救、自律和自治的表现是中国公民精神的集中体现。事实上，公民社会的产生和发展是市场经济发展的必然结果。改革开放三十多年来，中国已经逐步迈进了公民社会（高丙中，2008；高丙中、袁瑞军，2008）。

李景鹏（2012）认为，公民社会由两部分组成：一部分是在市场经济条件下生长出来的纯粹私人领域，它对于培养人们的自由意识、独立意志和自主性有着巨大作用；另一部分是在日常生活中所见的各种公民社会组织，它是在纯粹私人领域的基础上随着市场经济的发展而产生的，为中国公民社会的发展提供了组织上的保证和强大的动力。也就是说，私人领域是公民社会的基础，公民社会是社会成员之间的行为能够体现公民精神的社会，公民精神是公民社会的实质（Shils，1997，p. 332）。

李景鹏（2012）指出，各国公民社会的基本特征大体一样，比如公民意识（包括利益意识、权利意识、责任意识、公共意识、平等意识、爱心、同情心、宽容心、志愿精神和礼貌待人等）的觉醒，公民社会组织的发展，公民社会与政府的互动（对政府的监督、对政府施加压力、通过各种方式与政府合作等），公民的利益表达和权利维护，公民对公共事务的参与以及公民社会的自助、自救、自律和自治等。

无论是在纯粹私人领域中，还是在社会组织领域中，公民依靠自由表达和沟通来参与社会生活是公民社会得以健康成长的基本前提。公民话语权是公民个人意识和社会多元主义的保障，是公民参与政府和社会互动、实现利益表达、参与公共事务和公民自助自救的手段和方式。是否拥有话语权是公民身份的重要标志之一，也是公民与臣民的重要区别之一。个体在社会中没有话语权，就不能称之为现代意义上的公民，公民社会也就不可能存在和发展。

总之，公民社会与公民话语权互为前提，拥有充分的话语权是公民最基本的权利，是公民性的基本体现，也是形成公民社会的基础。

五 公民话语权是国家软实力的重要组成部分

软实力是约瑟夫·奈在 20 世纪 90 年代提出的，他认为软实力是"一种通过让人做自己想做的事情而获得预期结果的能力，这是一种通过采取吸引而非强迫他人的手段获得预期目标的能力，它可以通过说服他人遵从或使他人同意那些能够产生预期行为的准则或制度来发挥作用"（罗伯特·基欧汉、约瑟夫·奈，2002：263）。软实力是一种"同化式的实力"（约瑟夫·奈，1992：25）。自由、平等、尊严等人类普遍价值正在被有机地整合进中国文化之中（俞可平，2011）。公民表达权和话语权体现着公民的自由、平等和尊严，是一个国家软实力的基础。如果一个国家的公民没有话语权，那么这样的国家往往不被认为是现代意义上的民主国家，其国际形象和国家软实力就会大打折扣。因此，提升公民话语权，有利于改善和提升我国及全体公民的国际形象，有助于增强我国的影响力和感召力，进而为我国的国家软实力提供基础和保障。

总之，公民话语权是实现个人现代化的重要方面，是中国共产党群众路线的题中应有之义，是民主协商社会的基石，是公民社会兴起与发展的前提，是国家软实力的重要组成部分。因此，如何提升中国公民话语权就成为国家亟待解决的重大理论问题和现实课题。

第二节　公民话语权研究现状介评

一　话语权是一个具有中国本土特色的学术概念

一般认为，开始把话语和权力联系在一起的是20世纪70年代的米歇尔·福柯。他在《话语的秩序》一书中首先提出了"话语即权力（pouvoir）"的观点，但是这并不等于米歇尔·福柯创造了"话语权"这一概念。

话语权这一概念到底是谁先发明使用的，李斯颐（2009）曾进行过考证[①]，他认为，从学术研究的角度来看，将话语权译作"Discourse Power"为好，但他发现"Discourse Power"在英文中极少使用，在美国三大报与《新闻周刊》《时代周刊》中都没能检索到，因此，他怀疑话语权这个概念是由中国人先发明使用的。

2015年，笔者以"Discourse Power "为关键词，在谷歌学术中进行了检索，与李斯颐（2009）一样，除了检索到出版于2007年的图书"*Discourse power address: the politics of public communication*"（《关于话语权的演讲：公众传播中的政治学》）外，没有检索到其他使用"Discourse Power"这个词汇的文献，只能检索到包含与"Discourse Power"相关的一些词汇（如"Discourse, Power""Discourse and Power""The Power of Discourse""Discourses of Power""Power through discourse""The Discourse about Power""Power in discourse"）的文献。从严格意义上来讲，如果把话语权翻译成"Discourse Power"，那么这在西方英语中很难找到。如果按照某些国内学者的观点，把话语权理解为"Discourse Right"或者"The Right of Discourse"，笔者在谷歌学术中没有检索到相关文献。李斯颐（2009）的考证和笔者的检索发现，话语权这个说法在西方人的英文文献中很少被提及，仅发现的一本著作的出版时间（2007年）也很晚。因此，笔者赞同李斯颐（2009）的观点，即话语权这个词很可能是由中国人创造（coin）出来的。

---

① 见闵大洪：《一位坚持专业操守、治学严谨的学者——悼念挚友李斯颐》，http://blog.voc.com.cn/blog_showone_type_blog_id_741035_p_1.html，2012年2月5日。

显然话语权这一理念并不为中国所独有，它也是西方民主社会构想的重要基石。但在西方英文文献中很难检索到与“话语权”这个中文词语完全相对应的英文表述。也就是说，国外英文文献中很少（几乎没有）直接对“话语权”这一概念进行探讨，他们更多地使用与话语权相关的“表达权”这一概念。

二 公民话语权是话语权研究的热点

为了对话语权这一领域的研究现状进行精准把握，本书采用内容分析法对到目前为止我国有关话语权的文献进行了回顾。本书在 CNKI 数据库中，以“篇名”中含有“话语权”一词[①]为标准来检索 2015 年 12 月 31 日之前所有的文献，并在 SPSS 22.0 统计软件中根据笔者制定的编码表（见附录 1）进行编码[②]录入和统计分析。

本书按研究内容的不同，将历年的文献大体分为如下几类：

（一）话语权理论。话语权理论由基础理论和应用理论等部分构成。基础理论包括诸如话语权的含义，话语权的法律、政治意涵，话语权的流派、属性及作用机理，知名学者的话语权理论；应用理论则是指运用话语权的基本理论和知识来解释社会现象和事务。

（二）公民话语权。本书所指的公民话语权的主体是指除了官员以外的公民，它包括普通公民和代表普通公民掌握着社会话语权的新闻工作者两部分。普通公民话语权包括诸如性别话语权（即男性话语权和女性话语权）、弱势群体话语权、网民话语权、阶层话语权、司法中被害人—被告人话语权、知识分子话语权、农民话语权、儿童话语权、职工话语权、教师—学生话语权和网络大 V 话语权等。新闻工作者话语权专指在媒体工作的新闻从业人员的话语权，区别于作为机构或行业的媒体话

---

① 在 CNKI 数据库中，如果按全文、摘要或主题中含有某个关键词来进行检索，会包含大量不匹配的文章；如果按照已发表文章中的某关键词来检索，则会因为有的文章没有关键词而把本应该包含在内的文章遗漏。因此，综合考虑，本书采用按照篇名中含有“话语权”这一词语的标准对文献进行检索。数据截取时间为 2015 年 12 月 1 日至 2016 年 2 月 1 日。

② 本次编码首先由一名大四本科生和一名硕士先按照编码表及编码说明（主要是本节中有关话语权内容类别和文献类型的相关说明）独自进行编码，其中二者文献所属话语权内容类别编码的相同度为 85%，文献类型编码的相同度为 80%；然后笔者在此基础上逐一确定每一文献的最终编码。这样的编码程序能够在最大程度上确保编码员间的信度。

语权。

（三）官方话语权。官方话语权主要涉及党、政府、国家和国际话语权。党和政府话语权主要包括党委、人大、政府、政协、公检法和军队等党和国家部门及其工作人员官方身份的话语权；国家和国际话语权主要包括中国在国际上的非经济（产业）话语权，诸如气候、党际、文化、体育、主权、外交、军事和价值观国际话语权等。

（四）经济话语权。经济话语权主要关注的是某个特定行业、产业和公司等如何提升国内或国际经济话语权。经济话语权包括诸如科技、价格、产品、金融、消费者和股东话语权等。

（五）意识形态话语权。意识形态话语权主要研究意识形态领域内的话语权争夺，目的是使主流思想意识形态在我国社会中占据统治地位。意识形态话语权包括诸如马克思主义话语权、思想政治教育话语权、社会主义核心价值观话语权、舆论引导和民族认同等。

（六）媒体话语权。媒体话语权主要从新闻传播学的角度对媒体机构或行业的话语权进行研究。媒体话语权包括诸如新闻话语权，传统媒体、新媒体（如网络贴吧和微博等）话语权，校园媒体、海外媒体（如华文传媒）话语权，媒体市场话语权和媒体话语权滥用等。

（七）文化话语权。文化话语权是从文化的角度对相关问题进行探讨，主要指文学、艺术作品中的话语权分析以及与文化现象有关的话语权。文化话语权包括诸如文学作品中特定类型人物的话语权（比如文学作品中的性别话语权，文学作品中的话语权争夺），文学伦理话语权和中华文化话语权等。

（八）学术界话语权。学术界话语权包括诸如各学科话语权地位的争夺和确立等。

（九）其他。凡是不能归入以上八类的都归入这一类。

本书对历年已发表的有关话语权的文献按上述类别进行归类。统计分析后发现，在所有文献中，有关经济话语权的文献最多（占53%），其次为公民话语权（占18%），再次为官方话语权（占10%），接着依次为媒体话语权（占7%）、意识形态话语权（占5%）、文化话语权（占4%）、学术界话语权（占2%）、话语权理论（占1%）和其他（占1%）。

从历年数据来看，我们发现，有关公民话语权的文献的数量在近22年呈上升趋势，平均每年有13篇以上的文献发表，在所有话语权文献类别中排名第二（见图1.1）。

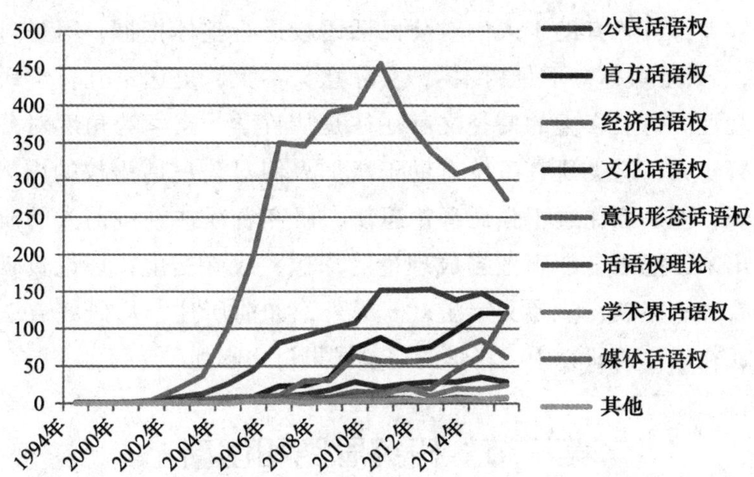

图1.1　话语权研究的发展趋势

从文献类型[①]来看，学术论文占50%，评论/议论/感想/观点占35%，宣传/消息占13%，对策/建议占2%。

从研究方法来看，与其他类别话语权一样，有关公民话语权的文献很多都不是学术论文，也没有定量研究的成果。

从发表载体来看，期刊占66%，报纸占27%，学位论文占6%，会议论文占1%。期刊是学术论文的集中发表地，有关公民话语权的文献也是如此。

三　公民话语权研究喜忧参半

总之，公民话语权研究有喜有忧。喜的一面是，公民话语权研究的

① 本书所指的学术论文是广义的，除了包括论文外，还包括理论文章；如果文献主要是作者或者他人的评论/议论/感想/观点/访谈等，我们则将其归为该类；如果文献主要是强调对策或者建议，我们则将其归为该类；如果文献主要是有关个人或者单位等的宣传或消息，我们则将其归为该类；不包括在以上类别的文献则归入其他类。

热度呈持续上升趋势；忧的一面是，已有的公民话语权文献的关注度、影响力低（已发表文献的平均引用次数仅为2.33次）。更为担忧的是以往的很多文献要么空洞无物，要么晦涩玄虚。空洞无物的一类文献主要是感想、评论等主观性很强的随笔、论说文甚至学术论文，这类文献往往视角宏大，虽然有助于人们对公民话语权进行整体把握，但是过于宏观空洞，"只见森林，不见树木"，实际意义不大，也达不到科学研究要求的客观性。晦涩玄虚的一类文献往往是从哲学、文学等角度对公民话语权进行研究，这类研究虽然有助于增加人们对公民话语权的内涵、外延的认识，但是往往过于强调理论思辨，研究者往往钻进前人的研究中不能走出来，把语言的晦涩当成理论的深邃，故弄玄虚，理论贡献甚少或者没有理论突破，沦为文字游戏。另外，如前所述，从研究方法的角度而言，在以往的研究中，科学的定量成果付之阙如。

第三节 研究思路和创新

一 研究思路

以往关于公民话语权的研究存在三种视角。第一种视角是把公民话语权当作研究其他问题的起点，比如从公民话语权的角度研究公民新闻或者弱势群体的利益维护等问题；第二种视角是把公民话语权当作研究的中心议题和主体，研究者的主要精力放在公民话语权本身，比如微博中的话语权、社区安全管理中的公民话语权、中国公民话语权发展中的瓶颈和出路以及公民话语权保障等；第三种视角是把公民话语权当作研究问题的终点，从其他角度对公民话语权进行探究，典型的是对公民话语权的影响因素进行研究，比如研究新闻媒体对公民话语权的影响和媒介技术对公民话语权的影响等。

本书基于政治传播学的相关理论，运用以往的三种视角对公民主观话语权进行透视，在把公民主观话语权作为研究主体的基础上，既研究其他因素（变量）对公民主观话语权的影响，又研究公民主观话语权的影响效应。

本书的具体思路是首先从政治传播学的角度对公民话语权这一基本概念进行科学界定，并进行操作化定义。在此基础上，与中国社会现实相结合，立足中国发展实际，对中国公民主观话语权这一重大现实问题和理论问题进行定量研究，并根据定量研究的结果提出若干提升中国公民主观话语权的策略。

二　研究创新

第一，虽然国内有关话语权的文章数量众多，但如前所述，其中大部分文章是对话语权这一问题的看法、感想、议论或者工作总结，算不上科学研究。在有关话语权的研究中，存在着定义不科学、不严谨和不统一等问题。因此，本书的第一大尝试是在已有相关文献的基础上，对公民话语权的概念进行科学界定，并在此基础上，首次提出公民话语权的操作化定义。

第二，本书使用公民话语权测量量表，以中国某所大学的部分本科生及其父母所组成的配对样本为调查对象，对中国普通公民主观话语权这一课题进行问卷调查。通过统计分析，回答研究问题并对研究假设进行检验，从而对中国普通公民主观话语权的影响因素及影响效应进行理论探讨。另外，本书还对大学生和他们父母的主观话语权进行了代际比较和代际影响研究。

第三，本书对新闻工作者的主观采编话语权进行单独考察是另一创新之处。公民的权利诉求需要通过各种渠道才能得以充分地表达和传播。在现代社会，除了个人渠道和组织渠道以外，另外一个最为重要的渠道就是大众传播媒介。陈堂发（2004）认为，媒介话语权在本源上是公众话语权的延伸。在任何国家，新闻事业本质上是代表公民利益的，而新闻事业的大众性或者说公众性都必须由新闻工作者这一特殊人群来承担，公民为了更好地实现自身话语权，将其让渡给新闻工作者。因此，新闻工作者代表了公民话语权而没有（也不应该有）自己的私利，他们的话语权包含在公民话语权的范畴内，代表普通公民而又比普通公民更具有话语影响力。那么，新闻工作者对自己新闻生产过程中的采编话语权的评价如何？他们主观采编话语权的影响因素和影响效应有哪些？这是本书所要探讨的第三大问题。

第四，本书属于建立在基础理论研究之上的综合研究，除了对公民话语权作出理论贡献外，另一重要目的和落脚点是期望对中国公民主观话语权建设作出应用贡献。因此，本书不仅从政治传播学的角度对公民主观话语权的现状、影响因素及影响效应进行定量分析，还首次根据实证研究的结果有的放矢地探索了提升中国公民主观话语权的策略。

第四节　研究方法

威廉·配第被马克思认为是“政治经济学之父”，在某种程度上也被认为是“统计学的创始人”。他于1690年出版的《政治算术》一书，创立了独特的“立方法”，这标志着统计学的诞生。威廉·配第（2014）说：“我进行这种工作所使用的方法，在目前还不是常见的。因为我不采用比较级或最高级的词语进行思辨式的议论，相反地采用了这样的方法，（作为我很久以来就想建立的政治算数的一个范例）即用数字、重量和尺度来表达自己想说的问题……借以考察在自然中有可见根据的原因。”

虽无意也无法与威廉·配第的学术贡献相提并论，但参照威廉·配第的这段话来表达笔者对公民话语权这一问题的研究方法的选取是合适的——

> 我进行这项研究所使用的方法，到现在还没有出现过。因为我不采用比较级或最高级的词语进行思辨式的议论，相反地采用了这样的方法，（作为我很久以来就想建立的公民话语权研究的一个范例）即用数字来表达自己想说的问题……借以考察公民话语权的影响因素和影响效应。

一　内容分析法

内容分析法（Content analysis）是一种对文本内容进行客观、系统分析的定量研究方法。本书在文献综述部分运用内容分析法对话语权这一领域的研究现状进行了探讨，进而找出本书与以往研究的不同之处和独特贡献。

二　问卷调查法

问卷调查法（Survey）是本书最主要的研究方法。具体思路是首先在对话语权及其相关概念进行回顾的基础上，从政治传播学的视角对公民话语权的概念进行界定和操作化定义，然后采用问卷调查法对中国公民主观话语权的影响因素和影响效应进行研究。如前所述，本书所指的中国公民除了普通公民以外，还包括代表普通公民掌握着社会话语权的特殊职业群体——新闻工作者。本书强调运用相关理论对中国公民主观话语权进行解释，并通过统计分析对这些理论进行检验和求证。

三 访谈法

除了问卷调查法以外，本书采用访谈法（Interview）对人口统计学背景资料与普通公民主观话语权的关系进行了探讨，这有助于我们更加客观地理解定量研究的结论。

2015 年 10 月 4 日至 11 月 3 日，笔者对多位大学生和他们的父母进行了书面访谈（访谈大纲见附录 3）。由于一些访谈对象在一些问题的认识上持有相似甚至相同的观点，因此本书仅选取了 5 对具有代表性的访谈对象的访谈内容来补充、丰富和论证定量研究的结论，附录 4 显示了他们的人口统计学资料。

另外，笔者在制定公民话语权测量量表时，采用焦点小组访谈法和深度访谈法对部分公民（含大学生）进行了访谈。

第五节 研究框架

本书的研究框架（见图 1.2）是在对公民话语权的概念演变进行考察以及对这一概念进行界定的基础上，对中国普通公民主观话语权的影响因素和影响效应以及新闻工作者主观采编话语权的影响因素和影响效应进行实证性研究，并在此基础上提出提升中国公民主观话语权的策略。

第一章为绪论。阐述研究意义、研究现状、研究思路、研究创新、研究方法与研究框架。

第二章为公民话语权的界定。简要介评话语权理论的演变与发展，并在对以往研究界定的公民话语权概念进行介评的基础上，提出本书界定的公民话语权概念及操作化定义。

第三章研究中国普通公民主观话语权的影响因素及影响效应。具体而言，本书对大学生及其父母进行问卷调查，并对调查数据进行统计分析，以研究公民的社会分层、传播环境感知、时政新闻接触和政治效能感对其主观话语权的影响，公民的主观话语权对其政治认同和政治参与的影响以及公民主观话语权的代际影响等。

第四章研究新闻工作者主观采编话语权的影响因素及影响效应。通过对新闻工作者进行问卷调查来探讨他们主观采编话语权的现状，新闻工作者的人口统计学变量和行业认可对其主观采编话语权的影响，新闻控制、主观采编话语权与报道影响力的关系，新闻工作者的主观采编话语权对报道影响力的自我评价、所供职的媒体影响力的评价、工作满意度、传媒体制认同和政治参与的影响效应等。

第五章研究提升中国公民主观话语权的策略。主要根据第三章和第四章的研究结论，提出具体的应用对策来服务公民主观话语权这一国家重大理论和现实需求。

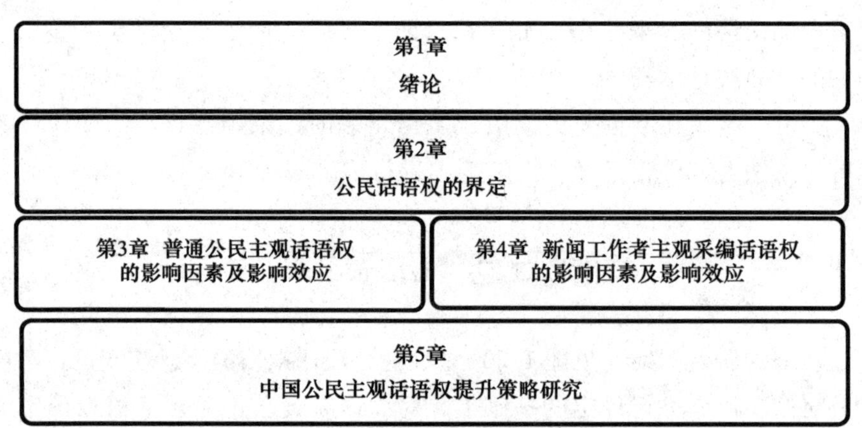

图 1.2 研究框架

第二章

公民话语权的界定

从历史渊源来看，公民话语权的理论来源和基础是表达权，西方有关表达权的代表性观点主要来自于言论自由和表达自由的理念，中国也大抵如此。在近代社会以前，人们的表达自由受到很大限制，相对于君主、国王等主体而言，百姓为臣民，很难意识到自己拥有表达权，更谈不上话语权。因此，在近代社会，人们往往是先争取表达权，然后在此基础上再争取话语权。

第一节　话语与权力

话语最基本的能指是语言符号，所指是社会存在。语言符号为人类所创造，为人类社会所独有（郭庆光，1999）。符号不是镜子般机械地对社会存在进行反映，而是被人类所构建。人类构建的符号本身以及符号之间关系建构的种种规则大多体现了人们之间的社会关系和权力关系，而话语正是由符号构成的。因此，话语也就反映了人们之间的社会权力关系。

Wareing（2004）认为，我们持有（或坚持）的那些看似是常识的价值与信仰，事实上是由我们周围的组织通过语言生产、构建和分享的。日常话语活动充满了权力，日常话语也被用来操控权力。以种族话语和工作聊天话语为例，Wetherell 和 Potter（1992）认为，种族话语建立、维持和强化着种族间的压迫关系，也就是说，种族话语是一个团体用来控制另一个团体的话语，而工作场所的聊天行为也可以用来构建工作场所的权力关系。Holmes（2000）认为，工作场所的话语不仅包含了友好交流，还包含了权力关系。每一个话语的互动都牵涉到人们制定、抵制和重述制度上的权力关系。

一 话语的概念

话语最早是一个语言学探讨的概念。《英汉语言学词典》对话语的解释是“一个人在一次言语行为（speech act）中用词的序列所表达的内容，它可以是一个词、一个句，也可以是句以上的单位，如段落、段落群等”（劳允栋，2005：549）。《现代汉语词典》对话语的解释为“言语，说的话。”（中国社会科学院语言研究所词典编辑室，2005：591）童庆炳（1992）给话语的定义是“特定社会语境中人与人之间从事沟通的具体言语行为，即一定的说话人与受话人之间在特定社会语境中通过文本而展开的沟通活动，包括说话人、受话人、文本、沟通和语境等要素。”

从语言学的角度来看，话语的基本含义是言语，它代表所指，其作用是沟通。话语的解释有狭义和广义之分，狭义的话语仅指口语，如上述《英汉语言学词典》和《现代汉语词典》的解释，而广义的话语既包括口语，也包括书面语（童庆炳，1992；骆峰，2005；刘学义，2008）。

从传播学的角度来看，话语是人们用于沟通的符号。本书所指的话语是广义上的话语，既包括语言符号，又包括非语言符号。

二 西方有关话语权研究的主要成果

虽然在英文中很少出现“Discourse Power”这一词汇，也不存在“Discourse Right ”等词汇，但西方学者对话语中的权力进行过深入的研究。西方一些有关话语与权力关系的研究成果对中国话语权思想产生了重要影响。西方与话语权有关的研究主要集中在以米歇尔·福柯为代表的后现代主义流派、以安东尼奥·葛兰西为代表的西方马克思主义流派以及以爱德华·萨义德为代表的后殖民主义话语权观的相关论述中（汝绪华，2010①）。

（一）米歇尔·福柯的“话语即权力”

米歇尔·福柯是法国后现代主义者，其观点一直塑造着人们对权力

① 汝绪华：《话语权观的流派探微》，《湖北行政学院学报》2010 年第 1 期，第 19—23 页。

的理解，也影响着后来者对话语权的理解。

米歇尔·福柯（2007）认为，话语是人类思维活动的唯一工具，任何事物都是话语建构的结果，人和世界之间是一种话语关系。话语是各种机构通过界定和排斥的过程来运用其权力的手段（约翰·斯道雷，2001：130）。话语与权力不可分，真正的权力是通过话语来实现的，话语不仅是施展权力的工具，还是掌握权力的关键（王治河，1999）。这样，话语就和权力产生了关联，话语不只是人们日常生活中的语言表达，它更重要的是个体之间权力关系的体现。话语不光体现着个体之间的权力关系，还体现着群体之间的权力关系。米歇尔·福柯指出，"人类的一切知识都是通过话语获得的，因此话语权意味着一个社会群体依据某些成规将其意义传播于社会，以此确定其社会地位，并为其他群体所认识的过程。"（王治河，1999）在米歇尔·福柯那里，各话语主体的地位是不平等的、有差异的。随着历史的演进，人们需要研究的问题是"在所有说话个体组成的总体中，谁有充分理由使用这种类型的语言？谁是这种语言的拥有者？谁从这个拥有者那里接受他的特殊性及其特权地位？"（米歇尔·福柯，1998：54）

米歇尔·福柯论述的权力关系与"政治结构、统治、社会的统治阶级以及面对主人的奴隶这些东西无关"，它指的是"无论在人与人之间的言语交往关系中，还是在恋爱、制度或经济的关系中，一个人总是想方设法操控另一个人的行为，因而权力都始终在场。"（莫伟民，2005：216）米歇尔·福柯对权力的理解的最重要的意义是他超越了政治，把权力视为日常的、社会化的和具体化的现象。"权力无处不在"和"权力来自任何地方"作为一种"元权力"和"真理政权"弥漫在整个社会之中，权力一直在变迁和妥协谈判中（Gaventa，2003a）。米歇尔·福柯将人们把权力当作强制手段使用的行动者分析带向了"权力无处不在"的理念，使权力扩散和体现到话语、知识和"真理制度"中。

米歇尔·福柯把权力视为日常现象且权力"无处不在"以及权力是"一个人对另一个人的操控"的观点使得权力超越了政治，回归至大众。换言之，权力关系不只存在于政治领域，还存在于人们日常生活的话语交谈中。因此，研究者对日常生活中的权力（包括话语权）进行分析就成为必然。与此同时，米歇尔·福柯还是少数几个认识到在社会中，权力不只是负面的被用来强迫人们做有违于自身意愿的事情的力量，权力还是必需的、生产性的和正面的力量（Gaventa，2003b），这也为权力在社会中存在的合理性提供了依据。

（二）安东尼奥·葛兰西的“文化霸权”理论

安东尼奥·葛兰西是意大利马克思主义者，他从意识形态斗争的角度讨论了话语权问题，但他强调的是话语（文化）霸权。安东尼奥·葛兰西将某一社会集团在文化、思想、道德和意识形态等方面所取得的领导权，称之为“文化霸权”（李震，2004）。他提出的文化霸权理论指出，一个政权的维持需要政治的强制力与霸权文化力量的配合。Turner（2000，p. 178）认为，“霸权概念指出，统治集团的支配权并不是通过操纵群众取得的，为了取得支配权，统治阶级必须与对立的社会集团、阶级以及他们的价值观念进行谈判，这种谈判的结果是一种真正的调停”“为了说服那些心甘情愿接受其领导的人，统治阶级的政治取向必须有所修正，这就使得意识形态中任何简单的对立，都被这一过程消解了”。换言之，霸权不是通过剪除对立面，而是将对立一方的利益接纳到自身的方式来维系的。文化霸权的形成过程是一个统治阶级与被统治阶级互相协商、妥协的动态过程。

安东尼奥·葛兰西的文化霸权理论对米歇尔·福柯的“话语即权力”的观点有所继承，但他的文化霸权理论强调政治的权力而非个体在日常生活中的权力。

（三）爱德华·萨义德的后殖民主义话语权

爱德华·萨义德是后殖民理论的创始人，他用米歇尔·福柯的话语概念考察了西方社会如何看待“东方”、西方如何构建东方社会以及关于“东方”的认识如何体现社会权力关系等问题。他在1978年出版的《东方主义》一书中指出，19世纪西方国家眼中的东方世界是没有真实根据、凭空想象出来的“东方”，西方世界对阿拉伯—伊斯兰世界的人民和文化有一种强烈的偏见。他将“东方主义”描述为“通过作出与东方有关的陈述，对有关东方的观点进行权威裁断，采用描述、教授、殖民、统治等方式处理东方的一种机制”。他将“东方主义”视为西方用以君临和重建东方的一种方式（爱德华·萨义德，1999）。简言之，爱德华·萨义德认为，话语符号构建了西方人对“东方”的理解，这种符号构建不是客观真实的，而是有偏见的，这种偏见的背后是话语符号的权力机制在起作用。

除了“东方主义”外，还存在一个与其相对应的概念——“西方主义”。“西方主义”描述的是东方学者如何通过话语构建他们想象的“西方”。西方主义学者站在“东方”的角度对“西方”的话语建构同样不客观（布鲁玛、玛格里特，2010）。

总之，安东尼奥·葛兰西的文化霸权理论以及爱德华·萨义德的后殖民主义话语权观都受到了米歇尔·福柯权力观的影响，二者都强调话语对社会的建构功能，强调话语与权力相互联结以及话语对他人（或其他群体）的强制力和影响力。但是，以上这些与话语权相关的理论都主要强调了话语权力，轻视了话语主体的话语权利。话语权的基础是话语权利（表达权），倘若话语主体不具备话语权利，那么他们的话语权力如何得到保证？因此，我们对话语权力的理解还应该强调话语主体的表达权利。

三　公民话语权与表达权

表达权是话语权的理论基础和来源，话语权和表达权是两个密切相关又有区别的概念。

就相同的一面而言，话语权和表达权的内涵都包括了象征性言论行为，但绝大多数公民只有在极端情况（如正常表达意见的渠道不通畅）下才会采取象征性行为来表达意见。口语传播是人们经常使用的话语表达方式，话语权和表达权的行使主要靠言语表达实现。因此，话语权和表达权的研究也主要集中在言语表达行为中的口语传播的表达权和话语权这一方面，本书对公民话语权的研究亦是如此。

话语权和表达权这两个概念的内涵又有很大不同。表达权更强调权利，而话语权不仅强调权利，还更强调权力。正如梁凯音（2010）认为的，“说话权”和“话语权”的一个不同的重要方面是，说话权可以体现为寻找发出声音的权利，而话语权追求所表达的话语能被认可。毛跃（2013）认为，话语权有别于“言语权”，后者强调的是主体表达语言的权利，而前者突出的是主体表达的语言含义被外界认可的权力。也就是说，话语权的内涵比表达权宽，话语权在更大程度上强调的是表达或者话语的实际效果和影响，话语权包含了表达权。

四 大众传媒与公民话语权

（一）大众传媒是公民话语权的代言人

大众传媒是现代社会最强大的话语平台，话语权与媒介接近权、使用权密不可分。受众是新闻话语权力实现的主体（林莺，2013）。一切传播活动均随广大受众的意志而转移，完整表达受众意图及其生存状态和提高受众素质成为传播的出发点和归宿（鞠斐，2004）。媒体话语权是公民话语权的体现，只有在公众话语权的基础上才能形成媒体话语权（李萌，2009）。新闻话语是新闻工作者在一定的社会语境中运用语言符号系统和非语言符号系统叙述与建构新闻事实的工具（管成云，2008）。在新闻报道中，媒体通过客观性报道和意识形态两种形式将话语权分享和“转让”给民众（范敬英，2007）。新闻话语的基础是公众，新闻话语是公众话语的代言人，新闻话语因其代言人的身份而相应地拥有了话语权，它替代公众监督社会规范、发出公众的声音（张继光，2012）。

（二）新闻工作者试图通过职业化新闻操作影响公民话语权

在社会生活层面，人们对环境的适应是通过媒介实现的（Lippmann，2004）。也就是说，人们“头脑中的现实图景”不完全是现实环境的直接反映，在很大程度上是对媒介环境的反映。新闻是一种被建构出来的现实，新闻报道中存在的事实以及新闻报道本身是一种被筛选过的而不是合成的事实（Tuchman，1976），“新闻即框架”（Tuchman，1978，p.1）。媒体通过新闻报道、大众舆论、群体形象和身份塑造等方式来影响公民话语权的发展方向和实现程度。梵·迪克（2003①：248—249）认为，在许多方面，新闻话语恰恰扮演了解释和评价事件的大众舆论的角色。他还认为，新闻话语的影响是结构性的，除了影响知识和态度等重要内容外，还特别影响着社会认识的总体结构、相关性等级、评价程序以及基于这些认知的公众议论和讨论的条件。媒体的新闻操作对公民话语权的影响方向包括以下两种可能：

一是推动公民话语权的发展。黄小勇（2012）认为，民生新闻的出

---

① 梵·迪克：《话语·心理·社会》，施旭、冯冰译，中华书局2003年版。

现，改变了以往的社会话语权结构，使之成为公众政治参与的重要渠道。民生新闻实现了话语权从传统以传者为中心到现在以受众为中心的转变，在内容构建、表达方式和叙述结构这些方面都实现了话语权向社会的下移。民生新闻使公众有了自己的话语权，公众的声音通过民生新闻得到了全社会的关注。吕进（2010）认为，公共新闻以一种草根化的视角，通过提供平台、鼓励参与、加强交流和重视反馈四种方式提升了公民话语权。向俊（2011）认为，调查式电视深度报道通过探寻真相、坚守公众立场、打开国家制度建设缺漏的探照灯、构筑公众利益与强权利益博弈的新平台等方式对公民话语权利进行了建构。蔡之国（2013）认为，“帮忙类”电视节目可以维护社会底层的话语权。周小游（2013）的研究发现，《人民日报》2010—2012 年有关新生代农民工的报道拔高了他们的形象。刘艺杰（2014）通过对《南方周末》2004—2013 年有关同性恋的报道进行研究发现，《南方周末》的同性恋报道在主题内容上更侧重“同性恋权益”，在话语建构上具有“同性恋人物形象的人文导向”和“构建讨论同性恋的公共空间”的特点。

二是新闻操作不当会导致公民话语权失衡，从而阻碍公民话语权的发展。刘成付（2014）认为，媒体报道内容失衡、报道框架存在偏见以及言论发表渠道不通畅均会导致弱势群体的话语权难以实现。卫夙谨（2004）认为，20 世纪 90 年代以来，农民群体的话语空间被限制，话语被扭曲、掩盖和湮没。张潮、黄超（2013）发现，有关“官二代”新闻报道的主题偏向负面，大多充斥着“官二代”的负面假设，报道语言体现了媒体对该群体话语的负面建构。谭凌宇（2013）通过对全国两会期间《新京报》的报道进行研究，发现代表委员媒介话语权分配格局总体失衡，各阶层代表媒介话语权“上多下少”。

可见，在媒介化社会，媒体话语是公众话语的代言人和体现。张荣华（2014）认为，新闻话语提供了日常生活事实上的意义架构与实践判断，通过职业报道和非职业形式维系了民主制度下的信息流通，职业报道（即“做新闻”）是新闻话语生产的核心机制。新闻工作者的新闻操作不仅会影响公民话语权的大小和实现程度，还会影响公民话语权的发展方向。

第二节　公民话语权的定义

一　以往公民话语权概念的界定

迄今为止，学界对公民话语权没有统一的界定。总体而言，公民话语权主要有三种代表性定义：一是权利说，二是权力说，三是权利与权力统一说。

（一）权利说

一些学者认为公民话语权是公民为了表达思想、进行言语交际而拥有说话机会的权利（郭继文，2009）。刘华蓉（2001）认为，话语权指公民有就社会公共事务和国家事务发表意见的权利，是表达权和参与权的体现。杨春霞（2006）认为，话语权是人们对社会现象的“说话权”“解释权”和“发表权”。陈成文、彭国胜（2006）认为，话语权是指在特定的社会情景下公民掌握社会行动及其相关规则的言语规范的权利。冯广艺（2008）认为，话语权是人们为了充分地表达思想、进行言语交际而获得和拥有说话机会的权利。李水金（2009：16）认为，公民话语权是指公民享有的表达话语的言说权利或行为权利。还有一些学者强调了传播渠道在实现话语权利中的工具性作用。话语权是公民运用媒体（或各种渠道）对其关心的国家事务、社会事务及各种社会现象提出建议和发表意见的权利（程喆，2006）。

总之，“权利说”认为公民话语权是指公民拥有的发言机会和资格（这种机会和资格的获得有时需要通过传播渠道来保证），每个公民都平等地拥有话语权且不受他人剥夺。公民话语权与知情权和隐私权等权利一样，属于公民应有的权利之一。

（二）权力说

除了权利说以外，一些学者认为话语权是一种权力。话语是各种机构通过界定和排斥的过程运用其权力的手段（约翰·斯道雷，2001：130）。林大吉（2006）认为，话语权是指在被人们发现、阐释和创造的概念、思想和视角传播于社会上并被他人接受和使用的过程中，他人不自然地被引导到特定的思维层面上思考问题的能力。张志洲（2010）认为，话语权不是指有没有说话的权利，而是指话语背后体现的权力关系。

（三）权利与权力统一说

除了“权利说”和“权力说”以外，还有一些学者强调话语权是权利与权力的统一。张健（2007）认为，话语权内涵具有伦理与阶级两个基本维度，伦理维度体现为“权利”内涵，阶级维度则体现为“权力”意蕴；“话语的权利”是指人们在社会活动中运用“话语”的“资格”和“好处”，“话语的权力”则是指人们支配话语的能力及其达到的程度。李蔚（2009）认为，话语权指的是人们对于某一现象或问题的自有主张以及主张的身份、资格和影响力，主要包括“说什么”“怎么说”“以什么身份说”和“取得什么效果”等。张铭清（2009）认为，话语权是指舆论主导力，属于舆论斗争的范畴；话语传播涉及“说什么”“谁来说”“何时说”和“怎么说”等环节；衡量尺度是“说了算不算”。张国祚（2009）认为，话语权就是说话权和发言权，指说话和发言的资格和权力，其中所说的资格就是指话语权利；话语权包括解释权、申诉权、举报权、抗议权、阐发权、揭露权、控诉权和批判权。谭宏凯（2009）分析对外传播领域的话语权后认为，对话语权的理解不能局限于说话的权利，话语权应该强调的是话语的权力，即言辞的影响力。费云霞（2009）认为，话语权具有双重含义，一是话语权利，二是话语权力，话语权力即控制舆论的权力，说的话要有人听，且有人必须听。李名亮（2012）认为，话语权包括两个层面：一方面体现为公民的自由表达权利，另一方面表现为言语的影响力，即话语权力。王蒙（2012）将话语权界定为言说机会及分贝，言说机会就是指话语权利或资格，言说分贝就是指话语权力或影响力。金波（2013）认为，话语权不仅仅是基于思想自由的表达权利，它还带有“权力”和“能力”的色彩；话语权是掌握、引导社会舆论走向和影响社会发展方向的能力。

显然，“权利与权力统一说”认为公民话语权包含两方面的内容，即话语权利与话语权力。它既强调了话语主体的权利，也强调了话语的影响力，因而对公民话语权的理解更全面。

二　本书对公民话语权概念的界定

张健（2007）认为，话语权是一个社会中“话语”资源的分配问题，在伦理上这种分配应该以“人人普遍享有”为准则，但在现实生活中，存在着因阶级（经济、社会资源）等状况而表现出的话语权“享有与否和多寡”的问题。因此，在现代社会，人们的话语权利是近乎个人的“天赋人权”，但是在现实生活中，并不是所有人都拥有相同的发言机会，更谈不上每个人都有相同的发言效果。因此，本书从现实出发，认为公民话语权应是话语权利和话语权力的统一。

（一）公民话语权的理论定义

根据以上的文献回顾，本书将公民话语权界定为公民所具有的在公共领域就私人事务或公共事务发言的资格、机会以及影响力，其中资格和机会为话语权的权利属性，影响力为话语权的权力属性。如果说在封建社会及以前，人们更关注的是争取话语表达权利的话，那么在现代民主社会或者公民社会，话语权的权力属性则更为重要。

公民话语权这一概念具有如下特征：

1. 公民话语权的主体是公民。根据话语权主体的不同，话语权有不同的划分类别。张健（2007）认为，享有话语权的主体包括私人、民间力量和国家；话语权体系包括私人话语权、公共话语（民间话语）权和国家话语权。我们认为，在这三种话语权体系中，公民话语权是基础。公民是相对于“奴隶”“臣民”而言的，公民话语权的主体既不是奴隶，也不是臣民，而是公民。在奴隶社会，相对于奴隶主而言，奴隶没有话语权。封建社会奉行“君君、臣臣、父父、子子”的封建礼教，不但让广大的臣民在皇帝面前没有平等的话语权（甚至没有话语权），而且让晚辈在长辈面前通常也不具备平等的话语权。主体精神丧失是封建社会各色臣民的共同特征（金太军、王庆五，2006：112—139），他们形成了根深蒂固的“盲目依附性”政治人格（佟玉华、马继东、徐琦，2009：261—262）。臣民向公民的转换是改革开放以来中国社会转型的表征（史卫民、张小兵，2013：92）。在现代中国，每个公民本来都应具备公民意识，但由于在几千年封建社会中形成的臣民思想和等级观念等的影响，并不是每个公民都具备公民意识（公民意识最重要的特征之一是平等意识），这样就不可避免地对他们的话语权产生了负面影响。

2. 公民话语权表达的对象是私人事务或公共事务。私人事务指与个人利益相关的事务（如个人的工作、学习和生活等），公共事务则指与公众切身利益相关（或公众普遍关注）的事务和社会现象。话语权往往同人们的经济、政治、文化、社会地位和权益密切相关。

3. 公民话语权的表达空间是公共领域。公共领域作为一个政治学和传播学的共有概念，它在欧洲中世纪市民社会的基础上发展而来，最早出现在哈贝马斯的《公共领域》一书中，指政治权力之外，作为民主政治基本条件的公民自由讨论公共事务、参与政治的活动空间（哈贝马斯，1999①），它是由具有批判力量的私人构成的针对公共权力机关展开谈论批判的领域（哈贝马斯，1999②：15）。公共领域有两层含义，一是指公共权威领域——国家，二是指私人公共领域，它由市民社会特有的私人集合而成，以讨论公共问题为特征（张学标，2009）。

话语权的表达空间是公共领域而非私人领域（如家庭）。在绝大多数情况下，私人领域的话语表达不会对他人或外界产生影响，因此它并不属于公民话语权研究的范畴。

4. 公民话语权是权利和权力的统一。如前所述，作为权利的话语是指每个公民都拥有说话的资格和机会，而作为权力的话语是指公民的发言所具有的影响力。没有作为权利的话语，那么作为权力的话语也就失去了根基；反之，如果作为权力的话语没有或者不可能产生相应的影响力，那么在很大程度上作为权利的话语就失去了实际意义。

政治学与传播学领域对话语权的理解存在较大的差异。在政治学领域，话语权和表达权一样，往往强调公民的权利，但是如果仅仅强调一个人能够说话和发言，而不强调传播效果，这种层次上的话语权和表达权没有太大实际意义。正因为话语会产生意义，且与权力相关，公民才会争取话语表达权利和权力。因此，在本书中，话语权不仅指话语的资格，也强调话语的表达效果。也就是说，并非拥有话语权利就“天然”拥有话语权力。从普遍意义上讲，在现代社会，虽然任何人都拥有发言的权利，他人和法律都不能禁止某个人说话（当然，由于各种原因，某些人在某些事情上可能没有发言资格），但是有些群体或个人的发言并没有效果，他们的声音总是被淹没，不能被他人认同或接受，也就无法对社会产生影响。很多弱势群体虽然有表达权，但没有与强势群体一样的

① 哈贝马斯：《公共领域的结构转型》，曹卫东等译，学林出版社 1999 年版。

② 哈贝马斯：《公共领域》，曹卫东等译，学林出版社 1999 年版。

话语权力，因而他们的权益也往往得不到保障。进言之，不仅公民话语权强调话语效果，国际话语权也如此。中国争取的国际话语权也包括两个方面，一方面是拥有在国际事务中的发言机会和资格，而更为重要的一方面是追求在国际事务中发言的效果和影响力。

（二）公民话语权的操作化定义

以上讨论的是公民话语权的理论定义，在现实社会和研究中对公民话语权进行测量需要根据理论定义提出操作化定义。在焦点小组和深度访谈的基础上，本书提出由以下三个项目组成的李克特量表来测量公民话语权：

1. 公民发表意见和看法的机会；
2. 公民所发表的意见和看法受重视的程度；
3. 公民所发表的意见和看法能够（可能）被采纳的程度。

在具体测量时，我们可以根据具体情况决定是否将以上各个项目细化成更多的二级项目。比如，本书把“公民所发表意见受重视的程度”分为“受到同学或他人（不含领导）的重视”和“受到老师（领导）的重视”这两个项目。同时，相应的表述也可以做出符合相应实际情况的修改。

三 公民话语权分类

按照公民话语权所指的维度是现实生活中的客观存在还是人们心理上的主观感知，本书将其划分为公民客观话语权和公民主观话语权两个方面。按照公民话语权主体的不同，本书将其划分为普通公民话语权和新闻工作者话语权两个部分。

（一）公民客观话语权与公民主观话语权

公民客观话语权是指公民在公共领域中关于私人事务或公共事务具有的发言资格、机会以及发言影响力的客观存在。公民主观话语权与公民客观话语权相对应，是指公民主观感受到的自身话语权，它是公民对自身话语权的主观感知。客观话语权是主观话语权的基础，主观话语权是公民基于实际话语权的感受，它虽然并不一定能够准确反映公民实际话语权，但却是公民获得当家做主满足感和实现社会和谐的要件。

总体而言，话语权的大小是客观的，话语权的测量也应该是客观的。

理论上，我们可以对公民的客观话语权进行测量——直接测量公民发表意见和看法的机会、受重视的程度以及影响力，但是，制定一个衡量话语权大小的客观标准是困难的，更为重要的是这个客观标准本身是主观的。因此，采用客观标准对公民客观话语权进行测量相当困难。与客观话语权相比，主观话语权强调公民的内心感受。因此，一种较为现实可行的测量公民话语权的方式是测量公民的主观话语权——即公民自我感知的话语权，它测量公民所感知到的自我话语权。

（二）普通公民话语权与新闻工作者话语权

1. 普通公民话语权

普通公民日常生活和政治活动涉及的总体范围可以划分为单位事务和国家事务两部分。相应地，普通公民总体话语权可以划分为单位事务话语权和国家事务（方针、政策）话语权两方面。

（1）单位事务话语权

李猛、周飞舟和李康（1996）认为，中国单位的形成，既是由于计划经济下的再分配体制，也是由于中国独特的历史遗产、革命立场和体制选择，这使中国的单位成为最具有制度化特点的组织。中国社会所具有的单位现象，吸引了国内一些学者从社会学和政治学的角度对其进行研究（李路路，2002）。

但学界对单位的界定并不一致，主要有狭义和广义之分。李猛、周飞舟和李康（1996）认为，单位为再分配体制下的制度化组织（与技术性组织相区别）。城市内的事业单位、行政单位是最典型的单位，企业单位也是典型的单位；农村基层组织具有某种单位特征，但不能称作单位；改革后形成的许多私营企业、合资企业既不在分配体制之内，也不是制度化的组织，因此不属于单位。曹锦清、陈中亚（1997：64—116）认为，单位是一种一元化的集体组织形态，是隶属于国家的职能部门……农村政社合一的组织和城市中所有的集体组织均被视为单位。路风（1989）认为，一切微观社会组织都是单位，它是我国各种社会组织普遍采取的一种特殊的组织形式，是我国政治、经济和社会体制的基础。李路路（2002）认为，就其本质而言，单位组织是一种统治形式和工具，即一种组织化的国家统治体制。单位和单位组织更多是指一种组织形式。

在本书中，我们采用广义的单位概念，即把单位视为一种组织形式。

对大学生而言，学校是他们学习和生活的组织，因此，单位指学校；对城市居民而言，单位指与他们发生关联的城市工作单位（场所）、居委会等。李汉林（1993）认为，在那些号称“中国第一村”的地方，从“摇篮到墓地”的单位管理方式得到了充分的发育，以“村”为基础的单位整合与控制的效率极高，社区成员对其单位的认同感和依赖性极强。《中华人民共和国村民委员会组织法》（2010 修订）规定，村民委员会是村民自我管理、自我教育、自我服务的基层群众性自治组织。因此，在宽泛的意义上，我们把村委会等组织看成是农村公民的单位。

单位事务话语权指公民对其所在单位（组织）事务的发言机会和影响力，而单位事务主观话语权指公民对单位事务话语权的主观感知。每个公民可能不只处于一个单位中，比如他可能属于村集体，同时也属于某企业。因此，单位事务话语权是指公民对其所在的所有单位的全部事务的平均话语权，而单位事务主观话语权则是指公民对所在的所有单位的全部事务话语权的平均感知。

（2）国家事务话语权

除了单位事务，公民生活和参与其中的另外一个更宽泛领域是国家（政府）事务。侯保疆（2013）认为，从人们需要的范围来看，人的需要可以分为社会成员的公共需要和个人需要，因此，可以把社会事务区分为公共事务和非公共事务。在一定的社会生活条件下，凡是具有满足社会公共需要性质的社会事务，属于公共事务；反之，则属于非公共事务。郭虹（2015）认为，公共事务是指体现社会成员的共同利益、满足绝大多数成员需求和使全社会共同受益的事务。公共性是公共事务最重要的特点，一是指利益的公益性，即此事件既事关社会大众的集体利益，也关乎个人利益；二是指参与事务的主体包括社会公众，而非仅仅只是国家机器或社会管理者。刘旭涛（1998）依据市场化配置资源的程度，将社会事务划分为私人事务、中间事务和公共事务。他认为，按照市场经济的要求，政府的总体职能主要是管理公共事务（包括部分中间事务，而不包括私人事务）。也就是说，国家事务主要包括了公共事务但不仅仅局限于公共事务。

本书没有特意区分公共事务和私人事务。这是因为，第一，公共事务和私人事务的界线是变动的，两者在一定的条件下会发生转换；第二，对公民个体而言，把现实生活中所涉及的事务按照性质区分为公共事务和私人事务并非完全必要，也并不总是很容易区别开来，按照事务所涉及的范围比按照事务的性质来区分更容易理解。因此，无论是单位事务还是国家事务，都可能包括了不同性质的事务，只是侧重点不同。单位事务可能比国家事务包含了更大比例的私人事务，而国家事务则可能比单位事务包含了更大比例的公共事务。

国家事务话语权就是指公民对国家事务的发言机会和影响力，而国家事务主观话语权就是指公民对国家事务话语权的主观感知。由于每个公民可能不只面对或参与一种国家事务，因此，国家事务话语权是指公民对所有国家事务的平均话语权，而国家事务主观话语权则是指公民对所有国家事务话语权的平均感知。

我们把公民总体话语权分为单位事务话语权和国家事务话语权两部分。相应地，公民总体主观话语权也可以分为单位事务主观话语权和国家事务主观话语权两部分。

2. 新闻工作者话语权

和普通公民一样，新闻工作者的话语权也分为单位事务话语权和国家事务话语权。除了面对与普通公民相同的单位事务，对新闻工作者而言，新闻采编是他们区别于其他普通公民最显著和最主要的单位事务。他们的单位事务话语权主要与新闻采编相关，主要在新闻采编业务中得以体现和实现，这也是新闻工作者与其他行业单位事务话语权最大的不同。因此，对新闻工作者的单位事务话语权而言，最主要的是要研究他们的新闻采编业务话语权，而与普通公民相同的单位事务话语权部分，则等同于普通公民单位事务话语权。新闻工作者所涉及和参与的国家事务与普通公民没有本质差别，因此，新闻工作者的国家事务话语权大体等同于普通公民国家事务话语权。综上，新闻工作者话语权的研究就具体转化为新闻采编话语权的研究。新闻工作者的总体采编业务主要分为日常采编业务和重大采编业务两部分，根据新闻工作者从事的采编业务类别，我们将新闻工作者的总体采编话语权分为日常采编业务话语权和重大采编业务话语权两部分，相应地，我们将新闻工作者的总体主观采编话语权分为日常采编业务主观话语权和重大采编业务主观话语权两部分。

第三章

普通公民主观话语权的影响因素及影响效应

第二章对公民话语权进行了理论定义和操作化定义（编制了公民话语权测量量表）。本章将采用该量表对中国普通公民的主观话语权进行测量，并探究中国普通公民主观话语权的影响因素及影响效应。

第一节　普通公民的主观话语权

一　测量

教育部《2013 年全国教育事业发展统计公报》显示，2013 年中国高等教育毛入学率达 34.5%。大学生是当今社会最重要的行动主体之一，并且他们的父辈具有形形色色的人口统计学特征，能够代表多样化的中国普通公民。本研究采用问卷调查法对中国普通公民的主观话语权进行测量。基于探索性研究的目的、人力、经费和时间的限制，本研究以由某高校部分在校本科生及其父母组成的配对样本作为调查对象。这样的抽样设计，使得我们对普通公民主观话语权的研究一方面可以聚焦在一个特定的群体——大学生，另一方面又使得本研究能够代表更普遍的中国公民。与此同时，统计、分析由大学生及其父母组成的配对样本，不仅能够对这两个群体进行代际比较研究，还能够对父子两代进行代际影响研究，进而可以反映出由中国社会特有的政治、经济和文化所决定的家庭结构对公民主观话语权的影响。

根据大学生及其父母话语权指涉对象的实际范围，本研究分别对他们各自的单位事务主观话语权和国家事务主观话语权进行测量。本研究均采用由“我没有机会发表意见和看法”“我的意见和看法能够受到同学或他人（不含领导）的重视”“我的意见和看法能够受到老师（领导）的重视”以及“我的意见和看法可能被采纳”这四个项目组成的李克特5分量表（1 = 完全不同意，5 = 完全同意）对大学生及其父母的单位事务主观话语权和国家事务主观话语权进行测量。在统计分析时，我们对反向陈述项目进行了语义反转并重新编码。其中，对“我的意见和看法能够受到同学或他人（不含领导）的重视”和“我的意见和看法能够受到老师（领导）的重视”两个项目取均值合并为“我的意见和看法能够受到他人的重视”一项。也就是说，公民主观话语权最终由“拥有发言机会”“发言受重视”以及“发言可能被采纳”这三个项目来测量。公民总体主观话语权各项目取单位事务主观话语权和国家事务主观话语权相应项目的均值。大学生单位事务主观话语权的 $\alpha = 0.71$，国家事务主观话语权的 $\alpha = 0.73$，总体主观话语权的 $\alpha = 0.77$；大学生父母单位事务主观话语权的 $\alpha = 0.70$，国家事务主观话语权的 $\alpha = 0.70$，总体主观话语权的 $\alpha = 0.74$。也就是说，用这三个项目对大学生及其父母的单位事务主观话语权、国家事务主观话语权和总体主观话语权进行测量具有可靠的内部一致性信度。

二　数据收集

（一）研究伦理

在社会科学研究中，研究者一方面要确保研究数据真实可靠，另一方面必须遵循社会科学研究伦理，如研究对参与者无害和隐私保护等。基于问卷调查真实性和研究伦理的双重考虑，本研究要求所有的被调查者都将其姓名和联系电话填写在与问卷主体部分可分离的另一页面，待问卷核查结束后，研究者将包含调查对象姓名和联系电话的页面与主体页面分离，且在数据录入时只将问卷主体部分录入。这样一方面可以对数据进行核查，确保调查数据的真实可靠；另一方面，每一份问卷不与任何一个具体的个人相联系，这在有效地保护了调查对象隐私的同时，也能够让他们尽可能无顾虑地反映自己的真实情况和想法。我们给予如实填写问卷的调查对象每人 25 元人民币的报酬。

（二）调查执行

2014 年 10 月至 2015 年 5 月我们执行了本调查。刚开始进行调查时，大一新生刚从高中升入大学，考虑到他们不一定对本调查所测量的概念有很明确的认识，因此，大一新生被排除在外。另外，新闻传播学专业的学生在一些测量指标（特别是媒介接触指标）上与其他专业的学生可能存在着较大的差异，因此也被排除在外。也就是说，本调查的抽样框是大二及以上年级的非新闻传播学专业的本科生。在样本构成方面，学生与其父母组成一个配对样本：如果被调查学生是男生，则与其父亲组成一个配对样本；如果是女生，则与其母亲组成一个配对样本。抽样方式为方便抽样①。

访问员将问卷分发给被调查学生后，被调查学生先完成学生部分问卷，然后将父母部分问卷交给自己的父母填答。这种通过学生对其父母进行调查的方式比通过陌生调查员进行调查的方式更能确保问卷的真实可靠，也更具操作性。被调查学生及其父母遵循完全自愿、随时可以退出的原则参与本调查。问卷回收后，督导先剔除了极少数明显不认真回答的问卷，然后对剩余的问卷进行了电话回访和复查，以确保问卷的真实可靠。经过对问卷的多次严格复查，最后回收大学生及其父母的有效配对样本问卷各 209 份，有效回收率为 84%。

① 在社会科学中，完全随机抽样几乎是不可能的。由于各种条件的制约，本研究所获取的样本并不是随机样本，而是一个方便样本。本研究在抽样时，按照方便抽样的法则，先抽取大学生样本进行调查，再让大学生对他们的父母进行调查。如果让大学生采取随机方式（如抽签）来确定所调查父母的性别，这不仅增加了抽样的程序，而且更重要的是研究者很难监控大学生是否执行了随机抽样的程序并按照这一程序所确定的父母性别来进行调查。如果让大学生按照自己的意愿来确定被调查父母的性别，这样所形成的样本也不是随机样本。因此，在不能做到随机抽样的前提下，本研究将性别作为选取样本的抽样标准之一，最重要的考虑是性别可能是一个影响时政新闻接触、政治效能感、主观话语权、政治认同和政治参与的重要因素，所以我们采用同性父辈和子辈相结合的方式，力求避免不同性别可能由于家庭环境（主要指不同性别在一个家庭扮演的角色，特别是男性和女性在家中的地位。在一个父权夫权至上或母权妇权至上家庭长大的孩子，男孩和父亲更相似，女孩和母亲更相似）的不同而带来的影响。而且，这样的抽样方法也更有利于同性父子两个代群的比较。和其他非随机样本一样，本研究所得出的结论不能无限度地推广到其他群体，甚至只能说明本研究的结论在所抽取的样本中是成立的。

（三）调查对象的人口统计学特征

被调查大学生的人口统计学特征如下：性别为男性的占45%，女性占55%；入学前户籍为农村的占34%，城市占66%；自我性格认知类型为内向型的占44%，外向型占56%；政治面貌为中共党员的占6%，非中共党员占94%；年级为大二的占71%，大三占26%，大四占3%，大五占1%；个人月均生活费为300—499元的占3%，500—999元占20%，1000—1499元占43%，1500—1999元占21%，2000—2499元占11%，2500—2999元占1%，3000元以上占2%。

被调查大学生父母的人口统计学特征如下：性别为男性的占45%，女性占55%；年龄段为40—49岁的占79%，50—56岁占20%，60岁以上占2%[①]；农村户籍的占34%，城市占66%[②]；自我性格认知类型为内向型的占40%，外向型占60%；政治面貌为中共党员的占20%，非中共党员占80%；学历为文盲/半文盲的占3%，小学占6%，初中占20%，高中及相当程度占28%，大专占19%，本科占22%，硕士占2%；职业为临时工、农民工、无职业者的占15%，体力劳动工人占9%，技术工人占11%，办公室一般工作人员占28%，一般管理人员与专业技术人员占17%，中层管理人员与专业技术人员占13%，高层管理人员与专业技术人员占5%，其他职业占1%；家庭人均月收入为1500元以下的占13%，1500—2499元占14%，2500—3499元占17%，3500—4499元占18%，4500—5999元占14%，6000—8999元占13%，9000元以上占10%。

三　普通公民的主观话语权

我们采用描述性统计和推断性统计相结合的方法对大学生及其父母的主观话语权进行认识和比较。

---

① 本章研究的是家庭代际关系，大学生父母群体跨越世代，父母与子女仍然属于家庭代际的范畴。如果因为某些家庭父母与子女年龄差距较大，就将这些人排除掉是不客观的。另外极端年龄属于极少数，对整体的影响可以忽略不计。

② 在中国，父母与子女的户籍有可能不一致。因此，大学生群体和大学生父母群体的农村和城市户籍比例存在微小差异。

（一）大学生及其父母的主观话语权

大学生群体的单位事务主观话语权（$M=3.06$，$SD=0.69$）高于国家事务主观话语权（$M=2.58$，$SD=0.73$），大学生父母群体的单位事务主观话语权（$M=3.24$，$SD=0.77$）也高于国家事务主观话语权（$M=2.77$，$SD=0.78$）。这表明，大学生及其父母群体的单位事务主观话语权均高于国家事务主观话语权。这与话语权涉及的范围与话语主体的接近程度有关。对公民个人而言，与国家事务相比，单位事务与个人利益的关系更加密切，两者更具接近性；相对于单位事务，公民直接参与国家事务的难度要大，他们的自我效能感要低。统计数据表明，无论是大学生还是他们的父母，他们单位事务主观话语权中有机会发言的程度、受重视程度以及有可能被采纳程度都要高于国家事务主观话语权的相应项目。

单一样本 t 检验结果表明，大学生群体的单位事务主观话语权与“中等”（3 分）水平没有显著差异（$t(208)=1.22$，$p>0.05$），国家事务主观话语权显著低于“中等”水平（$t(208)=-8.20$，$p<0.001$），总体主观话语权（$M=2.82$，$SD=0.63$）也显著低于“中等”水平（$t(208)=-4.09$，$p<0.001$）。虽然大学生群体的单位事务主观话语权与“中等”水平没有显著差异，但由于其国家事务主观话语权水平较低，因而他们的总体主观话语权显著低于“中等”水平。

单一样本 t 检验结果表明，大学生父母群体的单位事务主观话语权显著高于“中等”水平（$t(208)=4.53$，$p<0.001$），国家事务主观话语权显著低于“中等”水平（$t(208)=-4.35$，$p<0.001$），总体主观话语权（$M=3.00$，$SD=0.66$）与“中等”水平没有显著差异（$t(208)=0.07$，$p>0.05$）。虽然大学生父母群体的国家事务主观话语权显著低于“中等”水平，但由于他们的单位事务主观话语权较高，因而总体主观话语权与“中等”水平没有显著差异。

总之，无论是哪个群体，他们的总体主观话语权均不高。话语权包括发言机会、发言受重视以及发言被采纳这三个方面，任何一方面的不足都会导致话语权偏低。主观话语权较低是由发言机会（如话语表达对象和渠道）缺乏和发言效果较差这两方面造成的①。

（二）公民的人口统计学特征与主观话语权

Kerlinger（1986）认为，人口统计学变量在社会科学研究中具有十分重要的意义，它可以评估社会现状及其变化，反映个人的状况。由于大学生群体和大学生父母群体的主观话语权存在显著差异②，本研究采用层次回归法（Hierachical Regression Analysis）分别对他们主观话语权的影响因素进行分析（分别见表3.7和表3.8），将人口统计学变量（包括性别、户籍、性格、政治面貌和年龄）作为控制变量纳入方程。就大学生群体和大学生父母群体的人口统计学特征与主观话语权的关系，本研究分别从性别、户籍、性格和政治面貌这四个方面进行分析。

1. 大学生的人口统计学特征与主观话语权

就大学生的人口统计学特征与主观话语权的关系而言，独立样本 t 检验（见表3.1）发现，各人口统计学变量与他们的主观话语权的相关关系不显著；不同性别、户籍、性格和政治面貌的大学生群体在单位事务主

---

① 2006年2月24日，熊丙奇就"中国教育改革中的学生选择"这一问题同来自北京大学、清华大学等学校的大学生座谈时，一些大学生的发言对解释当今大学生主观话语权较低的现象有较强的启发性。

同学A表示：失声的不是大学生。在当前这种教育体制下，我们即使要说也没处说，只能在同学之间自己讨论一下，或者是在网上以不具名的形式发表一些言论，自己也不用负责任。

同学B表示：也许学生并不是不说话，只是学生说的话上面根本没有听到。之所以这样，是因为学生本身并不具备这样的话语权。学生之间会讨论很多问题，但是学生没有办法表达出来，学生在面对这种话语权的时候，一方面可能是胆怯，另一方面可能是本身很失望，觉得自己说了也没有什么用，所以就放弃了自己发言的权力。在中国大学教育方面，学生保持沉默或者是大学体制内相关人员保持沉默也有类似的原因。

还有同学C认为大学生没有话语权，选择沉默至少分为三个层次。第一种是学生不知道自己应该说。对于一部分人来说，他们根本不知道自己应该说话，今天参加座谈会之前，我压根儿没有听过"话语权"这个词。以北大来说，北大经常出新的改革政策，但是这些政策都是领导们定出来的，同学们只在旁边看着，这个政策好、对我有利我就接受，不好我也就在底下吵吵，发发牢骚，但是他们没有想，我们为什么不能作为学生代表和老师们一起讨论这个问题。我就是属于第一种，我根本不知道自己有话语权。第二种就是不知道说什么。有一部分人不知道这种问题的存在，不知道问题存在的原因。北大其实应该是民主和自由的基地，可是，现实社会与过去不一样了，社会的各种诱惑很多，大家关心的是出国、工作而不是政治问题、教育问题、社会问题。像熊老师讲的，有一些人会解读他的书，去利用大学的问题，学会怎么样讨老师的欢心，怎么样钻这个制度的"空子"。第三种就是知道说什么，但是不知道该给谁说。

② 详见本章第三节中有关"普通公民主观话语权的代际影响"部分的数据分析和论述。

观话语权、国家事务主观话语权以及总体主观话语权上均没有显著差别。对大学生特别是同一所学校的大学生而言，相同的受教育程度可以减弱其他方面对他们主观话语权的影响。回归分析发现，性格会对他们的单位事务主观话语权产生影响，性格内向的大学生的单位事务主观话语权较高。

表3.1 大学生及其父母的人口统计学特征与主观话语权

		大学生			大学生父母		
		M	*SD*	*t* 值	*M*	*SD*	*t* 值
单位事务主观话语权	男	3.02	0.71	-0.77	3.34	0.75	1.84
	女	3.09	0.68		3.15	0.77	
国家事务主观话语权	男	2.62	0.77	0.66	2.80	0.77	0.57
	女	2.55	0.71		2.74	0.78	
总体主观话语权	男	2.82	0.67	-0.04	3.07	0.66	1.40
	女	2.82	0.60		2.94	0.66	
单位事务主观话语权	农村	3.07	0.66	0.37	3.00	0.71	-3.32**
	城市	3.04	0.72		3.36	0.77	
国家事务主观话语权	农村	2.62	0.76	0.51	2.58	0.75	-2.53*
	城市	2.56	0.72		2.86	0.78	
总体主观话语权	农村	2.85	0.62	0.50	2.79	0.55	-3.49**
	城市	2.81	0.65		3.11	0.68	
单位事务主观话语权	内向型	3.15	0.64	1.89	3.13	0.69	-1.63
	外向型	2.98	0.73		3.31	0.81	
国家事务主观话语权	内向型	2.63	0.66	0.90	2.69	0.79	-1.21
	外向型	2.54	0.79		2.82	0.77	
总体主观话语权	内向型	2.90	0.57	1.41	2.91	0.61	-1.67
	外向型	2.76	0.68		3.06	0.69	
单位事务主观话语权	中共党员	3.29	0.62	1.28	3.86	0.68	6.35***
	非中共党员	3.04	0.70		3.09	0.71	
国家事务主观话语权	中共党员	2.59	0.73	-0.03	3.19	0.87	4.00***
	非中共党员	2.58	0.74		2.66	0.72	
总体主观话语权	中共党员	2.94	0.62	-0.72	3.53	0.68	6.16***
	非中共党员	2.81	0.64		2.88	0.59	

注：* $p<0.05$；** $p<0.01$；*** $p<0.001$。

（1）大学生的性别与主观话语权

就性别而言，受访者认为，男女平等观念在社会中特别是在大学生中已经普及，这样就减弱了性别对大学生主观话语权的影响。

编号1C的男大学生在接受访谈时认为，不同性别的大学生在学校事务和国家事务上的话语权不存在显著差异。他认为，“学校保障每个人的权益，作为本科层次的学生，接受过高等教育，觉悟也会更高”“学校规章制度对每个学生来说都是平等的，因为这些规章制度的制定需要考虑到整个大学生群体”“男生、女生作为国家的公民平等地享有国家大事话语权”。

编号2C的女大学生也认为，“学校里的学生都受过高等教育，所以在学校里面男女平等的观念比较普及，男生和女生在学校事务上的话语权没有显著不同”“现代社会普遍来讲男女是平等的，男女的话语权也是平等的，男生或者女生在自身相对更加擅长的领域里话语权会相对更高”。

除此之外，话语质量是决定话语权大小的关键。编号5C的女大学生在接受访谈时认为，“在学校里面我们都是注重个人能力，如果一个意见是好的，就会被采纳，不会因为性别的差异而有所不同”“在我们寝室有一个北方女孩儿，她懂的国家事务很多，我们都很佩服她，在我看来，很多男生都不一定比得上她，假如要提意见，她的意见也会比很多同学的更容易被采纳”。

除了受教育程度和男女平等观念外，性别对大学生的主观话语权没有影响还可能与当今中国大学生整体的性别构成比例有关。有的学校的大学新生连续多年“阴盛阳衰”①（笔者所调查的该所学校就是如此），在这种性别比例下，女生发表意见的效果也会因为女生比例较大而在某种程度上得到增强。

（2）大学生的户籍与主观话语权

对来自农村和城市的大学生而言，农村和城市的差异没有对他们的单位事务主观话语权和国家事务主观话语权产生影响。在本研究中，农

---

① 梁静：《厦大首次公布男女生比例　连续八年“阴盛阳衰”》，《海峡导报》，2015年8月21日。

村大学生家庭人均月收入（χ^2（6） $=43.06$，$p<0.001$）和月均生活费（$\chi^2(3)=27.84$，$p<0.001$）均显著低于城市大学生①。但我们认为，话语权的实现及其实现程度所要求的物质条件并不高，并且是有上限的，来自农村和城市的大学生都能达到。社会物质条件的改善有助于提升全体大学生的主观话语权。在实现话语权所需要的物质条件达到一定程度后，富有大学生群体客观条件的提升并不会导致他们与贫困大学生在主观话语权方面拉开差距。

来自城市的编号为1C的大学生认为，“至少从我们学校来看，无论来自农村亦或城市，话语权的大小主要看他做事的积极性、为人的态度和性格等方面。不一定来自城市的大学生就比农村的大学生有绝对优势，城市户籍也有外地和本地之分。农村和城市户籍并不影响其话语权的行使。”

大学生特别是同一所学校的大学生，在个人素质、知识水平、受教育水平和能力等方面均大致相同，这样就减少了农村和城市户籍的大学生在主观话语权方面的差异。

来自农村的编号为2C的大学生认为，“改革开放以来，农村的建设越来越好，虽然农村公民的知识水平整体较低，但是来自农村的大学生也受过良好教育，能够在社会中拥有自己的一片天”“学校事务的话语权与你担任的职务以及知识面等有关，来自农村还是城市不是直接影响因素，而且学校相对于社会来说并不是那么注重你来自农村还是城市”“对国家大事而言，无论是来自农村还是城市，大学生在大学都享有学习同样知识的权利。虽然来自城市的学生一般有着相对较好的成长教育环境，会更早地对国家大事有体会，可是到了大学，学生们的博学程度、对国家大事的理解剖析能力就靠自己是否具有强烈的求知欲，而与来自哪里关联不大”。

来自城市的编号为4C的大学生也认为，“学校话语权很多时候都是靠自己去争取的，凭实力说话，与出身背景关联不大，英雄不问出处。

---

① 在本分析中，家庭人均月收入按照“1500元以下、1500—2499元、2500—3499元、3500—4499元、4500—5999元、6000—8999元、9000元以上”依次赋值1—7分；学生月均生活费按照“1000元以下、1000—1499元、1500—1999元、2000元以上”依次赋值1—4分。

毕竟很多成功人士都是寒门出身，而不乏出身显贵者最后默默无闻”“在国家大事上，话语权只跟自己对国家大事的关注度以及见解有关。大学生在社会上的话语权取决于他们对话语权的追求程度，而与户籍无关”。

除了相同的受教育程度减弱了户籍对大学生主观话语权的影响外，另一个影响因素是“补偿心理”机制。“补偿心理”机制是指那些来自农村的大学生为了克服自己因物质生活的贫困等产生的心理上的自卑而倾向于更加着重发展和提高自己其他方面的长处（比如更努力地学习，更积极主动地参与社团活动）以此来赶上或超过他人。这种心理机制能够减弱甚至逆转城乡户籍带来的影响。

（3）大学生的性格与主观话语权

对于大学生的性格与主观话语权的关系而言，独立样本 t 检验没有发现内向和外向的大学生群体在单位事务主观话语权、国家事务主观话语权和总体主观话语权上存在显著差异，但回归分析发现，性格内向的大学生的单位事务主观话语权较高。一般认为，与外向的人相比，内向的人不愿意发表意见，或发表意见的机会更少。但是现今丰富多元的意见发表渠道，可以弥补甚至逆转性格内向造成的负面影响。

自认为性格内向的编号为3C的大学生认为，“相对而言，大学生的国家事务话语权都比较小，但发言的途径很多”“性格内向的大学生可以组织好自己的语言之后再在网络上发言，这时他们并不会觉得自己的意见或建议比其他同学的差”“外向的同学也会知道自己所处的具体环境，他们知道自己的能力其实也并不一定非常强，所以他们也不会认为自己的意见会比内向的同学更易被接受”。

（4）大学生的政治面貌与主观话语权

一般认为，中共党员的主观话语权高于非中共党员，但是本研究发现，是否是中共党员与大学生的主观话语权无关。我们认为，这个结论对大学生群体而言是合理的。一方面，话语权的大小与所涉及的领域有关，相对于已工作的成年人，大学生涉及的学校事务和国家事务的范围比较窄，且利益关系相对松散，这就决定了整体上大学生群体的话语权并不高；另一方面，同校大学生在受教育程度以及其他各方面的共性也会减弱政治面貌对他们主观话语权的影响。也就是说，大学生群体的总特征决定了其中的中共党员和非中共党员群体的主观话语权没有显著差异。

对编号3C的大学生的访谈也在一定程度上证实了这一点，“大学生中的中共党员和非中共党员的地位差异不明显。学生之间没太多利害关系，大学生涉及的社会事务也少，在学校里学生党员不可能干涉其他人太多，学生干部没什么实权，他的话不一定被接受或采纳，他也就觉得自己没什么话语权了，所以大家话语权都差不多。”

2. 大学生父母的人口统计学特征与主观话语权

就大学生父母的人口统计学特征与主观话语权的关系而言，独立样本 t 检验（见表3.1）发现，除了性别和性格这两个变量外，户籍和政治面貌不同的大学生父母群体的主观话语权存在显著差异。具体而言，城市居民、中共党员群体的单位事务主观话语权、国家事务主观话语权以及总体主观话语权均显著高于农村居民和非中共党员群体。回归分析仅发现，政治面貌对大学生父母的单位事务主观话语权和总体主观话语权具有显著影响。

（1）大学生父母的性别与主观话语权

由于男女平等观念在中国的普及，不同性别的大学生父母群体的单位事务主观话语权、国家事务主观话语权和总体主观话语权没有显著差异。

编号2P的大学生父母认为，“现如今，男女平等的观念在大多数公民的心中已经根深蒂固，在现代文明社会，工作单位中男女地位平等。虽然从古至今国家的领导人大多数是男性，但是，现在在国家大事中担任重要角色的人里面，女性占的比例越来越大。”

（2）大学生父母的户籍与主观话语权

《中华人民共和国村民委员会组织法》（2010修订）规定，村民委员会实行民主选举、民主决策、民主管理、民主监督；村民委员会的主要职责是办理本村的公共事务和公益事业，调解民间纠纷，协助维护社会治安，向人民政府反映村民的意见、要求和提出建议。村民民主决策、民主监督都需要以公民话语权的行使为前提。不仅农村公民的主观话语权不高，而且独立样本 t 检验发现，农村户籍父母群体在单位事务主观话语权、国家事务主观话语权和总体主观话语权方面都显著低于城市户籍父母群体。

进一步的独立样本 t 检验发现，农村户籍父母群体自我感知的单位事务发言机会（$M = 2.83$，$SD = 0.97$）显著低于城市户籍父母群体（$M = 3.34$，$SD = 1.12$；t（207）$= -3.25$，$p < 0.01$），发言受重视程度（$M = 3.08$，$SD = 0.84$）显著低于城市户籍父母群体（$M = 3.36$，$SD = 0.86$；t（207）$= -2.26$，$p < 0.05$），可能被采纳程度（$M = 3.08$，$SD = 0.89$）也显著低于城市户籍父母群体（$M = 3.39$，$SD = 0.95$；t（207）$= -2.29$，$p < 0.05$）；农村户籍父母群体虽然自我感知的国家事务发言机会（$M = 2.35$，$SD = 0.94$）与城市户籍父母群体没有显著差异（$M = 2.58$，$SD = 1.15$；$t(168.72) = -1.53$，$p > 0.05$），但他们自我感知的发言受重视程度（$M = 2.79$，$SD = 0.77$）显著低于城市户籍父母群体（$M = 3.04$，$SD = 0.83$；t（207）$= -2.10$，$p < 0.05$），可能被采纳程度（$M = 2.60$，$SD = 1.06$）也显著低于城市户籍父母群体（$M = 2.98$，$SD = 1.00$；t（207）$= -2.56$，$p < 0.05$）；农村户籍父母群体自我感知的总体主观话语权的发言机会（$M = 2.59$，$SD = 0.73$）显著低于城市户籍父母群体（$M = 2.96$，$SD = 0.96$；$t(207) = -2.83$，$p < 0.01$），发言受重视程度（$M = 2.93$，$SD = 0.59$）显著低于城市户籍父母群体（$M = 3.20$，$SD = 0.72$；t（207）$= -2.66$，$p < 0.01$），可能被采纳程度（$M = 2.84$，$SD = 0.76$）也显著低于城市户籍父母群体（$M = 3.19$，$SD = 0.82$；t（207）$= -2.96$，$p < 0.01$）。

李汉林（1993）从社会学的角度认为，可以沿着国家政府—单位组织—单位组织成员的思路对中国城市社区整合与控制机制进行分析。他认为，在中国的城市社区中，国家对社会的整合与控制，更多的是在独特的单位组织基础上，通过单位对国家的依赖、个人对单位的依赖以及单位功能的多元化实现的。单位制具有社会控制的功能，导致社会个体产生了依赖性人格。不管是单位制，还是街居制，它们的行政功能都非常突出，命令式的上下级科层色彩浓厚。政府与单位之间、单位与职工之间都是服从与被服从的行政命令关系（何海兵，2003）。揭爱花（2000）认为，单位制的实施在单位和成员之间形成了一种特殊的“保护—束缚”机制。单位制给城市居民提供了相对丰富的资源的同时，又极大地限制了他们自主选择生活的权利与机会，由此形成了一种封闭、狭隘的社会生活空间以及单位人千篇一律的生活方式和依附性人格。李汉林、李路路（1999）的研究发现，单位成员在单位中获得的资源仍然是影响其依赖性行为的基本决定因素。

我国的户籍制度明显带有一些世袭等级身份制度的基本特征，因此，我国现行户籍制度的身份特征具有不公正性，并且我国的城乡二元户籍制度还导致了机会、就业权利和地位不平等（俞德鹏，2002）。我们认为，在现阶段，农村公民从国家获得的资源要远远少于城市公民，他们与单位和国家的关系较城市公民而言更加松散和疏远，对单位和国家的依赖程度也远远低于城市公民。因此，农村公民所能感受到的单位或国家对他们社会生活的影响小于城市公民，这会造成他们的“政治冷漠”。因此，农村公民所感知到的单位事务话语权和国家事务话语权低于城市公民。

我们认为，户籍对大学生父母主观话语权的影响主要是由不同户籍带来的经济、文化等资源的不平等造成的。以下对大学生父母的部分访谈证实了我们的观点：

编号 1P 的被访者认为，“绝大多数工作单位集中在各大城市，城市户籍拥有者在就业方面拥有更大优势，因此其意见或建议也更容易被采纳”“就目前社会环境来说，我国整体处于城市化阶段。因此，无论在农村还是城市，城市公民的话语权都能比农村公民的话语权得到更好的行使”。

编号 2P 的被访者认为，“虽然现在大多数农村已经改革成新农村，但是我国仍然有很多落后的农村，那里的人民接受教育较少，知识水平普遍较低，因此在工作单位（村）的发言机会相对较少”“普遍来说，农村公民不及城市公民对国家大事理解得那么充分，因此他们的发言会相对比较片面。在整个社会中，农村公民相对于城市公民来说处于弱势，和城里人相比，农村公民受教育少，从事的职业低微，他们的话语权比城里人要低”。

编号 3P 的被访者认为，“一般情况下农村公民都不关心国家大事，只要这些大事不侵犯自己的权益就行，而城市公民对国家大事比较关心，所以很多情况下他们所说的话都会受到重视并被采纳。就整个社会而言，城市公民所提的意见和建议要比农村公民管用得多，因为城市公民接触的人、事和文化方面要比农村公民广泛得多，所以他们的意见和建议被采纳的可能性大得多。”

编号4P的被访者也持同样的观点，“城乡差距相对较大造成了单位事务话语权的差异，农村公民与城市公民的政治视野、文化水平、受教育程度都有较大差距，这些因素导致了农村公民与城市公民所提意见的可行性差别很大。”

（3）大学生父母的性格与主观话语权

性格对大学生父母的主观话语权没有显著影响。和大学生群体一样，性格可能主要影响的是公民的发言机会而不是发言效果，丰富的发言渠道有助于解决发言机会欠缺的问题。

编号2P的大学生父母认为，“性格对公民话语权没有影响，社会上各种性格的人都有，但他们拥有平等的话语权。”

（4）大学生父母的政治面貌与主观话语权

独立样本t检验发现，中共党员群体在单位事务主观话语权、国家事务主观话语权和总体主观话语权方面都显著高于非中共党员群体。进一步的独立样本t检验发现，中共党员群体自我感知的单位事务的发言机会（$M=3.90$，$SD=1.09$）显著高于非中共党员群体（$M=2.99$，$SD=1.03$；$t(207)=5.05$，$p<0.001$），发言受重视程度（$M=3.76$，$SD=0.86$）显著高于非中共党员群体（$M=3.14$，$SD=0.82$；$t(207)=4.26$，$p<0.001$），可能被采纳程度（$M=3.93$，$SD=0.82$）也显著高于非中共党员群体（$M=3.13$，$SD=0.90$；$t(207)=5.20$，$p<0.001$）；中共党员群体自我感知的国家事务的发言机会（$M=3.07$，$SD=1.23$）显著高于非中共党员群体（$M=2.36$，$SD=1.00$；$t(207)=3.91$，$p<0.001$），发言受重视程度（$M=3.28$，$SD=0.92$）显著高于非中共党员群体（$M=2.87$，$SD=0.76$；$t(207)=-2.10$，$p<0.05$），可能被采纳程度（$M=3.21$，$SD=0.94$）也显著高于非中共党员群体（$M=2.76$，$SD=1.04$；$t(54.18)=2.62$，$p<0.05$）；中共党员群体自我感知的总体话语权的发言机会（$M=3.49$，$SD=0.95$）显著高于非中共党员群体（$M=2.67$ $SD=0.82$；$t(207)=5.51$，$p<0.001$），发言受重视程度（$M=3.52$，$SD=0.77$）显著高于非中共党员群体（$M=3.01$，$SD=0.63$；$t(53.98)=3.95$，$p<0.001$），可能被采纳程度（$M=3.57$，$SD=0.77$）也显著高于非中共党员群体（$M=2.95$，$SD=0.78$；$t(207)=4.60$，$p<0.001$）。回归分析发现，身为中共党员的大学生父母的单位事务主观话语权和总体主观话语权都要显著高于非中共

党员。

我国实行的是中国共产党领导的多党合作和政治协商制度。中国共产党是唯一执政党，是中国特色社会主义事业的领导核心。一般而言，组织特征和地位会转移到组织成员身上，中国共产党的这种领导核心地位也会转移到中共党员身上。也就是说，人们普遍认为中共党员比非中共党员更具有某种政治优势，因此在话语权方面，中共党员的话语权高于非中共党员。简言之，在中国的政治体制中，中国共产党的领导核心地位决定了中共党员具有较高的主观话语权。对一些政治面貌为群众的大学生父母的访谈证实了我们的观点：

编号2P的被访者认为，“中共党员在工作单位有更高的地位，话语权相对高一些”“中共党员能更加深刻地认识到国家的事就是自己的事”。

编号3P的被访者认为，“就单位事务而言，政治面貌不一样的话，地位也就不一样了，一般平民百姓的建议和意见根本不会受到重视；在我国，中国共产党是执政党，其他民主党派是参政党。中共党员在国家大事甚至整个社会上的话语权都更占优势。”

编号4P的被访者认为，“‘组织关系’的不同使得中共党员与非中共党员在单位事务上的话语权存在显著差异”“中共党员对于大政方针更深入的了解导致他们在国家大事上的话语权高于非中共党员；中共党员有较高的文化修养和政治素养，提出的意见较非中共党员可能更科学实际，因此他们在国家事务上的话语权更高”。

编号5P的被访者认为，“在整个就业岗位上，特别是在国企，中共党员作为骨干成员，起带头作用，他们的话语权也有一定的权威性”“在国家大事上，中国共产党是中国的执政党，因此，相对于非中共党员，中共党员的话语更有权威性，且话语权更大”。

第二节　普通公民主观话语权的影响因素

一　理论假设

（一）公民的社会分层与主观话语权

社会分层（Social Stratification）是指人们在社会中不同的地位或位置的排列（陈恢忠，2003；李元书、李宏宇，2004）。虽然社会分层存在着功能论和冲突论两种完全对立的范式，但是它们都承认社会分层是普遍存在的（Perrucci & Knudsen，1983）。

社会分层的本质是不同资源的占有、控制和使用问题（齐志坚，2005；边燕杰、芦强，2014），这种社会资源包括财富、收入、声望和教育机会等（齐志坚，2005）。有学者认为，形成社会分层的主要原因有三个方面：一是社会分化和社会分工，二是个体获取社会资源的能力和机会不同，三是社会制度因素（李元书、李宏宇，2004）。不同范式对社会分层的功能的认识不同。功能主义范式者认为，社会分层强化了社会与个人的功能；而冲突论范式者认为，社会分层弱化了社会与个人的功能（Perrucci & Knudsen，1983）。宫宏祥（2003）则认为阶层分化会对人们的社会心理、社会公平和层间冲突造成消极影响。

具体到中国社会而言，多位学者对中国的社会分层提出了不同的看法。其中有“四大阶层”（康新贵，2006）、“五大阶层”（李路路，2003：94）、“六大阶层”（孟令伟，2006）、“七大阶层”（郑杭生、李路路等，2004）、“十大阶层”（陆学艺，2002）和“十五大阶层”（姚余芳，2005）等多种观点。李强（2006）归纳了社会分层的十大标准——生产资料资源、财产或收入资源、市场资源、职业或就业资源、政治权力资源、文化资源、社会关系资源、主观声望资源、公民权利资源以及人力资源。按照这十个标准及其组合，我们可以将社会成员分成各种不同的阶层群体。不同标准的社会分层的功能不同，比如社会权力分层的主要功能是协调公众行动去达成凭个人力量无法实现的公共目标；声望分层起行为导向作用，鼓励人们学习和发展社会紧缺的知识、能力以及某些品质；经济分层起鼓励先进、贬抑后进的作用（陈恢忠，2003）。

1. 社会分层

我们对社会分层可以有两类不同的理解：一是视其为客观过程，即认为社会分层是指社会成员在社会生活中由于获取社会资源的能力和机会不同，而呈现出高低有序的等级或层次的现象和过程；二是视其为主观方法，即认为社会分层是根据一定的标准将社会成员划分为高低有序的等级或层次的方法（刘祖云，2002）。

谢立中（2008）认为，客观主义社会分层论者将社会分层现象视为一种纯粹给定的、独立于社会成员个人主观意识之外的客观性现实，他们致力于探究支配社会分层现象形成和变化的客观规律；主观主义社会分层论者则将社会分层现象视为一种由社会成员个人的主观意识建构出来的主观性现实，他们致力于考察导致社会分层现象产生和变化的那些主观意识。近些年来，对主观社会阶层（即社会意识的问题）的研究逐渐引起了学术界的关注，取得了不少研究成果（王小章，2001；刘欣，2001；王春光、李烨，2002；李春玲，2004；李培林，2005）。

研究发现，客观社会阶层地位对主观阶层意识有一定的影响，但并不能完全决定主观阶层意识，主观阶层意识与客观阶层地位还存在着一定程度的不一致（陈胜，2005；陆益龙，2011）。

2. 公民的社会分层与主观话语权

李强（2004）认为，较西方社会而言，中国贫富分化现象更为明显，财富的集中化程度更高，分化的形势和由此造成的社会结构紧张局面开始变得严峻；阶层结构出现了定型化的倾向，并伴有阶层利益多元化、“碎片化”的特点；中国各阶层之间的界线逐渐形成，具有阶层特征的生活方式、文化模式也逐渐形成。王立新（2003）认为，随着当前我国社会分层的变化，利益日渐多元化，但人民的利益表达制度存在渠道单一、流于形式、难以操作和不平衡发展的缺陷，并呈现强势阶层垄断利益、弱势阶层利益被损害的趋势。吴申耀（2000）认为，社会阶层分化之后，中下阶层群众的政治和经济地位相对降低，他们政治上的发言权相对减弱。申丽红（2012）认为，社会阶层的板结化已体现在人们的话语表达中。李琼英（2011）认为，由于社会资源占有的不均衡以及利益表达机制的不完善，强势阶层、中间阶层和弱势阶层在利益表达上存在较大差异，强势阶层的利益表达意识和表达机会明显强于其他阶层（特别是弱势阶层）。基于此，本研究提出如下研究假设：

H1：公民的客观社会分层地位越高，主观话语权越大。

H2：公民的主观社会分层地位越高，主观话语权越大。

（二）公民的传播环境感知与主观话语权

1. 传播环境

传媒在现代社会中具有重要作用，除了现实环境以外，人们面对的是一个由传媒信息构成的全球化拟态环境。传播环境是指存在于传播活动周围的特有的情况和条件的总和（邵培仁，2000：236）。对传播环境讨论最多的是新闻传播环境，它是媒介环境和社会环境的结合（李勤，2003）。媒介环境主要由媒介监管环境、媒介生存环境与媒介生态环境等要素构成，而社会环境主要由新闻传播的社会政治、经济、文化和互动环境等要素构成（邵培仁，2000）。杨保军（2005）认为，人们通常从两种意义上理解新闻传播环境：一是指整个新闻传播业的环境，此时环境的实际指称对象是社会环境，也就是除新闻业以外的其他社会子系统共同营造的社会氛围；二是针对新闻传播活动而言的环境，实际指称的对象既包括由新闻媒体相互作用构成的媒介内环境，也包括围绕新闻传播业的社会大环境（即外环境）。新闻传播的外环境可以粗略地分为两个圈层：第一圈层是由与新闻传播直接相关的一些要素构筑的，主要包括新闻收受者、媒体控制者、广告资源拥有者以及新闻产品流通渠道等，它们共同构建着新闻传播直接面对的外环境；第二圈层是由与新闻传播间接相关的一些要素构筑的，主要包括政治、经济、文化、法治、技术、社会心理以及人口素质等要素，它们共同构建着新闻传播最外围的宏观环境。

2. 公民的传播环境感知与主观话语权

传播环境包括传播技术、传播政策等诸多方面，传播技术的进步、传播政策的宽松都会推动人类传播的发展。传播环境与公民话语权息息相关，而话语权的基础是言论自由和表达权。可以说，人类传播史就是一部人类争取表达自由的历史，人类一直在为争取自己的话语权而斗争。

李勤、丁洁（2004）认为，新闻传播环境对社会各阶层的话语权具有决定性的影响。新闻传播环境的优劣不仅会决定公众能否拥有和实现话语权，还会影响社会成员话语权的实现程度。就阶级社会而言，统治阶级基于维护自身利益的需要，赋予社会各阶层公民言论自由的权利是有限的，也是有差别的。

首先，信息传播活动受到各种力量特别是政治力量的控制。在中国封建社会“君君、臣臣、父父、子子”的社会政治秩序和等级制度下，皇权至高无上，百姓都是臣民，他们没有言论自由，没有充分的表达权和话语权。客观传播环境与人们主观感知到的传播环境存在差异，不同的人对同样的客观传播环境所感知到的宽松（或紧张）程度不同。按常理而言，人们所感受到的传播环境越宽松，就越有利于其话语表达，他们的主观话语权也就越大。

H3：公民所感知的言论自由环境越宽松，其主观话语权越大。

其次，传播环境的宽松程度（如言论自由程度）构成了传播环境的一个方面，它回答了人们能否在社会中自由表达以及自由表达的程度的问题；人们话语传播的效果也同样重要，它构成了传播环境的另一方面。如前所述，话语权不仅强调表达的权利，还强调表达的效果。逻辑上，如果公民的话语表达没有实际影响力，那么这就会挫败他们话语表达的积极性，他们就不会感受到自己的话语权。

H4：公民所感知的民众话语效果越大，其主观话语权越大。

（三）公民的时政新闻接触、政治效能感与主观话语权

随着传播科技的发展，各类媒介层出不穷。除了报纸、电视和广播等传统媒介外，包括互联网门户网站和社交媒介等在内的各种新媒介日新月异、方兴未艾。媒介已经成为人们生活中不可缺少的一部分，人们对大众传媒的依赖，特别是对媒介的工具性依赖和内容依赖越来越大（林爱珺、张晓锋、童兵，2007）。在现代社会，各种媒介使人们了解时政、进行社会监督、参与政治生活变得更加便利。媒体与政治的深度互动使现代政治生活在某种程度上成为媒体化政治（刘文科、张文静，2014）。

话语权作为一个政治传播学的概念，它不仅是现代社会公民的一项基本权利，还是人们话语表达的权力。信息的获取与传播是公民获得话语权的基本前提和保障。从信息“输入”的角度看，通过各种信息传播渠道，人们能够更好地认识社会环境，以满足自身对各种信息、特别是与自身利益相关的信息的知情权；由于不同传播渠道的特点不同，人们的信息接收还会受到传播渠道特质的影响。从信息“输出”的角度看，各种不同的传播渠道为人们的话语表达提供了广阔的平台。

在这样的背景下，我们必须思考公民的媒介使用与其主观话语权的关系。具体而言，公民的时政新闻接触对其主观话语权的影响机制如何？公民不同渠道的时政新闻接触对其主观话语权的影响是否存在差异？不同代际间公民的时政新闻接触与其主观话语权的关系是否存在差异？这是本部分所要讨论的问题。

1. 时政新闻接触

新闻是传媒的安身立命之本，时政新闻是新闻的重中之重。在中国，政治新闻曾被称为“报纸的心脏和灵魂”（甘惜分，1993：151）。时政新闻是指“从政治角度，对新近发生或正在发生的、受众欲知未知而应知的事实进行报道，或是对同样具有上述素质和价值的、与政治密切相关的事实作出报道”（丁柏铨、李卫红，2006）。时政新闻具有政策性、解惑性和权威性等特点（朱天宇，2012）。在现实社会中，政治与其他领域是密切相关、难以清晰划定界限的。因此时政新闻的范围极其宽泛，该新闻只要与政治相关，就可以被看作是时政新闻。新华社评选出的2014年十大时政新闻（见表3.2），就包括改革、反腐、自然灾害、民主、文化、法制、军事和经济等各方面。

表3.2　新华社评出的2014年国内十大时事新闻（按事件发生的时间先后为序）

序号	所属领域	事件名称
1	改革	全面深化改革元年出台多项重大改革举措
2	反腐	周永康等“落马”　反腐深入推进
3	自然灾害	鲁甸强烈地震造成600多人死亡
4	民主	全国人大常委会就香港普选作出决定
5	文化	中央召开文艺工作座谈会
6	法制	十八届四中全会部署全面推进依法治国
7	军事	全军政治工作会议在古田召开
8	两岸	中国成功举办APEC北京会议
9	经济	中国经济发展进入新常态
10	政治	国家公祭日仪式隆重举行

张思维、陈尚荣（2011）的一项有关大学生媒介使用的调查显示，时政新闻最受大学生关注，在所有受关注的新闻类别中，有超过1/4的大学生选择了时政新闻；在关注度排序中，45.4%的大学生将时政新闻排在第一位。2011年一项对福建福州、泉州和漳州三地报纸读者的调查显示，大部分读者对时政新闻的兴趣较高，在李克特5分量表中，三地

读者对时政新闻兴趣度的均值都超过 3 分（刘毅，2012）。可见，关注时政新闻是人们使用媒介的重要目的之一。

2. 政治效能感

政治效能感是一个仅次于政党认同的最受学界关注的概念（Abramson，1983，pp. 141–143）。它是美国学者 Campbell（1954，p. 187）在对美国民众的选举行为的研究中首先提出来的，他认为，政治效能感是指“个人对其政治能力、行为能够影响政治过程、系统的感觉”。Lane（1959）认为，除了对个人自我政治能力的主观感知外，政治效能感还应包括个人认为政府会对其要求响应的主观感知。因此，政治效能感这一概念可以分为内在政治效能感和外在政治效能感两部分[①]。前者是指个体对自己是否有能力了解政治和有效参与政治的主观认知，而后者是指个体对于政治系统响应其要求的感觉和信念。

3. 公民的时政新闻接触与政治效能感

对公民的媒介使用与政治效能感的关系的探讨以我国台湾地区和海外居多，研究者常常探讨的是公民的某类媒介的使用与政治效能感的关系，研究得出的结论往往不一致。

一些研究发现，公民的媒介使用对政治效能感没有影响。张卿卿（2002[②]）研究了 1998 年台北市市长竞选期间报纸的报道对公众政治效能感的影响，发现不同竞选框架下的报道以及候选人的正负面诉求的竞选广告对他们的政治效能感没有影响。张卿卿（2002[③]）对 2000 年台湾地区领导人大选的分析显示，当单独考虑新闻媒体的使用时，在四个新闻使用的指标（包括关注报纸新闻、阅读报纸新闻、关注电视新闻和观看电视新闻）中，阅读报纸新闻与关注电视新闻对选民的内在政治效能感均呈显著负向影响；当所有媒体使用变量同时列入考虑时，各项单一媒体的接触或关注皆不会影响选民的内在政治效能感。陈品皓（2005）在探讨2004 年台湾“立委”选举期间选民的媒体使用与政

① 有研究者提出了集体政治效能感这一概念，但本研究不涉及。

② 张卿卿：《竞选新闻框架与广告诉求对选民政治效能与信赖感的影响》，《新闻学研究》2002 年（总）第 71 期，第 135—165 页。

③ 张卿卿：《竞选媒体使用对选民竞选议题知识与政治效能感的影响——以两千年“总统”大选为例》，《选举研究》2002 年第 1 期，第 1—39 页。

治效能感的关系时发现，人们对各种媒体选举新闻的接触与注意程度均未对他们的政治效能感产生影响。

一些研究发现，公民的媒介使用与政治效能感相关。陈陆辉、连伟廷（2008）认为，大众传播媒介使用是影响公民政治效能感的重要因素之一。陈陆辉、陈映男（2013）通过研究台湾 2011 年入学的大学新生发现，媒体注意程度越高者，政治效能感也越高。Schulz（2005）对 2001 年和 2002 年国际教育学会公民教育研究中两个中学生调查项目的数据进行分析后发现，内在政治效能感与他们的政治兴趣、政治讨论和媒介使用相关。Forrest（2007）的一项针对美国高中青少年的实验研究发现，积极使用媒体了解政治对他们的政治效能感具有正向预测作用。

一些研究发现，公民的媒介使用与政治效能感的关系和使用者所使用的媒介种类有关。Aarts（2003）于 1998 年对荷兰民众进行调查后发现，固定观看公共频道的电视新闻对人们的政治效能感有正向预测作用，而固定观看商业频道的电视新闻则会降低人们的政治效能感。Lin（2002）于 2000 年对韩国一所大学的 297 名学生进行调查后发现，收听广播会增强他们的内在政治效能感，而阅读报纸则会降低他们的内在政治效能感。在 2008 年美国总统选举期间，Kushin（2010）对大学生进行网络调查后发现，大学生对传统互联网消息来源的关注与自我政治效能感呈显著正相关关系，而对社交媒体的关注与他们的政治效能感之间的相关关系不显著。张蓓（2014）对 2010 年中国综合社会调查（CGSS）数据进行分析后发现，新媒体与传统媒体对城市居民的政治效能感的影响不同，相对而言新媒体的影响更具有显著性。

一些研究发现，公民的媒介使用与政治效能感的关系和使用者使用媒介的目的、动机有关。一项针对美国大学生的研究发现，在三种互联网使用方式（信息、娱乐和互动）中，与信息和互动有关的使用会增强他们的内在政治效能感，而与娱乐有关的使用则与他们的内在政治效能感无关（Lee，2006）。Rahmawati（2014）对 2014 年印度尼西亚大选中 593 名青壮年进行在线调查后发现，以政治活动为目的的社交媒体使用会影响他们的政治效能感、政治参与和政治知识，并且对政治效能感的影响最大。同时，那些政治效能感、政治参与程度或者政治知识水平较高的人以政治活动为目的的社交媒体使用也较多。

还有一些研究发现，公民的媒介使用与政治效能感的关系和使用者所接触的媒介内容有关。Newhagen（1994）在 1992 年通过有关美国总统选举的电话调查发现，增加对媒介新闻信息（如报纸、国家电视台新闻节目）的接触会相应地增强人们（特别是非裔美国人）的政治效能感，增加对媒介娱乐信息的接触则会相应地减弱人们的政治效能感；另外，收听广播政论性谈话节目会增强人们的政治效能感。Kenski（2006）一项在美国总统选举时期进行的调查发现，人们的互联网使用与内在政治效能感、外在政治效能感均呈正相关关系，人们对互联网上有关总统竞选信息的关注与内在政治效能感呈正相关关系，但与外在政治效能感无关。Lin（2002）对一所韩国大学的大学生进行调查发现，媒体上的负面内容会降低他们的内在政治效能感。

从以上的回顾可以发现，大多数研究都支持公民的媒介使用与政治效能感相关，有的研究还发现公民的媒介使用与政治效能感的关系受使用者使用媒介的目的和接触的媒介内容的影响。中国的媒体是党的宣传、舆论工具（孙宝寅，2003），是党、政府和人民的喉舌，中国媒体的时政新闻更是如此。时政新闻除了报道政府、官员的工作动态和中国在各领域取得的成就（比如政治领域的民主化）外，还会通过向公众征集和采用新闻线索、让公众成为新闻报道的对象以及进行舆论监督等方式对公众的呼声和意见进行回应。因此，本研究提出如下研究假设：

H5a：公民的时政新闻接触与内在政治效能感正相关。

H5b：公民的时政新闻接触与外在政治效能感正相关。

4. 公民的政治效能感与主观话语权

Rodgers（1974）、Form 和 Huber（1971）认为，人们参政议政的渠道越畅通，政治效能感越强，也就是说，对自身有政治影响力的信念越强；反之，人们的参政议政受到阻碍，便可能造成较低的政治效能感，即认为自身的政治影响力很弱。周翔、刘欣和程晓璇（2014）的研究发现，内在政治效能感与中国大陆微博用户线下的官方交涉性参与、传播与动员和话语式参与正相关。谢秋山、陈世香（2014）的研究发现，外在政治效能感对于居民选择抗争性利益表达方式具有显著的正向影响，而内在政治效能感与抗争性利益表达的相关关系不显著。逻辑上，政治效能感越高的公民，他们的利益表达渠道特别是非抗争性利益表达渠道越多，影响力也越大。基于此，本研究提出如下研究假设：

H6a：公民的内在政治效能感与总体主观话语权正相关。

H6b：公民的外在政治效能感与总体主观话语权正相关。

5. 公民的时政新闻接触与主观话语权

梵·迪克（2003：序3①）认为，话语分析和媒体研究是紧密相连的，大众媒介本身就是一种公共话语。新闻话语必然会表达其制作者的社会和政治态度，因此，新闻话语也是意识形态话语。他认为，新闻生产主要是一种话语实践，一种话语安排形式。公民话语权作为一个政治传播学的概念，往往与不同阶级和阶层的政治利益和诉求相关。因此，知情权特别是对与人们切身利益相关的信息的知情权是公民话语权的基础。简言之，公民的时政新闻接触是其话语权的基础，从新闻传播学的角度而言，与人们政治利益最相关的信息就是时政新闻信息。基于此，本研究提出如下研究假设：

H7：公民的时政新闻接触与总体主观话语权正相关。

根据以上有关时政新闻接触、内在政治效能感、外在政治效能感以及总体主观话语权这四个变量的研究假设，本研究提出如图3.1的理论模型：

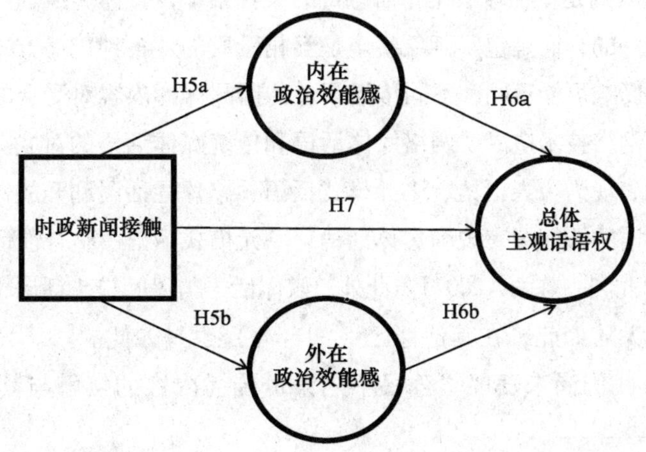

图3.1　理论模型

① 梵·迪克：《作为话语的新闻》，曾庆香译，法律出版社2003年版。

在现代社会，传播技术的变革丰富了人们的信息接收和表达方式，人们通过各种传播渠道接触各类信息（包括时政新闻信息）。媒体技术的发展对公民的话语表达具有促进作用，它为公民的话语表达提供了技术支持，丰富了话语表达的形式，推动了公民话语表达意识的觉醒（伏东海，2012）。

当今传播技术发展的最大特点是新媒体的不断涌现，从公民话语权的角度来看，这促成了不同介质舆论场的形成。以传播介质为视角，可以将舆论场分为媒体舆论场与口头舆论场，而媒体舆论场又可以细分为传统媒体舆论场和网络舆论场（张小明，2006；王国华、肖林、汪娟、周海灯，2012）。王国华（2012）认为，不同舆论场在舆论形态、内容、指向、观点和立场等方面呈现出分化趋势，同一舆论场在多元群体作用下出现了分化，如媒体舆论场因媒体是官方还是民间性质形成的分化，网络舆论场在不同知识、权力、金钱和技术等力量的交合作用下形成的分化，社会口头舆论场以群体为圈层形成的分化等。从当前中国公共舆论生态来看，我们面对的是一个官方话语和民间话语共存的双重空间（何舟，2008；孟建、卞清，2011）。何舟、陈先红（2010）认为，在新媒体背景下，以大众传媒为主要载体的官方话语空间与以互联网和各种人际传播渠道等为主要载体的民间话语空间不仅存在着交错的一面，还存在着明显的对立和博弈。

更为重要的是，在球土化和信息化的大背景下，媒体传播的内容和观点不是整齐划一的，而是包罗万象甚至是互相矛盾的。各种传播方式和传播内容对受众的影响可能不同，不同传播渠道传播同样的内容对受众的影响也不一定相同。网络技术造成了网络媒体话语和传统媒体话语的对立。网络媒体话语的特征表现为个人话语、多元模式话语、碎片性话语和开放性话语，而传统媒体话语的特征则表现为集体话语、一元模式话语、整合性话语和封闭性话语（刘九洲、陈丽，2007）。此外，媒体话语与民间口头话语也存在着差异，不仅在大陆如此，在其他地区（如台湾）也是如此。①

目前，我们尚未发现“公民不同渠道传播内容的接触与其话语权关

① 海西战略在台湾公布后，张凌云（2012）通过对台湾绿营经营的《自由时报》的话语与民间话语进行对比发现，二者之间存在着较大的差别。绿营媒体表现出对大陆的敌对态度和对海西战略的质疑；而与主流媒体相比，学者、商人、学生和老百姓对海西战略的主题建构则并不那么清晰，动机也没有那么深沉。

系”的量化研究，更没有发现“公民不同渠道的时政新闻接触与其主观话语权关系”的量化研究。如前所述，无论是从传播渠道的特征来看，还是从舆论场的特征来看，都可以将公民的信息接触渠道分为传统媒体、新媒体和人际传播三种方式。基于此，本研究提出如下研究问题：

RQ1：公民通过传统媒体渠道的时政新闻接触与其主观话语权的关系如何？

RQ2：公民通过新媒体渠道的时政新闻接触与其主观话语权的关系如何？

RQ3：公民通过人际传播渠道的时政新闻接触与其主观话语权的关系如何？

6. 公民的代际差异与主观话语权[①]

在不同的国家存在着不同的代际，不同研究者对代际的划分也各不相同。比如 Lancaster 和 Stillman（2002）认为美国的代际可以分为传统主义者一代（1900—1945 年）、婴儿潮一代（1946—1964 年）、X 一代（1965—1980 年）与新千年一代（1981—1999 年），而 Oblinger 和 Oblinger（2005）将其划分为成熟一代（1946 年前）、婴儿潮一代（1947—1964 年）、X 一代（1965—1980 年）、新千年一代（1981—1995 年）和后新千年一代（1996 年至今）。不同的研究者对中国代际的划分也有差别，例如 Egri 和 Ralston（2004）将中国的代际划分为共和国创立一代（1930—1950 年）、社会主义建设一代（1951—1966 年）、文革一代（1967—1978 年）和改革开放一代（1979—1989 年）。中国当代大学生属于“90 后”甚至“95 后”，他们属于独生子女一代，而他们的父母则大多属于经历了文革以及其后的改革开放一代。

代际差异理论是在 20 世纪 50 年代由德国社会学家卡尔·曼海姆提出的，用于泛指因出生年代与成长背景的不同而导致的各代群之间在价值观、偏好、态度与行为等方面呈现出的具有差异性的群体特征（卡尔·曼海姆，2002），它体现着代际的思想观念、价值取向、心理状态、行为习惯和生活方式，代际特征超越个体而显现（黄洪基，2004）。

在社会生活中，代际差异是一种普遍现象。Ward（1997，p. 21）指

---

① 本章第三节对“普通公民主观话语权的代际影响”进行了更深入地分析。

出，第二次世界大战以来，在美国广泛存在的社会、经济和政治的变化显著塑造了老年一代和青年一代的人生。Debard（2004）认为，婴儿潮一代、X一代和新千年一代在信任层次、组织忠诚度、职业目标、报酬、家庭生活、教育和价值观等12个方面具有不同特征。

在代际差异研究中，人们逐渐形成了年龄论和世代论两种观点。年龄论的核心是人们价值观和行为方式的变化基于生命年龄的变更，而世代论的核心是不同的生活经历形成了不同的价值观（千石保，1989）。不同代际的出现是由宏观社会间断性的变化对处在生命历程形成期的个人行为的影响造成的（Becker，2000，p. 117）。已有研究认为，新技术引起的工作和生活的重大变化、重大的政治事件、重要的社会经济转型以及共通的文化要素等会对代际和代际差异的形成产生重要影响（Parry & Urwin，2011）。黄洪基（2004）认为，各代人所处的时代环境，以及由这种时代环境决定的教育程度、价值理念、人生目标和审美情趣都不一样，伴随着社会的进步和发展，代际之间的不同特征也就自然形成了。

根据代际差异理论，本研究倾向于认为不同代际群体的公民在时政新闻接触、内在政治效能感、外在政治效能感和主观话语权这些方面存在共性的同时，也存在着差异。基于此，本研究提出如下研究假设：

H8a：不同代际群体的公民的时政新闻接触程度存在差异。

H8b：不同代际群体的公民通过传统媒体接触时政新闻的程度存在差异。

H8c：不同代际群体的公民通过新媒体接触时政新闻的程度存在差异。

H8d：不同代际群体的公民通过人际传播接触时政新闻的程度存在差异。

H8e：不同代际群体的公民的内在政治效能感存在差异。

H8f：不同代际群体的公民的外在政治效能感存在差异。

H8g：不同代际群体的公民的总体主观话语权存在差异。

与此同时，本研究提出如下研究问题：

RQ4：代际是否在如图3.1所示的理论模型的路径中具有调节效应？

本研究通过结构方程模型技术来检验研究假设H5a、H5b、H6a、H6b和H7并回答研究问题RQ4。

对于研究问题RQ1、RQ2和RQ3，本研究采用层次回归法（见表3.6

和表 3.7）进行回答。

对于研究假设 H8a－H8g，本研究采用独立样本 t 检验来进行验证（见表 3.5）。

二　测量

（一）主观社会分层

主观社会分层是人们对自身所处地位的主观认同和感知。因此，本研究将主观社会阶层从低到高依次分为“最下层”“下层”“中下层”“中层”“中上层”“上层”和“最上层”七个层次，并通过询问大学生父母“您认为自己处于社会中的哪一个阶层”这一封闭式问题来测量其主观社会阶层。

（二）客观社会阶层

李强（2010：27—29）认为，对于社会分层的测量，就是对人们社会地位高低的测量。社会经济地位量表（Socioeconomic Score）是测量人们地位的方法之一。Duncan（1961）提出了社会经济地位量表，该量表在对人们的收入、教育和职业这三个指标打分的基础上综合计算分值后获得。李强（2010：27—29）对此量表做了修改，用教育程度、家庭人均月收入和职业这三个指标按李克特 7 分量表对各个指标的等级进行了赋值，提出了中国大城市居民的社会经济地位量表。在本研究中，我们将此量表稍做修改对我国大学生父母群体的社会经济地位进行测量（见表 3.3）。

表 3.3　本研究中的公民社会经济地位量表

项　目		评分
学历	文盲/半文盲	1
	小学毕业	2
	初中	3
	高中、中专、中技或职高	4
	大专	5
	本科	6
	研究生以上	7

续表

项目		评分
家庭人均月收入①	1500元以下	1
	1500—2499元	2
	2500—3499元	3
	3500—4499元	4
	4500—5999元	5
	6000—8999元	6
	9000元以上	7
职业	临时工、农民工、无职业者	1
	体力劳动工人	2
	技术工人	3
	办公室一般工作人员	4
	一般管理人员与一般专业技术人员	5
	中层管理人员与中级专业技术人员	6
	高层管理人员与高级专业技术人员	7

我们采用家庭人均月收入、学历和职业这三个指标测量公民的客观社会阶层（$\alpha=0.74$），分别将这三个指标从低到高依次赋值为1—7分，求和后计算均值得出他们的客观社会阶层得分。在此基础上，我们将客观社会阶层由低到高分成七个层次，即“2分以下=最下层”“2—3分以下=下层”“3—4分以下=中下层”“4—5分以下=中层”“5—6分以下=中上

① 根据中国人力资源和社会保障部于2015年9月28日公布的全国31个省的最低工资第一档的标准，笔者计算出这31个省的最低工资标准（标准的执行时间从2012年12月至2015年11月不等，本调查的执行时间是2014年10月至2015年5月）的平均值为1525元。因此，把低于1500元作为家庭人均月收入的最低档次是合理的。据中国广播网2012年4月3日报道，2012年联合国国际劳工组织调查的中国内地员工月平均工资约合为人民币4134.4元，因此，我们将3500—4499元归为家庭人均月收入的中间段也是合理的。根据笔者划定的家庭人均月收入分类标准，1500元以下占13%，1500—2499元占14%，2500—3499元占17%，3500—4499元占18%，4500—5999元占14%，6000—8999元占13%，9000元以上占10%。综合来看，笔者制定的这个标准不仅符合中国人均月收入的实际，而且也能够把调查对象的家庭人均月收入的层次有效区分开来。

层”“6—7 分以下 = 上层”和“7 分 = 最上层”。

（三）传播环境感知

本研究采用由“（1）公民可以无所顾忌地发言而不受到任何追究”“（2）公民可以自由地对政府及其工作人员提出建议和批评”“（3）民众的意见对政府的决策有很大影响力”“（4）现行的人民代表大会和政治协商制度能有效地帮助民众向政府表达意见”“（5）大众媒体可以有效地反映民众的意见”这五个项目组成的李克特 5 分量表（1 = 完全不同意，5 = 完全同意）对公民的传播环境感知进行测量。

我们分别对大学生和他们父母传播环境感知的五个项目进行因子分析，均抽出两个因子（见表 3.4）：（1）和（2）组成一个因子，我们把它命名为言论自由感知；（3）、（4）和（5）组成另外一个因子，我们把它命名为言论效果感知。其中，大学生言论自由感知因子两个项目的 Pearson 相关系数 $r = 0.41$（$p < 0.01$），大学生父母言论自由感知因子两个项目的 Pearson 相关系数 $r = 0.33$（$p < 0.01$）。也就是说，大学生和他们父母言论自由感知因子的两个项目均呈中度正相关关系，这表明，用这两个项目分别测量大学生和他们父母的言论自由感知均具有可靠的内部一致性信度。大学生言论效果感知因子的 $\alpha = 0.64$，大学生父母言论效果感知因子的 $\alpha = 0.69$，这表明用这三个项目分别测量大学生和他们父母的言论效果感知均具有可靠的内部一致性信度。我们分别计算言论自由感知和言论效果感知的所有项目的均值对它们赋值。

表 3.4　传播环境感知的因子分析

	言论自由感知		言论效果感知	
	大学生	大学生父母	大学生	大学生父母
（1）	0.86	0.86		
（2）	0.81	0.76		
（3）			0.75	0.74
（4）			0.83	0.84
（5）			0.69	0.74
特征根	1.31	1.36	1.88	1.93
解释变异量（%）	26.20	25.95	37.61	39.25

抽取方法：主成分分析；转轴方法：具有 Kaiser 正规化的 Promax 转轴法。

（四）时政新闻接触

我们采用一周内通过报纸、广播、电视、互联网、社交媒体以及与他人聊天这些方式接触时政新闻的平均天数测量公民的时政新闻接触程度。

新媒体是一个与传统媒体相对应的概念，本研究把报纸、广播和电视媒体归类为传统媒体，把各种互联网媒体和社交媒体归类为新媒体，人际传播则是指人们通过各种传播渠道与他人进行的沟通。三种方式的时政新闻接触程度的测量如下：

传统媒体时政新闻接触。我们在询问调查对象一周内通过电视、广播和报纸这三种渠道接触时政新闻天数的基础上取均值得出。

新媒体时政新闻接触。我们在询问调查对象一周内通过新闻网站和社交工具这两种渠道接触时政新闻天数的基础上取均值得出。

人际传播时政新闻接触。我们通过询问调查对象一周内通过与他人聊天接触时政新闻的天数得出。

（五）内在政治效能感

我们采用由"我觉得我对公共事务（国家或集体事务）有自己的想法""我觉得我有能力表达我的意见、建议或想法""我觉得我有能力参与公共事务（国家或集体事务）"这三个项目组成的李克特5分量表（1＝完全不同意，5＝完全同意）测量调查对象的内在政治效能感。

（六）外在政治效能感

我们采用"我认为相关部门、机构（或领导）不会在意我的想法"这一个项目（1＝完全不同意，5＝完全同意）测量调查对象的外在政治效能感。在统计分析时，我们对这一反向陈述项目进行了语义反转并重新编码。

三　分析

（一）各研究变量的分析

1. 大学生父母的社会阶层状况

吴晓林（2011）认为，中国中产阶级规模大小的问题没有一个权威的答案。无论是客观上的事实阶层，还是主观上的阶层意识，中国中产阶级的规模都较小，而自认为处于社会中下层的人数（百分比）倒是居高不下。

就主观社会阶层而言，张翼（2011）认为，在所有的社会中——不管是发达国家，还是发展中国家，自我认同为上层的人数都非常少；在中国，自认为属于上层的人数的比例也比较低，属于下层的人数比较多。即使以本国公民为参照标准，中国人自认为属于下层的比例，也比日本和美国高很多。陆益龙（2011）认为，中国当前的阶层认同特征可描绘为“宝塔型”，这种“宝塔型”认同结构的特征可以概括为人们以中层认同为主，且中下层和底层认同的人仍较多。在本研究所调查的大学生父母群体中，认为自己处于社会最下层的占2%（$n=4$），处于下层的占14%，处于中下层的占27%，处于中层的占47%，处于中上层的占10%。本研究数据符合以往研究中对中国公民主观社会阶层分布的判断。

就客观社会阶层而言，在本研究所调查的大学生父母群体中，就客观社会分层得分的层次来看，最下层占6%，下层占17%，中下层占21%，中层占26%，中上层占21%，上层占9%，最上层占1%。大学生父母整体的客观社会阶层得分处在中层（$M=4.01$，$SD=1.37$）。

2. 大学生及父母的传播环境感知

2008 年的一项调查显示，62.5%的受访者表示在批评中央政府时没有顾虑，63.7%的受访者表示在批评地方政府时没有顾虑，63.7%的受访者表示在批评党和国家领导人时没有顾虑，可见，受访者的言论自由比较充分（沈明明，2009：129）。64%的受访者对批评政府权利的保障表示非常或比较满意，近90%的受访者对言论自由权利的保障表示满意，超过2/3 的受访者对政务信息知情权的保障表示满意（沈明明，2009：6）。在本研究中，对言论自由感知持中立（3 分）及以上态度的调查对象占46.9%，对言论效果感知持中立及以上态度的占75.6%。独立样本 t 检验和配对样本 t 检验分别发现，在 $\alpha=0.01$ 的水平，大学生群体在传播环境的五个测量项目上分别显著低于大学生父母群体，大学生也分别显著低于他们的父母。独立样本 t 检验发现，大学生群体的言论自由感知程度（$M=2.47$，$SD=0.93$）显著低于大学生父母群体（$M=2.75$，$SD=0.91$；$t=-3.14$，$p<0.01$），言论效果感知程度（$M=3.12$，$SD=0.66$）也显著低于大学生父母群体（$M=3.39$，$SD=0.72$；$t=-3.91$，$p<0.001$）。配对样本 t 检验发现，在 $\alpha=0.01$ 的水平，大学生在言论自由感知程度和言论效果感知程度方面均显著低于他们的父母。

3. 各变量的独立样本 t 检验

我们通过对各变量的所有测量项目求均值对该变量进行赋值，并用独立样本 t 检验（见表 3.5）对 H8a – H8g 进行检验。

表 3.5 大学生及其父母各变量的独立样本 t 检验

		M	SD	t 值
时政新闻接触	大学生	2.43	0.95	-5.35^{***}
	大学生父母	3.06	1.43	
传统媒体时政新闻接触	大学生	0.54	0.87	-18.91^{***}
	大学生父母	2.88	1.57	
新媒体时政新闻接触	大学生	4.86	1.96	7.77^{***}
	大学生父母	3.18	2.45	
人际传播时政新闻接触	大学生	3.22	2.12	−0.75
	大学生父母	3.38	2.17	
内在政治效能感	大学生	3.28	0.62	$-1.93^{\#}$
	大学生父母	3.40	0.70	
外在政治效能感	大学生	2.49	0.82	−1.89
	大学生父母	2.65	0.90	
总体主观话语权	大学生	2.82	0.63	-2.89^{**}
	大学生父母	3.00	0.66	

注：# $p<0.10$；** $p<0.01$；*** $p<0.001$。

就一周内时政新闻接触的天数来看，大学生群体和大学生父母群体通过各种方式接触时政新闻的平均天数都不多。独立样本 t 检验和配对样本 t 检验分别发现，大学生群体一周内通过各种渠道接触时政新闻的平均天数（$M=2.43$，$SD=0.95$）显著低于大学生父母群体（$M=3.06$，$SD=1.43$），大学生也显著低于他们的父母。进一步研究发现，除了一周内通过与他人聊天接触时政新闻的天数在大学生群体与大学生父母群体之间以及大学生与他们的父母之间不存在差异外，大学生群体一周内通过电视、广播和报纸这些传统媒体获取时政新闻的天数显著低于大学生父母群体，大学生也显著低于他们的父母；通过互联网和社交媒体接触时政新闻的情况则刚好与通过传统媒体接触时政新闻的情况相反。H8a、H8b 和 H8c 得到证实，H8d 未得到证实。

同时，大学生群体的总体主观话语权显著低于大学生父母群体，H8g 得到证实；大学生群体的内在政治效能感（边缘）显著（$p=0.54$）低于大学生父母群体，H8e 得到证实；大学生群体与大学生父母群体的外在政治效能感不存在显著差异，H8f 未得到证实。

（二）公民主观话语权的影响因素分析

本研究采用层次回归法分析各变量对大学生群体和大学生父母群体的单位事务主观话语权、国家事务主观话语权以及总体主观话语权的影响（分别见表 3.6 和表 3.7）。对大学生群体而言，第一层为作为控制变量的人口统计学变量，第二层为传播环境感知变量，第三层为时政新闻接触变量；对大学生父母群体而言，第一层为作为控制变量的人口统计学变量，第二层为社会分层变量，第三层为传播环境感知变量，第四层为时政新闻接触变量。

1. 公民的社会分层与主观话语权

表 3.6　大学生主观话语权的回归分析

	单位事务主观话语权	国家事务主观话语权	总体主观话语权
	β	β	β
第 1 层　人口统计学变量			
性别（男 =1）	-0.08	0.02	-0.03
户籍（城市 =1）	0.02	-0.04	-0.01
性格（外向 =1）	-0.14*	-0.06	-0.11
政治面貌（中共党员 =1）	0.11	0.02	0.07
年龄	-0.10	-0.10	-0.11
ΔR^2/调整后的 R^2	0.03/0.01	0.01/-0.01	0.02/-0.00
第 2 层　传播环境感知			
言论自由感知	0.12	0.15*	0.15*
言论效果感知	0.33***	0.25***	0.33***
ΔR^2/调整后的 R^2	0.14***/0.15***	0.11***/0.10***	0.16***/0.16***
第 3 层　时政新闻接触			
传统媒体	0.15*	0.22**	0.21**

续表

	单位事务主观话语权	国家事务主观话语权	总体主观话语权
	β	β	β
新媒体	0.01	0.00	0.01
人际传播	0.01	0.08	0.06
ΔR^2/调整后的 R^2	0.02/0.16 ***	0.06 ** /0.14 ***	0.05 ** /0.19 ***
R^2	0.20	0.18	0.23
F	4.96 ***	4.41 ***	5.96 ***

注：* $p<0.05$，** $p<0.01$，*** $p<0.001$。

表 3.7　大学生父母主观话语权的回归分析

	单位事务主观话语权	国家事务主观话语权	总体主观话语权
	β	β	β
第 1 层　人口统计学变量			
性别（男 =1）	0.08	0.02	0.03
户籍（城市 =1）	0.06	0.03	0.05
性格（外向 =1）	0.06	0.04	0.06
政治面貌（中共党员 =1）	0.20 **	0.13	0.20 **
年龄	-0.11	-0.00	-0.07
ΔR^2/调整后的 R^2	0.20 *** /0.18 ***	0.09 ** /0.06 **	0.18 *** /0.16 ***
第 2 层　社会分层			
客观社会分层	0.24 *	0.17	0.24 *
主观社会阶层	-0.05	-0.07	-0.07
ΔR^2/调整后的 R^2	0.06 *** /0.23 ***	0.03 * /0.08 **	0.06 ** /0.21 ***
第 3 层　传播环境感知			
言论自由感知	-0.11	-0.01	-0.07
言论效果感知	0.26 ***	0.12	0.22 **
ΔR^2/调整后的 R^2	0.08 *** /0.31 ***	0.02/0.10 **	0.06 *** /0.27 ***
第 4 层　时政新闻接触			
传统媒体	0.05	0.10	0.09
新媒体	0.00	-0.01	-0.01

续表

	单位事务主观话语权	国家事务主观话语权	总体主观话语权
	β	β	β
人际传播	0.17**	0.17*	0.20**
ΔR^2/调整后的 R^2	0.03*/0.33***	0.04*/0.12***	0.05/0.31***
R^2	0.37	0.17	0.35
F	9.41***	3.40***	8.76***

注：* $p<0.05$，** $p<0.01$，*** $p<0.001$。

在大学生父母单位事务主观话语权的回归方程中，社会分层这一层变量增加解释了单位事务主观话语权 6% 的变异，达到显著水平。其中，客观社会阶层与单位事务主观话语权显著正相关（β = 0.24，$p<0.05$），H1 得到证实；主观社会阶层与单位事务主观话语权的相关关系不显著，H2 未得到证实。

在大学生父母国家事务主观话语权的回归方程中，社会分层这一层变量增加解释了国家事务主观话语权 3% 的变异，达到显著水平。但其中，主、客观社会阶层均与国家事务主观话语权的相关关系不显著，H1 和 H2 均未得到证实。

在大学生父母总体主观话语权的回归方程中，社会分层这一层变量增加解释了总体主观话语权 6% 的变异，达到显著水平。其中，客观社会阶层与总体主观话语权显著正相关（β = 0.24，$p<0.05$），H1 得到证实；主观社会阶层与总体主观话语权的相关关系不显著，H2 未得到证实。

总之，我们发现，公民的客观社会阶层越高，他们的单位事务主观话语权和总体主观话语权越大。然而，公民的主观社会分层与单位事务主观话语权、国家事务主观话语权及总体主观话语权的相关关系均不显著。

2. 公民的传播环境感知与主观话语权

（1）大学生的传播环境感知与主观话语权

在大学生单位事务主观话语权的回归方程中，传播环境感知这一层变量增加解释了单位事务主观话语权 14% 的变异，达到显著水平。

其中，言论自由感知与国家事务主观话语权的相关关系不显著，H3 未得到证实；言论效果感知与单位事务主观话语权显著正相关（$\beta = 0.33$, $p < 0.001$），H4 得到证实。也就是说，言论自由感知对大学生的单位事务主观话语权不具有预测作用，而那些认为民众言论效果越大的大学生的单位事务主观话语权越大。

在大学生国家事务主观话语权的回归方程中，传播环境感知这一层变量增加解释了国家事务主观话语权 11% 的变异，达到显著水平。其中，言论自由感知与国家事务主观话语权显著正相关（$\beta = 0.15$, $p < 0.05$），H3 得到证实；言论效果感知与国家事务主观话语权显著正相关（$\beta = 0.25$, $p < 0.001$），H4 得到证实。也就是说，那些越认为传播环境宽松和自由的大学生的国家事务主观话语权越大；那些认为民众言论效果越大的大学生的国家事务主观话语权越大。

在大学生总体主观话语权的回归方程中，传播环境感知这一层变量增加解释了总体主观话语权 16% 的变异，达到显著水平。其中，言论自由感知与总体主观话语权显著正相关（$\beta = 0.15$, $p < 0.05$），H3 得到证实；言论效果感知与总体主观话语权显著正相关（$\beta = 0.33$, $p < 0.001$），H4 得到证实。也就是说，那些越认为传播环境宽松和自由的大学生的总体主观话语权越大；那些认为民众言论效果越大的大学生的总体主观话语权越大。

（2）大学生父母的传播环境感知与主观话语权

在大学生父母单位事务主观话语权的回归方程中，传播环境感知这一层变量增加解释了单位事务主观话语权 8% 的变异，达到显著水平。其中，言论自由感知与单位事务主观话语权的相关关系不显著，H3 未得到证实；言论效果感知与单位事务主观话语权显著正相关（$\beta = 0.26$, $p < 0.001$），H4 得到证实。也就是说，言论自由感知对大学生父母的单位事务主观话语权不具有预测作用，而那些认为民众言论效果越大的大学生父母的单位事务主观话语权越大。

在大学生父母国家事务主观话语权的回归方程中，传播环境感知这一层变量增加解释了国家事务主观话语权 2% 的变异，未达到显著水平。其中，言论自由感知与言论效果感知均与国家事务主观话语权的相关关系不显著，H3 和 H4 均未得到证实。也就是说，言论自由感知与言论效果感知对大学生父母的国家事务主观话语权均不具有预测作用。

在大学生父母总体主观话语权的回归方程中，传播环境感知这一层变量增加解释了总体主观话语权 6% 的变异，达到显著水平。其中，言论自由感知与总体主观话语权的相关关系不显著，H3 未得到证实；但言论效果感知与总体主观话语权显著正相关（$\beta = 0.22$, $p < 0.01$），H4 得到证实。也就是说，言论自由感知对大学生父母的总体主观话语权不具有预测作用，而那些认为民众言论效果越大的大学生父母的总体主观话语权越大。

3. 公民的时政新闻接触与主观话语权

（1）大学生的时政新闻接触与主观话语权

在大学生单位事务主观话语权的回归方程中，媒体时政新闻接触这一层变量增加解释了单位事务主观话语权 2% 的变异，未达到显著水平。其中，通过传统媒体的时政新闻接触与大学生的单位事务主观话语权显著正相关（$\beta = 0.15$, $p < 0.05$），也就是说，通过传统媒体的时政新闻接触越多，大学生的单位事务主观话语权越大；通过新媒体和人际传播这两种方式的时政新闻接触均与大学生的单位事务主观话语权的相关关系不显著。

在大学生国家事务主观话语权的回归方程中，媒体时政新闻接触这一层变量增加解释了国家事务主观话语权 6% 的变异，达到显著水平。其中，通过传统媒体的时政新闻接触与大学生的国家事务主观话语权显著正相关（$\beta = 0.22$, $p < 0.01$），也就是说，通过传统媒体的时政新闻接触越多，大学生的国家事务主观话语权越大；通过新媒体和人际传播这两种方式的时政新闻接触均与大学生的国家事务主观话语权的相关关系不显著。

在大学生总体主观话语权的回归方程中，媒体时政新闻接触这一层变量增加解释了总体主观话语权 5% 的变异，达到显著水平。其中，通过传统媒体的时政新闻接触与大学生的总体主观话语权显著正相关（$\beta = 0.21$, $p < 0.01$），也就是说，通过传统媒体的时政新闻接触越多，大学生的总体主观话语权越大；通过新媒体和人际传播这两种方式的时政新闻接触均与大学生的总体主观话语权的相关关系不显著。

总之，本研究通过回归分析发现，无论是大学生的单位事务主观话语权、国家事务主观话语权还是总体主观话语权，传统媒体的时政新闻接触对它们均有显著的正向预测作用，而新媒体和人际传播的时政新闻接触对它们则不具有预测作用。

（2）大学生父母的时政新闻接触与主观话语权

在大学生父母单位事务主观话语权的回归方程中，媒体时政新闻接触这一层变量增加解释了单位事务主观话语权 3% 的变异，达到显著水平。其中，通过人际传播的时政新闻接触与单位事务主观话语权显著正相关（$\beta = 0.17$，$p < 0.01$），也就是说，通过人际传播渠道的时政新闻接触越多，大学生父母的单位事务主观话语权越大；通过传统媒体和新媒体这两种方式的时政新闻接触均与大学生父母的单位事务主观话语权的相关关系不显著。

在大学生父母国家事务主观话语权的回归方程中，媒体时政新闻接触这一层变量增加解释了国家事务主观话语权 4% 的变异，达到显著水平。其中，通过人际传播的时政新闻接触与国家事务主观话语权显著正相关（$\beta = 0.17$，$p < 0.05$），也就是说，通过人际传播渠道的时政新闻接触越多，大学生父母的国家事务主观话语权越大；通过传统媒体和新媒体这两种方式的时政新闻接触均与大学生父母的国家事务主观话语权的相关关系不显著。

在大学生父母总体主观话语权的回归方程中，媒体时政新闻接触这一层变量增加解释了总体主观话语权 5% 的变异，达到显著水平。其中，通过人际传播的时政新闻接触与总体主观话语权显著正相关（$\beta = 0.20$，$p < 0.01$），也就是说，通过人际传播的时政新闻接触越多，大学生父母的总体主观话语权越大；通过传统媒体和新媒体这两种方式的时政新闻接触均与大学生父母的总体主观话语权的相关关系不显著。

总之，本研究通过层次回归法分析发现，无论是单位事务主观话语权、国家事务主观话语权，还是总体主观话语权，大学生父母通过人际传播的时政新闻接触对它们均有显著的正向预测作用，而通过传统媒体和新媒体这两种方式的时政新闻接触对它们不具有预测作用。

（3）公民的时政新闻接触、政治效能感与主观话语权

①结构方程模型

本研究采用 SPSS 22.0 和 AMOS 17.0 软件对数据进行分析。多群组测量模型和多群组结构模型的拟合优度分别表明，测量模型和结构模型的拟合指标（见表 3.8）均符合理想中的适配标准。图 3.2 显示了大学生和大学生父母两群组结构方程模型分析的结果。

表 3.8　测量模型和结构模型的拟合值

拟合指标	χ^2/df	GFI	AGFI	CFI	NFI	TLI	RMSEA
建议值	<3	>0.90	>0.80	>0.90	>0.90	>0.90	<0.08
测量模型实际值	1.61	0.98	0.94	0.98	0.96	0.97	0.04
结构模型实际值	1.80	0.97	0.93	0.97	0.93	0.95	0.04

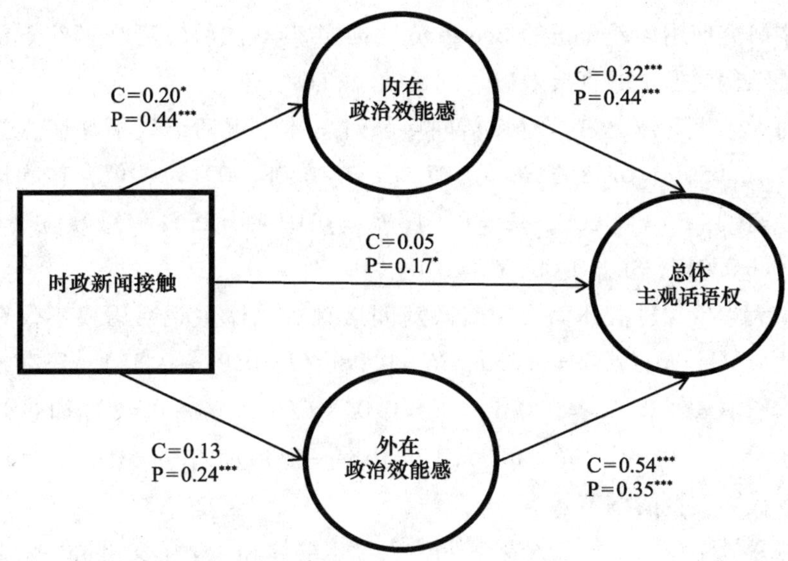

注1. C 表示大学生，P 表示大学生父母。

2. * $p<0.05$；** $p<0.01$；*** $p<0.001$。

图 3.2　结构方程模型

对大学生群体而言，H5a 得到证实，时政新闻接触与内在政治效能感显著正相关（$\beta=0.20$，$p<0.05$），但 H5b 未得到证实，时政新闻接触与外在政治效能感的相关关系不显著（$\beta=0.13$，$p>0.05$）；H6a 和 H6b 均得到证实，即内在政治效能感与总体主观话语权显著正相关（$\beta=0.32$，$p<0.001$），外在政治效能感与总体主观话语权显著正相关（$\beta=0.54$，$p<0.001$）；H7 未得到证实，时政新闻接触与总体主观话语权的相关关系不显著（$\beta=0.05$，$p>0.05$）。

对大学生父母群体而言，H5a 和 H5b 均得到证实，时政新闻接触分别与内在政治效能感（$\beta = 0.44$，$p < 0.001$）和外在政治效能感（$\beta = 0.24$，$p < 0.001$）显著正相关；H6a 和 H6b 均得到证实，即内在政治效能感与总体主观话语权显著正相关（$\beta = 0.44$，$p < 0.001$），外在政治效能感与总体主观话语权显著正相关（$\beta = 0.35$，$p < 0.001$）；H7 得到证实，即时政新闻接触与总体主观话语权显著正相关（$\beta = 0.17$，$p < 0.05$）。

②公民的时政新闻接触对总体主观话语权的直接效应、间接效应及总效应

本研究使用偏差矫正的 Bootstrap 法抽样 2000 次后构建的 95% 置信区间检验结构模型中的直接效应、间接效应和总效应。

对大学生群体而言，时政新闻接触对总体主观话语权不存在直接效应（$\beta = 0.05$，$p = 0.480$，$SE = 0.07$，$CI = -0.08 - 0.18$），但存在间接效应（$\beta = 0.14$，$p = 0.008$，$SE = 0.04$，$CI = 0.04 - 0.25$）和总效应（$\beta = 0.19$，$p = 0.017$，$SE = 0.08$，$CI = 0.04 - 0.33$）。

对大学生父母群体而言，时政新闻接触对总体主观话语权不仅存在直接效应（$\beta = 0.17$，$p = 0.039$，$SE = 0.08$，$CI = 0.01 - 0.32$），还存在间接效应（$\beta = 0.28$，$p = 0.001$，$SE = 0.04$，$CI = 0.16 - 0.42$）和总效应（$\beta = 0.45$，$p = 0.001$，$SE = 0.06$，$CI = 0.31 - 0.56$）。

③代际变量的调节效应

测量模型恒等性检验结果表明，大学生群体和大学生父母群体的测量系数（因子载荷）相等。因此，两组的测量模型具有恒等性。在此基础上，结构模型恒等性检验结果表明，整体上两组的路径系数不存在显著差异。接着我们通过“参数配对”对特定路径系数进行考察后发现，两组的各路径系数在 $\alpha = 0.01$ 的显著性水平，均不存在显著差异（$|CR| < 2.58$），这说明代际在由这四个变量组成的所有路径关系中均不存在调节效应。

四 讨论

（一）公民的社会分层与主观话语权

本研究发现，公民的客观社会阶层越高，他们的单位事务主观话语权和总体主观话语权越高。不仅不同社会阶层的公民之间的主观话语权可能存在不同，而且不同级别（甚至相同级别但不同排位）的官员的话语权也不同，比如民间流传的段子，“一把手说一不二，二把手说二不

一，三把手说三道四，四把手是是是是，五六七八九把手，光做笔记不张口”就形象地说明了这一点。喻国明（2001）认为，不同社会层次的人，话语表达的分布是很不相同的，话语表达音量的大小与权、势和财的大小有关。郑立冬、李钢（2012）也认为，话语权的实现程度可以分为三个层次（第一层次为自由的言论环境与平台，第二层次为受关注与被认同，第三层次为感染人与被追随），不同阶层和不同社会地位的公民能够实现的话语层次不同。不同阶层的公民，他们的社会资本、所处的职位、受教育程度、政治素养以及话语质量等方面的不同会造成他们主观话语权的千差万别。我们的部分访谈也证实了这些观点。

编号 1P 的被访者认为，社交关系网的不同造成了不同社会阶层公民话语权的不同。“不同社会阶层的公民在工作单位（或社区、村组）、国家大事和社会上的话语权不同，越上层的公民话语权越大。因为越是上层的公民，其社交圈、人脉圈更广，其话语影响面也更广，比如明星的一些生活小事都能被媒体炒上报纸头条。越上层的公民越接近国家的主流意识，其凭借更广的人脉圈，能发挥更大的话语权，比如社交平台上的大 V 拥有大量的粉丝，相比下层群众，其话语权更大。”

编号 2P 的被访者认为，社会职位和政治素养的不同会造成公民话语权的不同。“对单位事务而言，不同社会阶层的公民在同一个工作单位所处的职位不一样，职位高者明显比职位低者话语权高”“不同阶层的公民对国家大事的关心程度不一样，看法的深度也不一样，反映的意见水平也不一样。而且社会阶层越低的公民，就算其有了好的意见想要传达给党中央，想要意见被重视也越困难。因此，所处的社会阶层越低，话语权越小”。总之，“不同社会阶层的人在社会上处于不同的地位，地位高者话语权相对较高，例如平民百姓的话语权肯定比政府官员的话语权低得多。”

编号 3P 的被访者认为，社会地位低者话语权低。“在整个社会上，最下层与下层公民就没有什么话语权，因为中层、中上层公民根本就不会让他们参与提意见和建议，即使让他们参与也是走形式”“不同社会阶层的公民在国家事务上的话语权也不同，所提意见和建议的分量不在一条起跑线上，层次越高，他们所提的意见和建议越有可能被重视和采纳”。

（二）公民的传播环境感知与主观话语权

以往的研究从传播理论的角度讨论了传播自由对人们知情权和话语权的重要意义。本研究则从实证研究的角度对传播环境与公民主观话语权的关系进行了讨论，发现传播环境感知这一变量对不同群体的主观话语权的影响不同。

言论自由感知对大学生和他们父母的影响是复杂的。首先，言论自由感知仅与大学生的国家事务主观话语权和总体主观话语权正相关。也就是说，对大学生而言，如果感受到的传播环境越宽松，那么他们的国家事务主观话语权和总体主观话语权就越大。其次，言论自由感知与大学生父母的单位事务主观话语权、国家事务主观话语权和总体主观话语权的相关关系不显著。对大学生父母而言，言论自由并不必然能够带来他们主观话语权的提升。这是因为虽然言论自由程度越高，能获得的表达机会越多，但是公民越多的话语表达并不意味着对他人和社会的影响力越大，更不代表话语表达被接受和采纳的可能性越高，甚至结果可能恰恰相反。话语表达越自由，人们越有发表意见的机会和渠道，但事实上，这种话语表达在很大程度上是一种众声喧哗的表象，任何人的发言都可能被淹没。社会上的意见总量越多，各种意见的交锋越多，人们可能越感受不到自己话语表达的影响力和效果。而且，一味地放任每一个人自由表达，并不能让社会中各种成员平等地获得表达自己的机会，在言论自由领域，国家并非绝对的朋友或敌人，可以帮助放大或压制弱势群体的声音（费斯，2005）。

对大学生而言，言论效果感知对他们主观话语权的预测是全面的，民众言论效果感知与他们的单位事务主观话语权、国家事务主观话语权和总体主观话语权正相关。对大学生父母而言，言论效果感知也与他们的单位事务主观话语权和总体主观话语权正相关。另外，从回归系数来看，言论效果感知对单位事务主观话语权、国家事务主观话语权和总体主观话语权的影响程度均超过了言论自由感知。也就是说，对大学生和他们父母主观话语权的影响程度而言，言论效果感知的影响超过了言论自由感知的影响。

（三）公民的时政新闻接触与主观话语权

1. 公民的时政新闻接触与政治效能感

就政治效能感而言，独立样本 t 检验和配对样本 t 检验的结果分别表明，大学生群体的内在政治效能感（$M=3.28$，$SD=0.62$）显著低于大学生父母群体（$M=3.40$，$SD=0.70$），大学生显著低于他们的父母；大学生群体的外在政治效能感（$M=2.49$，$SD=0.82$）与大学生父母群体（$M=2.65$，$SD=0.90$）不存在显著差异，大学生与他们的父母也不存在显著差异。西方政治效能感理论认为，中等水平的政治效能感是最适宜的，这是因为较高或较低的政治效能感都难以达到"态度平衡"，政治效能感若较高则容易导致"暴民政治"，而较低则容易导致"政治冷漠"（郭秋永，1991）。以此来看，对大学生群体和他们的父母群体而言，在 $\alpha=0.001$ 的显著性水平，他们的内在政治效能感显著超过了"中等"（3分）水平，但是外在政治效能感显著低于"中等"水平，因此，至少他们的外在政治效能感还有提升的必要。

研究发现，大学生的内在政治效能感显著低于他们的父母，主要有以下三方面的原因。一方面可能是因为作为子女的大学生，他们政治参与的实际范围大多与学校事务有关，而与广阔的社会有较大的差距。也就是说，他们实际参与政治的机会和效果都无法与其父母相比，因而其内在政治效能感不高。另一方面可能与大学生父母对政治知识和社会知识的日常学习和了解比大学生更多有关。政治效能感会随着学习的增加而增强。Easton 和 Dennis（1967）对美国孩童的研究发现，孩童在个体成长的过程中，通过学习，他们的政治效能感会逐渐增强。在媒介化社会，人们学习和了解政治知识和社会知识的重要渠道之一就是接触时政新闻。如前所述，父母在一周内通过各种渠道接触时政新闻的平均天数显著高于子女，这种更长时间的时政新闻接触为政治知识的学习和了解提供了更多机会。第三方面可能与大学生的时政新闻接触构成有关。与他们的父母相比，在时政新闻接触时间更短的情况下，大学生更多地通过各种新媒体来接触时政新闻。较传统媒体而言，新媒体在传播方式上具有全球性、双向性、互动性、开放性和可控性弱等特点，新媒体上传播的信息开放多元，众声喧哗。也就是说，公民通过传统媒体接触到的时政新闻是经过把关的正面报道和主流报道，而通过新媒体渠道能够接触到更多的官方不能管控的信息和观点，这些信息和观点往往会削弱传统媒体正面报道和主流报道的影响力，甚至与社会主流价值产生冲突。与此同时，公民通过新媒体渠道对外界信息和不同观点了解得越多，理想和现实的差距也就会越大，就越容易对现实产生不满，这往往会降低他们的内在政治效能感。

H5a 得到证实说明，对大学生和他们的父母而言，个体的时政新闻接触越多，内在政治效能感越高。对大学生和他们的父母而言，时政新闻接触与外在政治效能感的关系则不同。H5b 的检验结果表明，对大学生而言，时政新闻接触与外在政治效能感无关；对大学生父母而言，个体对时政新闻的接触越多，外在政治效能感越高。在媒介化特别是媒介融合的时代，媒体是公民了解政治信息的平台和窗口之一，公民通过对时政新闻的接触，可以更好地了解政治系统的职能和运作程序，从而解决政治信息不对称的问题，消除政治环境的不确定性。与此同时，公民的时政新闻接触本身也是一种政治知识的学习行为，能够丰富他们的政治知识，从而提高他们的政治效能感。

另外，大学生和大学生父母的时政新闻接触与内在政治效能感的关系强度均大于其与外在政治效能感的关系强度。这可能是因为内在政治效能感作为“个体对自己了解政治和有效参与政治的能力的主观认知”相对简单，而外在政治效能感作为“政治系统对个体的政治响应的感觉”更为复杂。

2. 公民的政治效能感与主观话语权

政治效能感作为公民影响政治过程、系统的自我感觉，如果公民能感受到的个体的政治能力越高或者政治系统对其要求的响应程度越高，他能够感受到的自身话语权就越大。反之，如果公民感到自己对政治系统无能为力，感到政府对其要求不会响应，自然就不会感受到自身的话语权。研究发现，对大学生和他们的父母群体而言，内在政治效能感和外在政治效能感均与其总体主观话语权呈正相关关系。

3. 公民的时政新闻接触与主观话语权

(1) 公民的时政新闻接触渠道与主观话语权

回归分析发现，对大学生而言，通过传统媒体的时政新闻接触有助于提高他们的主观话语权。就大学生群体的时政新闻接触渠道而言，他们通过新媒体渠道接触时政新闻的时间最长（$M = 4.86$，$SD = 1.96$）；其次为通过人际传播渠道（$M = 3.22$，$SD = 2.12$）；通过传统媒体接触时政新闻的时间最短（$M = 0.54$，$SD = 0.87$）。前二者均超过了通过各种渠道接触时政新闻的平均时间（$M=2.43$，$SD=0.95$）。

回归分析发现，对大学生父母而言，通过人际传播的时政新闻接触有助于提升他们的主观话语权。就大学生父母群体的时政新闻接触渠道而言，他们通过人际传播渠道接触时政新闻的时间最长（$M=3.38$，$SD=2.17$）；其次为新媒体渠道（$M=3.18$，$SD=2.45$）；通过传统媒体接触时政新闻的时间最短（$M=2.88$，$SD=1.57$）。前二者均超过了通过各种渠道接触时政新闻的平均时间（$M=3.06$，$SD=1.43$）。

但是媒体接触时间的长短不能完全预测公民主观话语权的大小，主观话语权的大小还与公民使用的传播渠道的特点及传播内容本身有关。马歇尔·麦克卢汉（2011：24）认为，“媒介即讯息”，不同的信息传播渠道的传播特点不同。李明宇（2014）就传统媒体与新媒体的新闻信息传播特点进行比较后认为，传统媒体的内容具有权威性，传播内容更容易受到监管且监管更加严格，公信力更高，而新媒体的内容传播速度快，多媒体性、互动性更强，内容更加丰富。从宣传的价值观而言，传统媒体体现的是较为统一的价值观，而新媒体体现的是多元价值观。就信息接收而言，传统媒体力争还原真相，而新媒体传播往往会陷入信息的“罗生门”，难以让受众正确分析、判断信息并得出一个最接近真相的结论。

大学生正处在政治社会化初期，鉴于传统媒体传播内容的权威性和公信力，他们会把从传统媒体上获取的新闻信息的权威性和公信力“转嫁”和“内化”于自身，以此增强自己话语表达的权威性和影响力。对大学生父母而言，他们话语权的大小更多地取决于社交范围的大小，作为人际传播的口头传播，除了互动性强这一特点以外，更为重要的是圈子化传播带来的“自己人”效应，增强了口头传播的真实性和影响力。因此，他们通过人际传播的时政新闻接触有助于自身话语权的提高，而且随着年龄的增长、阅历的丰富和媒介素养的提高，他们对传统媒体的传播内容也往往不再盲从，而是有着自己独立的判断，他们可能更多地把传统媒体内容当作宣传品而非单一的新闻信息来解读和接受。此外，大学生父母通过人际传播接触的时政新闻往往与他们的日常生活和切身利益息息相关，在这些话题上的讨论有助于群体成员凝聚共识，获得更大的话语权。

接触新媒体传播的时政新闻不能提升大学生及其父母的主观话语权。这可能是因为新媒体不仅仅作为一种媒体而存在：除了信息传播的功能外，它还有社交、娱乐和生活服务等功能。也就是说，信息传播只是新媒体的功能之一。更为重要的是，与传统媒体相比，新媒体的商业化色彩更加浓厚。此外，新媒体的传播主体更加全球化和多元化，信息传播的可靠性差，各种信息之间往往存在着相互矛盾的现象，这样就削弱了新媒体的公信力。以上这些特点决定了人们从新媒体获取的时政新闻与他们的主观话语权无关。

虽然新媒体的时政新闻接触不能提升公民的主观话语权，但需要思考的问题是，新媒体作为一种技术本身，是否能够提升公民的话语权呢？不少研究者对此持乐观的态度。如范敬英（2007）认为，从精英到民众，新闻话语权的“分享”是必然的结果。在传统媒体中，知识精英垄断话语权的格局正受到民众话语权的解构，而新媒体、新技术的涌现为民众占有话语权设下了铺垫。庄会晓（2011）认为，新媒体引发了全民传播，引起了话语权的分化和转移，话语权由“媒体主导”转变为“受众主导”。赵文晶、刘军宏（2013）认为，在媒介技术不断发展及 UGC 走向深入的条件下，新媒体传播碎片化特征明显。新型碎片化传播观的关键特性是分享：分享新闻与新闻功能、分享理解与理解框架。它的本质诉求是赋权：倡导自我赋权和鼓励推动增权。陈伟球（2014）认为，新媒体时代话语权重新配置是公众在新媒体平台上自我赋权的表现，公众通过自身的努力争得社会少量或部分话语权份额。刘少华、戴瑜宏（2014）认为，网络话语权从掌握话语权的政府走向了普通网民，这不仅是话语权的转移，更是话语权的分散——自媒体时代人人都是信息的发布者和解读者，人人都是话筒的掌握者与话语权的把持者。以上这些论述都强调了新媒体技术的发展使公众拥有了更多的发言机会，这是毋庸置疑的。新媒体特别是社交媒体的自由表达真的能够提升普通公民的话语权吗？我们对此持谨慎乐观的态度。事实上，社会上的话语权总量是一定的，新媒体在增加了个体的话语表达机会的同时，也可能使得个体的话语表达淹没在信息洪水中。个体话语能否影响他人和社会，取决于这种话语能否在与其他话语的交锋和竞争中占据优势地位，成为优势话语。丁方舟（2014）对新浪微博热门话题的内容进行分析后发现，各类政治行动者（如议题公众、媒体和政府等）在公共议题传播的过程中助推有利于己方的框架、话语和意义已经成为一种标准化的政治实践。也就是说，不同主体的话语之间存在着交锋和斗争，各主体的话语权存在零和效应。总之，本研究认为传播技术只是公民实现话语权的一个必要条件，而非充足条件，它往往只能影响公民话语权概念中的表达机会部分，而与话语传播的效果没有必然联系。

（2）公民的时政新闻接触与主观话语权

对大学生群体而言，时政新闻接触与总体主观话语权的相关关系不显著，而对大学生父母群体而言，时政新闻接触与总体主观话语权正相关。这可能与大学生和他们父母本身的时政新闻接触渠道的构成不同有关。就大学生群体的时政新闻接触渠道的构成来看，传统媒体占11%，新媒体占67%，人际传播占22%。传统媒体的时政新闻接触占大学生总体时政新闻接触的比重小，虽然传统媒体的时政新闻接触与大学生的总体主观话语权正相关，但由于新媒体与人际传播的时政新闻接触均与总体主观话语权的相关关系不显著，因此，时政新闻接触与大学生的总体主观话语权也就无关了。就大学生父母群体的时政新闻接触渠道的构成来看，传统媒体占47%，新媒体占36%，人际传播占17%。虽然大学生父母群体通过传统媒体和新媒体的时政新闻接触均与总体主观话语权的相关关系不显著，但由于他们通过人际传播的时政新闻接触与总体主观话语权呈正相关关系，因此，他们的时政新闻接触与其总体主观话语权也呈正相关关系。当然，如前所述，公民的媒体时政新闻接触时间长短与其主观话语权的关系只是表象，其背后真正的原因是公民不同的媒介接触方式本身以及所接触的时政新闻内容对其主观话语权的影响不同。

此外，结构方程模型的分析结果还发现，大学生群体和大学生父母群体的时政新闻接触对他们的总体主观话语权均存在间接效应。

4. 代际在理论模型中的调节效应

本研究的一个重要目的是对大学生及其父母这两代人之间的时政新闻接触、内在政治效能感、外在政治效能感与总体主观话语权的关系模型进行检验。研究发现，代际在由这四个变量组成的理论模型的所有路径关系中均不存在调节效应。

整个研究发现，“90”后大学生和他们的父母这两代人之间虽然存在着一些差异，但也存在着很多共性。范雷（2012）认为，在社会政治环境较为稳定的背景下，各代依据自身的社会经验和生活阅历，调整各自的看法，因而在具体政治态度指标方面表现出循序的差异。因此，由于两代人之间的文化程度、人生经历和生活经验等存在不同，他们在媒介使用、政治效能感和主观话语权方面存在差异是可以理解的。以话语权中的话语诉求为例，郎俊杰、钱亚东和董梦妍（2012）的实证研究表明，1980 年以后出生的新一代农民工与老一代农民工在工作生活、培训诉求和主观诉求等方面存在较大差异，文化程度的高低在两代农民工社会诉求差异上起着较为关键的作用。

“90”后大学生和他们的父母这两代人之间的共性，一方面可能是由各代人之间的“代际”模糊造成的。黄建钢（1999）认为，各代之间的“际线”正在模糊，“代际”之间已可逾越、沟通与变化。现在“青年”的心态深深地打上了他们父代们残缺心态的烙印，已经过早地“非青年化”了。另一方面更深层次的原因可能是中国家庭内部特有的代际结构。基于亲缘关系、机会结构和家庭功能这三种潜在机制，代际关系（尤其是亲子关系）可以被区分为紧密型、社交型、亲密有间型、责任义务型和疏离型五大类型（Silverstein & Bengtson，1997）。本研究认为，中国家庭结构的关系是亲密有间型，正是这种家庭结构关系决定了中国的父母和子女在主观话语权方面既存在共性，也存在差异。这种特点在各个时代都存在，不仅存在于本研究所调查的时段（2015 年左右）或年代，在其他调查时段或年代也客观存在。时蓉华、任国华（1988）认为，20 世纪 80 年代的父母—子女之间在既存在相容的同时，由于主客观原因，两代人在行为规范、现实态度以及价值观念等方面也有一定差异。“中国代际关系研究”课题组（1999）认为，受儒家传统文化的影响，中国人的代际关系在微观层次上要比西方国家密切得多。这主要是因为中国的青年人都以多种不同的方式与其上辈和下辈维持着物质、精神和生活上的联系。中国人亲情关系的维系是中国社会长期稳定的基础，同时两代人通过这种联系也得到了互惠和发展。

第三节　普通公民主观话语权的影响效应

前面讨论了普通公民主观话语权的影响因素，本节将讨论普通公民主观话语权的影响效应。具体而言，本节将探讨普通公民的主观话语权对其政治认同和政治参与的影响以及公民主观话语权的代际影响。

一　普通公民的主观话语权与政治认同

（一）研究问题与研究假设

政治认同这一概念最早由美国政治学家罗森堡姆提出。他认为，政治认同是指一个人感觉自己属于什么政治单位（国家、民族、城镇和区域）、地理区域和团体（罗森堡姆，1984）。政治认同是社会成员对其所属政治体系的心理认同、情感投入和行动支持，其核心是社会成员对主流政治文化的接受、对现存政治体制的认可和对公共政治权威的服从（马丁·阿尔布罗，1990：31）。以认同对象为标准，政治认同可以划分为政策认同、执政党和政府认同、国家认同、制度认同以及价值认同五种类型。就功能而言，政治认同有助于促进政治服从，增强政治合法性和实现政治稳定（彭正德，2014）。

1. 公民的社会分层与政治认同

高社会阶层拥有更多的政治参与机会和更大的社会上升空间。在社会发展过程中，与低社会阶层的公民相比，高社会阶层的公民在很多方面都是获利者，按常理而言，他们有存在更高政治认同动机的可能。但与此同时，那些高社会阶层的公民往往受教育程度更高，批判精神、独立思考能力和行动能力更强，政治期待也更高；与低社会阶层的公民相比，他们存在着更强的政治批判能力，对政治体系的态度更为接近犬儒主义，因此，他们也有存在更低政治认同动机的可能。一项针对大学生的调查发现，出身于不同社会阶层家庭的大学生的政治认同之间不存在显著差异（陈平、刘润刚、龙涌澜，2014）。也就是说，公民的社会分层与政治认同的关系尚不明确。因此，本研究提出如下研究问题：

RQ1：公民的主观社会阶层与政治认同的关系如何？

RQ2：公民的客观社会阶层与政治认同的关系如何？

2. 公民的时政新闻接触与政治认同

钟伟凯（2009）的一项研究发现，传播媒介的使用情形可能会造成个人政党认同的变动。整体而言，对传播媒介的注意程度越高的选民，他的政党认同越容易受到影响。国家认同作为政治认同的一部分，也会受到媒介使用行为的影响。陆晔（2010）对上海城市居民进行的调查显示，媒介使用行为与国家认同的不同维度（民族主义、世界主义和地方主义）会在一定层面上发生互动。卢家银、张慧子（2015）的调查显示，不同的网络内容使用对青年政治认同的影响不同，其中，网络新闻使用对他们的政治认同具有负向影响，网络娱乐使用对他们的政治认同没有显著影响。同时，政治信任可以调节网络新闻使用的负向影响，且能改变网络新闻使用对政治认同的作用方向。

以上研究说明公民的媒介使用可能会对他们的政治认同产生影响，而且不同的媒介内容对公民政治认同的影响可能不同。由于中国媒体的时政新闻是党、政府和人民的喉舌，它在很大程度上对大众起着宣传教育作用。因此，本研究提出如下研究假设：

H1a：公民的传统媒体时政新闻接触与政治认同正相关。

H1b：公民的新媒体时政新闻接触与政治认同正相关。

H1c：公民的人际传播时政新闻接触与政治认同正相关。

3. 公民的政治效能感与政治认同

政党认同是政治认同的重要组成部分。中国实行的是中国共产党领导的多党合作和政治协商的政党制度，中国共产党是唯一的执政党。政党制度认同不仅是中国政治认同的重要组成部分，而且还应该与政治认同具有一致性。因此，在中国，政治效能感与政党认同的关系和政治效能感与政治认同的关系应该大体一致。

Lambert（1986）对1984年加拿大国家选举研究的数据进行分析，从联邦和省两个层面探讨了被访者的政党认同对政治效能感的影响，发现那些支持执政党的被访者对外在政治效能感的评价显著高于那些支持反对党的被访者（尽管主要在省级层面）；无论是在联邦还是在省级层面，被访者所偏爱的政党是否掌权与政党认同的强度都会对外在政治效能感产生交互作用；与此同时，政党认同与否对内在政治效能感的影响不显著。也有研究认为，政党认同对政治效能感没有影响，如Wu（2003）对

1994 年新奥尔良市市长选举的研究发现，政党认同对政治效能感没有显著影响。还有研究认为，政治效能感对政治认同有负向影响，如卢家银、张慧子（2015）对北京三所高校的学生进行网络问卷调查后发现，政治效能感较高的青年，其政治认同度较低。

政治（政党）认同与政治效能感是可以互为因果的。陈陆辉、耿曙（2008）认为，政党认同作为一种长期稳定的心理认同，会对人们的政治态度造成影响。不过，在现实政治世界中，民众往往依赖政党认同以简化复杂的政治现象，因此，政党认同对民众的政治态度具有重要的指引作用。刘魁（2012）认为，政治认同既是一种个体的心理状态，又是一种现实的政治实践，中国公民较低的政治效能感是导致他们政治认同弱化的主要原因之一。陶蕴芳、叶金福（2012）认为，政治效能感已成为影响中国青年知识分子政治认同的关键因素之一。张平、李国青（2004）认为，高政治效能感的个体经常会对他的国家及其象征和制度产生强烈的归属感，对国家的路线、方针和政策等有极高的认同性。基于以上文献回顾，本研究提出如下研究假设：

H2a：公民的内在政治效能感与政治认同正相关。

H2b：公民的外在政治效能感与政治认同正相关。

4. 公民的主观话语权与政治认同

胡岳鹏、倪大伟（2008）认为，利益表达在政治认同中起着关键性的基础作用，它是政治文化、政治制度和社会结构这三个变量的函数。他们对中国几个历史阶段的利益表达与政治认同进行了分析，认为春秋战国时期社会处在低认同、高表达的阶段；秦汉到鸦片战争爆发前的社会处在高认同、低表达的阶段；鸦片战争爆发到中华人民共和国成立，中国社会处在低认同、低表达阶段。他们认为，在实践上政治认同与利益表达不是一种简单的线性相关关系，即高认同并不一定能够带来高表达，低认同并不必然伴随着低表达。

加布里埃尔·A. 阿尔蒙德、西德尼·维巴（1989：19—22）将政治文化分为地域型政治文化、依附型政治文化和参与型政治文化三种主要模式。在参与型政治文化背景下，社会成员使用积极主动的方式进行利益表达（胡岳鹏、倪大伟，2008）。当代中国社会处于参与型政治文化的阶段，各社会阶层都拥有表达的意愿甚至能力。就政治制度而言，当代中国处于深刻转型阶段，政治经济体制各方面正经历着巨大的变革，我国政治制度在不断完善。作为社会结构基础的各个社会阶层，有着强烈的各不相同的利益诉求。因此，就整个社会而言，现阶段我国处在一种高认同、高表达的社会阶段。但是这里有两个问题需要加以辨识：一是逻辑上，社会和个体是两个不同的研究层面，整个社会的政治认同与公民话语权的关系并不等同于各群体（或者个体）的政治认同与公民话语权的关系，也就是说，当前我国社会整体的高认同、高表达并不必然表现为所有群体、阶层或个体均会表现出高认同、高表达；二是理论上，话语表达不等于话语权，话语表达虽然是公民话语权的基础，但公民话语权还包括话语影响力维度，因此，高话语表达不等于高话语权。因此，本研究提出如下研究问题：

RQ3：公民的总体主观话语权与政治认同的关系如何？

（二）测量

政治认同。我们采用由“我对国家的发展前途充满希望”“总体而言，我对当前政府是信任的”“我认同中国共产党对我国的领导”和“我认为公安、检察院、法院等司法部门大多数情况下都是公正的”这四个项目组成的李克特 5 分量表（1 = 完全不同意，5 = 完全同意）对公民的政治认同进行测量。我们计算所有项目的均值对大学生（$M = 3.89$, $SD = 0.66$；$\alpha = 0.86$）和大学生父母的政治认同程度（$M = 4.04$, $SD = 0.68$；$\alpha = 0.85$）进行赋值。

（三）分析

独立样本 t 检验发现，大学生群体的政治认同程度显著低于大学生父母群体（$t = -2.30$, $p < 0.05$），我们分别对他们政治认同的影响因素进行分析。

本研究采用层次回归法分析主观话语权对政治认同的影响（见表 3.9）。对大学生群体政治认同影响因素的分析，第一层为作为控制变量的人口统计学变量；后面三层变量依次为时政新闻接触、政治效能感和总体主观话语权。对大学生父母群体政治认同影响因素的分析，第一层为作为控制变量的人口统计学变量；第二层为社会分层变量；后面三层变量依次为时政新闻接触、政治效能感和总体主观话语权。

表 3.9　大学生及其父母政治认同的回归分析

	大学生	大学生父母
	β	β
第 1 层　人口统计学		
性别（男 =1）	0.08	0.07
户籍（城市 =1）	-0.04	-0.23 *
性格（外向 =1）	-0.01	-0.06
政治面貌（中共党员 =1）	0.08	0.11
年龄	0.02	0.06
ΔR^2/调整后的 R^2	0.03/0.01	0.06 */0.04 *
第 2 层　社会分层		
主观社会分层	—	-0.05
客观社会阶层	—	0.06
ΔR^2/调整后的 R^2	—	0.03/0.06 **
第 3 层　时政新闻接触		
传统媒体	0.02	0.08
新媒体	0.21 **	0.21 *
人际传播	0.01	0.10
ΔR^2/调整后的 R^2	0.06 **/0.05 *	0.08 ***/0.13 ***
第 4 层　政治效能感		
内在政治效能感	0.10	0.18 *
外在政治效能感	0.11	0.01
ΔR^2/调整后的 R^2	0.05 **/0.09 **	0.02/0.14 ***
第 5 层　总体主观话语权		
总体主观话语权	0.14	-0.02
ΔR^2/调整后的 R^2	0.01/0.10 **	0.00/0.14 ***
R^2	0.14	0.19
F	2.98 **	3.58 ***

注：* $p<0.05$，** $p<0.01$，*** $p<0.001$。

1. 在大学生政治认同的回归方程中，时政新闻接触这一层变量增加解释了政治认同 6% 的变异，达到显著水平。其中，通过新媒体的时政新闻接触与政治认同显著正相关（$\beta=0.21$，$p<0.01$），H1b 得到证实；通过传统媒体和人际传播的时政新闻接触均与政治认同的相

关关系不显著，H1a 和 H1c 未得到证实。政治效能感这一层变量增加解释了政治认同 5% 的变异，达到显著水平。但其中，内在政治效能感和外在政治效能感均与政治认同的相关关系不显著，H2a 和 H2b 未得到证实，这可能是样本量较小导致的统计检验力（Power）不足造成的。总体主观话语权这一层变量增加解释了政治认同 1% 的变异，未达到显著水平。大学生的总体主观话语权与政治认同的相关关系不显著。

2. 在大学生父母政治认同的回归方程中，社会分层这一层变量增加解释了政治认同 3% 的变异，未达到显著水平。其中，主、客观社会分层均与政治认同的相关关系不显著。时政新闻接触这一层变量增加解释了政治认同 8% 的变异，达到显著水平。其中，通过新媒体的时政新闻接触与政治认同显著正相关（$\beta = 0.21$，$p < 0.05$），H1b 得到证实；通过传统媒体和人际传播的时政新闻接触均与政治认同的相关关系不显著，H1a 和 H1c 未得到证实。政治效能感增加解释了政治认同 2% 的变异，未达到显著水平。其中，内在政治效能感与政治认同显著正相关（$\beta = 0.18$，$p < 0.05$），H2a 得到证实；外在政治效能感与政治认同的相关关系不显著，H2b 未得到证实。总体主观话语权这一层变量没有增加解释政治认同的变异。大学生父母的总体主观话语权与政治认同的相关关系不显著。

（四）讨论

1. 公民的政治认同

就政治认同而言，大学生及其父母群体的政治认同度都较高。独立样本 t 检验和配对样本 t 检验分别发现，大学生群体的政治认同度显著低于大学生父母群体，大学生也显著低于他们的父母。这与郑建君（2015）的发现相符合——中国的政治认同总体表现为较高水平，政治认同的总体水平及各维度随着世代变化而降低。在现行的政治体系下，中国各领域取得的进步和成就决定了公民的政治认同度较高。而大学生群体和大学生父母群体之间以及大学生和他们父母之间政治认同度的显著差异可能与他们的受教育水平、媒介接触以及政治期待等不同有关。

2. 公民的社会分层与政治认同

客观社会阶层是公民收入和受教育水平等指标的综合反映。客观社会地位更高者是国家政治、经济和社会发展的更大受益者，他们对政治制度和政治体制更加认同在情理之中。在一定程度上，公民的主观社会阶层也是其客观社会阶层的反映。虽然本研究没有发现公民的主、客观社会分层与政治认同正相关，但我们也不能贸然否认这种关系存在的可能性。

3. 公民的时政新闻接触与政治认同

公民的政治认知、政治观念以及政治经验这三个方面的个体素质对其政治认同具有重要作用（胡建，2007），而这些个体素质都可以通过政治传播和时政新闻接触直接或间接地获得。

通过分析由时政新闻接触、内在政治效能感、政治认同与政治参与这四个变量组成的结构方程，我们发现，无论是对大学生群体还是对大学生父母群体而言，他们的时政新闻接触越多，政治认同度也越高（刘毅、郝晓鸣，2017）。

大众传媒作为政治文化的载体，在传递主流政治价值、政治信任和政治情感等方面发挥着重要作用，中国的时政新闻更是如此。中国的新闻媒体坚持党性和人民性的统一，时政新闻一方面起着提供政治信息的作用，另一方面也起着宣传、教育、引导和政治动员等重要作用。做好宣传思想工作，最根本的是用中国特色社会主义凝聚思想共识（刘云山，2015）。中国新闻媒体的性质和任务决定了人们对时政新闻的接触会对他们的政治认同产生直接或间接的正向影响。因此，公民的时政新闻接触越多，政治认同度越高也就顺理成章了。

虽然时政新闻接触会培养公民的政治认同感，他们的时政新闻接触与政治认同正相关，但研究发现，对大学生群体和他们的父母群体而言，并非通过各种传播渠道的时政新闻接触都会对其政治认同产生正向影响。具体而言，大学生和他们父母的政治认同都受到了新媒体渠道的影响，而与通过其他渠道的时政新闻接触无关。从本研究的调查数据来看，无论是大学生还是他们的父母，一周内通过新媒体接触时政新闻的时间（天数）均超过了传统媒体渠道和人际传播渠道，新媒体渠道已成为人们接触时政新闻频率最高的方式，其他传播渠道特别是传统媒体的频率则较低，这可能是通过新媒体渠道的时政新闻接触与他们的政治认同正相关的重要原因。由此可见，新媒体已经成为培养公民政治认同的重要途径之一。

4. 公民的政治效能感与政治认同

H2a 和 H2b 的研究结果表明，对大学生父母群体而言，内在政治效能感与政治认同正相关，个体感觉到自己对政治系统的影响力越大，他的政治认同度就越高。对大学生群体而言，他们的内在政治效能感不高，内在政治效能感与政治认同无关。对大学生群体和他们的父母群体而言，政治系统更难达到对其政治期待的高响应度，外在政治效能感与政治认同也无关。

5. 公民的主观话语权与政治认同

研究发现，大学生及其父母的总体主观话语权与政治认同的相关关系均不显著。政治认同属于政治态度的范畴，公民的话语权越大，虽然能表明他们的发言机会越多，发言效果越大，但是不能表明他们对政治体制和制度的认同程度越高。

公民的政治认同往往与他们的政治心理预期有关。那些主观话语权越大的公民，他们的政治心理预期往往也越高。如果其心理预期得到了满足，他们的政治认同就会得到加强，反之，政治认同就会减弱。就我们所研究的大学生父母群体而言，其主观话语权越大，往往客观社会地位也越高。这些公民的政治期待和要求往往比其他公民高，因此满足他们政治期待的难度也更大。从这个角度来看，公民的高话语权不一定带来高政治认同。也就是说，公民的政治心理预期可能对主观话语权与政治认同的关系产生调节作用。具体而言，低政治期待的公民，其主观话语权与政治认同的正向关系较强；高政治期待的公民，其主观话语权与政治认同的正向关系较弱。

二　普通公民的主观话语权与政治参与

广泛意义上的政治参与是指普通公民试图影响政治决策和执行的行为，它不仅包括政府目标，也包括非政府目标（李黄骏，2013）。诺曼·H. 尼、西德尼·伏巴（1996：139）把政治参与分为四种模式：投票、竞选活动、公民主动的接触和合作活动。公民个人参与政治的形式多样，除了选举投票以外，还包括投书信访、行政听证、与公职人员接触和捐赠政治资金等（陈振明、李东云，2008）。政治参与是任何政体都不可或缺的组成部分。

政治参与对社会的发展至关重要，在有关政治的理论研究和经验研究中，政治参与都是一个核心概念（戴维·米勒、韦农·波格丹诺，1992：563）。

（一）文献回顾与研究假设

1. 公民的社会阶层与政治参与

关于社会阶层与政治参与的关系，Nie、Verba 和 Kim（1974）在欧美的研究发现，经济地位越高者，选举参与行为越多。Salamon 和 Evara（1973）的研究发现，经济地位较低者会减少选举参与行为。受教育程度越高者，获取政治信息、讨论政治事务的比例越高（Almond & Verba，1969），参加政党和参与政党活动的程度也就越高（Barnes，1966）。张存（2008）认为，在阶层分化的背景下，弱势阶层的政治参与存在边缘化的问题。基于此，本研究提出如下研究假设：

H1a：公民的主观社会阶层与政治参与正相关。

H1b：公民的客观社会阶层与政治参与正相关。

2. 公民的时政新闻接触与政治参与

Moon（2013）对 2004 年有关美国总统选举的新闻进行内容分析和受众调查后发现，关注总统候选人消息会在公众中产生议程设置的第二层效果，进而会激发公众对候选人的强态度，最后导致各种各样的政治参与行为；与此同时，关注其他新闻也会对政治参与产生直接影响。近年来，随着互联网的发展，媒介使用与政治参与关系的研究很多集中在互联网媒体使用与政治参与这一方面。Krueger（2002）对 2000 年美国总统竞选期间的调查数据进行分析后发现，网络的使用会使平时政治参与较少的人增加一些政治参与。Larson（2004）对 2004 年总统大选期间的调查数据进行分析后发现，互联网在美国政治中扮演着越来越重要的角色，互联网的使用与较高的投票率和政治捐赠相关，减少信息和传播的费用可以促进政治参与。Willnat（2013）在 2008 年国家选举前对 526 位马来西亚选民的网络媒体使用情况进行调查后发现，网络媒体的使用与政治参与水平呈正相关关系，对社交媒体、政治博客、在线政治视频、政党网站以及手机上的政治广告的使用均与政治行动主义呈强正相关关系。Bakker（2011）于 2006 年对荷兰 16—24 岁网络一代进行调查后发现，各种互联网使用与各种各样的政治参与正相关，而大多数传统媒体的使用最多与政治参与呈微弱正相关关系。Breuer（2015）对突尼斯2010年爆发的“茉莉花革命”进行专家访谈后发现，社交媒体是反对本·阿里政府的重要资源，社交媒体可以使得“数字精英”提供信息给主流媒体来打破国家对媒体的封锁，可以提供有助于促进大“抗议周期”发展的种族合作，可以通过加强报道事件的广度来提升潜在追随者们对事件成功可能性的看法，也可以通过描述统治者对抗议者的暴行来鼓动民众的情绪。

曾诗祺（2006）的研究发现，在2004年台湾“立委”选举期间，媒介使用与选民投票抉择之间有显著的关联，报纸新闻与电视新闻更是如此。Lin（2014）于2011年对台湾311名大学生选民进行调查后发现，政治广告接触在增强他们政治效能感的同时，也促进了他们的政治参与。一项对澳门居民的调查研究也显示，媒介使用情况会显著影响澳门市民的政治态度和政治参与，他们的政治态度能有效地预测其政治参与（陈辰，2014）。

就中国大陆的一些研究而言，陈鹏（2014）对2008年全国代表性农村样本数据的研究后发现，获得成本较低的地方媒体，对农民的温和型政治参与存在显著影响。曾凡斌（2013）对2005年中国综合社会调查农村数据进行研究后发现，农村居民的传统媒体使用（如报纸、电视的接触时间）和新闻接触对制度性的政治参与存在显著正面影响，而新兴媒体（如互联网）的使用对制度性的政治参与没有正面影响，甚至还有负面影响。而曾凡斌（2014）对2005年中国综合社会调查城市数据进行研究后发现，城市居民对媒体新闻报道的接触对各种形式的政治参与都有正向影响，而在媒介使用时间中仅看电视的时间对居委会投票有正向影响，这表明，对政治参与产生正向影响的是新闻关注度，而不是媒介使用时间的长短。金雅然、钟笑寒（2014）对2005年和2006年中国综合社会调查数据进行研究后发现，接触新闻节目有助于增加人们参加投票的实际行为，接触娱乐节目则不利于此，而两类节目对人们社区事务和更大范围民主投票的参与意愿均有负面影响。张蓓（2014）对2010年中国综合社会调查数据进行研究后发现，虽然媒介使用对城市居民社区选举参与的动员效果微乎其微，但时事新闻的接触与传播有利于促进城市居民的政治参与。李丹峰（2015）对2010年中国综合社会调查数据进行研究后发现，大众媒体对村/居委会换届选举的投票行为起动员作用，而且相比于媒体使用频率，媒体的内容是更重要的影响因素。

基于以上文献回顾，本文提出如下研究假设：

H2a：公民的传统媒体时政新闻接触与政治参与正相关。

H2b：公民的新媒体时政新闻接触与政治参与正相关。

H2c：公民的人际传播时政新闻接触与政治参与正相关。

3. 公民的政治效能感与政治参与

学者们针对公民的政治效能感与政治参与的关系做了大量的研究。Chan 和 Guo（2010）通过对美国和香港民众的比较研究发现，政治效能感和媒体的选择性暴露对两地民众的政治参与均具有显著的预测作用；同时，政治效能感和媒体的选择性暴露对美国民众的政治参与具有显著的交互效应，政治认同和集体效能感对香港民众的政治参与具有显著的交互效应。该发现支持了以下观点：对于处在不同民主发展阶段的社会而言，通过政治效能感和媒体的选择性暴露对人们的政治参与进行预测具有跨文化效度。Krueger（2002）对 2000 年美国总统竞选期间的调查数据进行研究后发现，那些政治效能感较高的人会更多地使用互联网参与公共生活。

熊美娟（2013）在澳门的一项调查显示，居民个人的政治效能感与政治参与正相关。张明新（2011）的调查发现，公众的政治效能感与政治知识可以产生交互效应，对现实政治参与有积极影响。有研究发现，内在政治效能感越高的中国大陆公民，投票概率越高（Shi，1999），政治参与的概率也越高（郑磊、朱志勇，2013）。张平、李国青（2004）认为，政治效能感能够通过决定个体的政治选择过程对人们的政治行为产生影响，低政治效能感的人政治参与的积极性较低。熊光清（2013）对新生代农民工的调查发现，他们的低政治效能感在政治生活中表现为政治参与不主动。石瑛、董丁戈（2012）的研究发现，内在政治效能感和外在政治效能感均较高者，会积极主动地接触政府官员、政治人物和政治团体并试图影响他们；内在政治效能感低但外在政治效能感高者，除有接触行为外，还会通过参与民间性的社团活动来表达自己的政治主张；内在政治效能感高而外在政治效能感低者，政治参与的情形最为踊跃，他们除了积极参与社团活动以及接触活动外，甚至会参与游行、示威和抗议等较为激进的政治活动。

综上所述，虽然有少数研究发现政治效能感与政治参与负相关，如Zhong和Chen（2002）基于江苏南部12个村的随机调查发现，内在政治效能感越高的村民的投票概率越低，但大多数研究都证实政治效能感与政治参与正相关。基于此，本研究提出如下研究假设：

H3a：公民的内在政治效能感与政治参与正相关。

H3b：公民的外在政治效能感与政治参与正相关。

4. 公民的主观话语权与政治参与

话语表达是公民公共参与的重要途径。逻辑上，公民的话语权越大，表明他们社会参与和政治参与的机会越多，参与行为越活跃，而且影响力越大，实际效果越好。基于此，本研究提出如下研究假设：

H4：公民的总体主观话语权与政治参与正相关。

（二）测量

政治参与。政治参与是指公民参加可能影响政府或其他主管部门决策和人事结构的活动。根据大学生及其父母政治参与的实际情况，我们在选举（投票）、当选代表以及反映意见这三个政治参与测量项目上用略有差异的表述分别对他们的政治参与程度进行测量。对大学生的政治参与，我们具体采用由“我积极参加校内和班级的选举（投票）活动”“我经常参加各种竞选或者当选为各类班级（学校或其他）干部或学生代表”“我经常向学生干部或学校领导提出自己的意见”和“我经常通过面谈、媒体、书信、电子邮件或电话等方式向相关部门反映问题（情况）”这四个项目组成的李克特5分量表（1 = 完全不同意，5 = 完全同意）进行测量。对大学生父母的政治参与，我们具体采用由“我积极参加各种选举（投票）活动”“我经常参加各种竞选或者当选为各类干部或人大（政协、民主党派和社会团体等）代表”“我经常向干部或领导提出自己的意见”和“我经常通过面谈、媒体、书信、电子邮件或电话等方式向相关部门反映问题（情况）”这四个项目组成的李克特5分量表（1 = 完全不同意，5 = 完全同意）进行测量。我们将所有项目求均值对大学生（$M = 2.98$，$SD = 0.74$；$\alpha = 0.73$）以及大学生父母的政治参与程度（$M = 2.40$，$SD = 0.77$；$\alpha = 0.74$）进行测量。

（三）分析

独立样本 t 检验和配对样本 t 检验分别发现，大学生群体的政治参与程度显著高于大学生父母群体（$t = 7.90$，$p < 0.001$），大学生也显著高于他们的父母[①]，我们分别对大学生群体和大学生父母群体政治参与的影响因素进行分析。

本研究采用层次回归法就公民的主观话语权对其政治参与的影响进行分析（见表3.10）。对大学生群体政治参与影响因素的分析，第一层为作为控制变量的人口统计学变量；后面三层变量依次为时政新闻接触、政治效能感和总体主观话语权。对大学生父母群体政治参与影响因素的分析，第一层为作为控制变量的人口统计学变量；第二层为社会分层变量；后面三层变量依次为时政新闻接触、政治效能感和总体主观话语权。

表3.10　大学生及其父母政治参与的回归分析

	大学生	大学生父母
	β	β
第1层　人口统计学		
性别（男=1）	0.04	0.13*
户籍（城市=1）	0.03	-0.08
性格（外向=1）	0.19***	0.03
政治面貌（中共党员=1）	0.11	0.04
年龄	-0.01	0.02
ΔR^2/调整后的R^2	0.07*/0.05*	0.12***/0.10***

① 我们在研究中注意到大学生和他们的父母政治参与的范围不同，因此在测量他们的政治参与时分别使用了不同的量表（即两个量表的项目所测量的维度相同，但某些项目在两个量表中的语言表述上略有差异。比如同样是选举，大学生根据自己的实际情况，回答校内选举的参与程度；而他们的父母则根据自己的实际情况回答日常生活中的选举参与情况）。我们认为，虽然大学生和他们的父母政治参与的范围和环境不同，政治参与在“质”上也有很大的差别（比如同样是选举，参加班集体和学校内的选举与参加人大代表的选举，这二者的重要性是完全不同的），但是我们可以在承认他们不同的政治参与范围和环境的前提下对其政治参与程度进行量化比较（这就好比黄金和白银虽是不同质的金属，但是它们的重量是可以比较的是同样的道理）。也就是说，虽然量表中使用的政治活动不同，但我们采用不同活动测量的目的不是要比较大学生和父母这两代人参与同类政治行为的程度，而是比较他们整体政治参与的程度和积极性。更重要的是本研究的重点是探讨大学生和父母这两代人在时政新闻接触与政治参与程度关系上的差异，而不是放在新闻接触或政治参与单一变量的比较上，而前者是有可比性的。另外，个人的政治参与程度和积极性在没有遇到重大政治变革和个人生活重大转变的条件下是相对稳定和有持续性的。学生时期所能参与的政治活动与中老年后所能参与的政治活动有很大差别，但参与的积极性和程度是有可比性的。

续表

	大学生	大学生父母
	β	β
第 2 层　社会分层		
主观社会分层	—	0.16 *
客观社会阶层	—	0.10
ΔR^2/调整后的 R^2	—	0.07 *** /0.16 ***
第 3 层　时政新闻接触		
传统媒体	0.03	-0.08
新媒体	0.21 **	0.00
人际传播	-0.01	0.01
ΔR^2/调整后的 R^2	0.07 ** /0.11 ***	0.01/0.16 ***
第 4 层　政治效能感		
内在政治效能	0.15	0.08
外在政治效能	0.10	0.12
ΔR^2/调整后的 R^2	0.09 *** /0.19 ***	0.08 *** /0.24 ***
第 5 层　总体主观话语权		
总体主观话语权	0.27 ***	0.37 ***
ΔR^2/调整后的 R^2	0.05 *** /0.24 ***	0.07 *** /0.31 ***
R^2	0.28	0.36
F	6.93 ***	8.30 ***

注：* $p<0.05$，** $p<0.01$，*** $p<0.001$。

1. 在大学生政治参与的回归方程中，时政新闻接触这一层变量增加解释了政治参与 7% 的变异，达到显著水平。其中，通过新媒体渠道的时政新闻接触与政治参与显著正相关（$\beta=0.21$，$p<0.01$），H2b 得到证实；通过传统媒体和人际传播渠道的时政新闻接触均与政治参与的相关关系不显著，H2a 和 H2c 未得到证实。政治效能感这一层变量增加解释了政治参与 9% 的变异，达到显著水平。但其中，内、外在政治效能感均与政治参与的相关关系不显著，H3a 和 H3b 未得到证实。总体主观话语权这一层变量增加解释了政治参与 5% 的变异，达到显著水平。大学生的总体主观话语权与政治参与显著正相关

（$\beta = 0.27$，$p < 0.001$），H4 得到证实。

2. 在大学生父母政治参与的回归方程中，社会分层这一层变量增加解释了政治参与 7% 的变异，达到显著水平。其中，主观社会分层与政治参与显著正相关（$\beta = 0.16$，$p < 0.05$），H1a 得到证实；客观社会分层与政治参与的相关关系不显著，H1b 未得到证实。时政新闻接触这一层变量增加解释了政治参与 1% 的变异，未达到显著水平。其中，通过各种传播渠道的时政新闻接触与大学生父母的政治参与的相关关系均不显著，H2a、H2b 和 H2c 均未得到证实。政治效能感这一层变量增加解释了政治参与 8% 的变异，达到显著水平。但其中，内、外在政治效能感均与政治参与的相关关系不显著，H3a 和 H3b 均未得到证实。总体主观话语权这一层变量增加解释了政治参与 7% 的变异，达到显著水平。大学生父母的总体主观话语权与政治参与显著正相关（$\beta = 0.37$，$p < 0.001$），H4 得到证实。

（四）讨论

1. 公民的政治参与

本研究发现，大学生群体和大学生父母群体的政治参与程度都不高。一方面，政治参与与民主程度相关。长期以来，只有在民主制度下，人民才可以通过定期举行的选举选择领导人，进而对立法机关或政府产生影响，政治参与被看作是与民主政体相联系的概念（胡荣，2008）。因此，中国公民的政治参与水平会随着中国民主化进程的加快而逐步提高。另一方面，研究发现，即使在美国，也只有很少一部分人积极参与政治。要使民主正常运作，政治参与应该是“间歇的和潜在的”。民主政治文化中“睡着的狗”这一说法认为，在大多数时候，绝大多数民众并不会过度关注政治。民主的政治文化不总是需要高投票率，它需要的是一种态度，一种一旦被唤醒，人们就会参与的态度（迈克尔·G. 罗斯金等，2014：117—118）。这一理论也可以用来参照解释我国大学生及其父母政治参与程度不高的原因。

与他们的父代相比，在整体上，大学生群体的受教育程度要高，受教育的环境也更加民主、平等和宽松。受教育状况对人们政治参与的影响是全方位的。大多数学者认为，教育与公民的政治参与行为之间存在正相关关系，教育对公民的政治参与行为有着直接的影响（Verba & Nie,

1972）。阿尔温·托夫勒（1991：232）认为，“一般来说，人们受教育的程度愈高，对民主的要求就愈强烈。”赵海月（2001）认为，教育含量（所受教育的程度、层级以及教育内化的质量、水平等综合作用体现的文化素质）既影响政治参与的民主意识，又影响政治参与的实际效果。一个人受教育程度越高，他对社会文化和外交政策就越会持更加“开明的”“自由的”或者“灵活的”态度（米歇尔·克罗齐、塞缪尔·亨廷顿、绵贯让治，1989：97）。受到良好教育的人具有更多的政治意识（加布里埃尔·A. 阿尔蒙德、小G. 鲍威尔，1987：139）。加布里埃尔·A. 阿尔蒙德、西德尼·维巴（1989：335）认为，教育对政治能力有巨大的作用，受过较高教育的人，不仅能在学校里学到相应的政治技能，而且更有可能进入其他非政治的关系，这些关系有进一步提高他的政治能力的作用。王浦劬（1995：222）认为，受过良好教育的公民有健全的认知技巧，学历高的公民政治关心程度也高，这在某种程度上强化着教育和政治参与的相互关系。吕催芳（2014）对3623名在校大学生进行问卷调查后发现，大学教育对政治参与具有独立的正向影响，大学教育是影响个体政治参与表现最强有力的因素。虽然教育年限的延长不能促进个体的政治参与，但参与学生社团的经历对于学生的各种形式的政治参与行为皆有显著增益，是教育宽度而不是教育长度促进了大学生政治社会化目标的达成。

此外，与主要使用互动性弱的传统媒体的大学生父母相比，主要使用互动性强的新媒体的大学生具备更多的参与精神；与此同时，虽然大学生政治参与的范围比父母窄，但是他们政治参与的成本低。因此，大学生（群体）比他们的父母（群体）的政治参与程度高。

2. 公民的社会分层与政治参与

亓祥晨、彭万秋（2015）通过分析中国综合社会调查数据（2008）发现，公民的主观社会阶层与是否参加最近一次人大代表选举正相关。本研究也发现，公民的主观社会阶层与政治参与正相关。

一般而言，新社会阶层的客观社会地位较高。一项有关新社会阶层的政治参与的调查表明，新社会阶层的政治参与表现出“象征性参与多，实质性参与少”的典型特征，且社会资本对政治参与具有一定的抑制作用，有可能对政治参与者形成“逆向束缚”（黄振辉，2011）。政治参与的动机会对政治参与行为产生影响，客观社会分层较高的人的政治参与动机不一定较高。因此，我们并没有发现公民的客观社会分层与政治参与存在显著相关关系。

3. 公民的时政新闻接触与政治参与

本研究对由时政新闻接触、内在政治效能感、政治认同和政治参与这些变量组成的结构方程模型进行分析后发现，大学生的时政新闻接触会对政治参与产生直接效应和间接效应；虽然大学生父母的时政新闻接触不会对政治参与产生直接效应，但会对政治参与产生间接效应和总效应（刘毅、郝晓鸣，2017）。因此，无论是对大学生群体，还是对大学生父母群体而言，时政新闻接触对政治参与都极为重要。信息不对称会导致公民对政治的“无知”或“茫然”，从而限制其参与政治沟通的能力，削减其政治参与的热情（科恩，1979）。时政新闻的接触有利于增加公民的政治知识，提高他们政治参与的积极性。因此，对大学生和他们的父母群体而言，他们的时政新闻接触均对政治参与具有总效应。

大学生的政治参与受到媒体时政新闻接触的影响，但仅通过新媒体的时政新闻接触与他们的政治参与正相关，这可能是由于新媒体的可参与性、互动性会培养出公民的参与精神，甚至直接促成线上线下政治参与行为。这个结论与梅艳（2006）的研究结论相反。梅艳（2006）发现，平时阅读报纸、收听广播越多的大学生，他们的政治参与程度越高，上网则与大学生的政治参与无关。与梅艳（2006）的结论相反的原因可能与调查的时间不同有关。在梅艳（2006）调查的2005年12月左右，新媒体的用户普及率相对要低、影响力远不如十年后本调查执行时（2014年10月至2015年5月）强大。对大学生父母群体而言，他们的政治参与与接触时政新闻的时间的相关关系不显著。这是因为虽然大学生父母群体比大学生群体接触时政新闻的时间长，但是他们主要通过传统媒体接触时政新闻，通过新媒体接触时政新闻的时间少于大学生子女；此外，传统媒体较新媒体而言，欠缺互动性，并且总体而言，在新媒体互动功能的使用程度上，大学生父母也可能低于年轻子女，这些都不利于培养他们的参与精神和促成政治参与行动。

4. 公民的政治效能感与政治参与

政治效能感作为一种政治态度会对政治参与产生影响。Campbell、

Gurin 和 Miller（1954，p. 187）认为，“对于选民是否参加选举应该更为深入地考虑其政治价值和态度，不同个体参与选举的程度不同，是因为其基本的政治态度不同，政治效能感就是这样一个基本概念。”石瑛、董丁戈(2012)认为，政治效能感对公民政治参与的强度、归因方式和行为选择有着重要影响。我们对 H3a 和 H3b 的检验没有发现内、外在政治效能感与大学生及其父母的政治参与存在正相关关系，这可能是样本量较小导致的，因此，我们不能贸然否认这一关系存在的可能性。

5. 公民的主观话语权与政治参与

我们发现，无论是对大学生群体，还是对他们的父母群体而言，总体主观话语权均与政治参与正相关。公民话语权是对公民意见表达机会、意见表达受重视程度以及意见影响力的综合测量，那些话语权更大的公民，他们往往会参与更多政治生活来表现其影响力，也就是说，获取话语权是他们政治参与的目的之一。

一项调查研究发现，“担心意见被屏蔽和审查”以及“担心意见无法传递给政府”分别是大学生网络政治参与和官方途径政治参与不积极的最主要原因(王法硕,2014)，这两方面的担心会降低大学生的主观话语权。个体的意见表达和利益表达是政治参与的重要目的。公民较高话语权的获得往往至少需要较高程度的政治参与(有时甚至需要较高质量的政治参与)。因此，那些政治参与程度越高的公民往往主观话语权也越大，反之亦然。

三　普通公民主观话语权的代际影响

在社会的结构性差异中，代际关系是除阶级、阶层、种族和性别关系之外的一个重要类型(吴小英,2006)。家庭代际关系是不同代际家庭成员之间形成的经济支持、生活照料和情感交流关系(王跃生,2010)。

现代化进程没有导致家庭功能的衰落，代际之间依然存在着密切的互动。家庭凝聚力具有强大的抗逆力性和适应性，深厚的文化积淀超越了现代化的作用(杨菊华、李路路,2009)。目前，有多个学科对父母—子女的代际关系进行了研究，比如心理学方面的子女性格与父母性格关系的研究(冯玉荣、范利国、吴华林,2000)；伦理学方面的传统家庭代际伦理的研究(廖小平,2005)；教育学方面的父母的教育背景对子女教育的影响研究(李锋亮、侯龙龙、文东茅，2006），父母教养方式对子女特质焦虑程度的研究（侯东辉、佟丽君、贺敏，2008）；社会学方面的代际互动与家庭凝聚力研究（杨菊华、李路路，2009），独生子女与其父母的代际互动研究（宋健、黄菲，2011），社会资本代际传递研究（成伟、牛喜霞、迟丕贤，2013），父母权力资本对子女权力获得可能性的研究（赵朋飞、王宏健、赵曦，2015）等。

中国家庭的内部结构决定了父母会对子女产生影响。本部分要讨论的问题是父母的主观话语权是否会对子女的主观话语权产生影响。换言之，能否通过父母的主观话语权来预测子女的主观话语权。另外，公民的总体主观话语权的组成部分（即单位事务主观话语权与国家事务主观话语权）之间的关系也是本部分要讨论的内容。

（一）研究问题与研究假设

1. 公民的代际差异与主观话语权

Kupperschmidt（2000）将“代”定义为具有共同的出生年代、年龄阶段，并在关键的成长阶段经历了重大人生事件的可识别群体。代际差异理论是20世纪50年代由德国社会学家卡尔·曼海姆（2002）提出的，它指因出生年代与成长背景的不同而导致的各代群之间在价值观、偏好、态度与行为等方面具有的差异性。薛海波、符国群和江晓东（2014）认为，按照世代理论的假设，受时代背景的影响，出生于相同时代的人群会产生相似的观念和行为，而处于不同时代的人群则会存在一些稳定差异。

成伟、陈婷婷（2009）认为，社会的急剧变迁、成长环境的不同以及社会阅历、社会地位和社会心理的差异是产生代际差异与冲突的客观和主观原因。除此之外，金勤明（1995）认为，受教育程度和知识结构以及各代人所扮演的社会角色的不同也会导致代际差异与冲突。池田大作（1985）认为，新旧两代之间的隔阂，关键在于体制。由于不同年龄段的人经历的“历史事件”不同，因此他们的价值观也会出现代际差异。廖小平（2006）认为，改革开放之前的中国社会价值观完全处于一种高度同质的状态，全社会都融化在一种单一的、完全政治化和道德化的价值观之中，代际价值观没有分化；改革开放之初代际价值观开始出现了分化——青年价值观清晰地凸显出来，并与成年价值观渐成相对之势；20世纪80年代的价值观多元化——价值选择的多元化和价值评价的多元化，导致价值观的分化和冲突；20世纪90年代以来，代际价值观重新整合——世俗化和功利化倾向明显增强，价值观多元化更为突出,后现代价值观初露端倪。

就本研究的调查对象而言,大学生都是“90 后”,而 97% 的大学生父母都在 40—54 岁之间,即出生于 1960—1975 年,这一年龄段的中国人经历了改革开放初期及以后激烈的社会变革。“90 后”大学生的父母大多经历了 20 世纪 80 年代的价值观分化时期,他们面临着包括改革开放之前、改革开放之后以及 90 年代以来的多元价值观的冲击,受到了更多“历史事件”的影响。

根据代际差异理论,本研究提出如下研究问题:

RQ1:大学生与他们父母的主观话语权是否存在差异?

在此基础上,我们需要深入思考的问题是,大学生与他们父母之间主观话语权的关系是否与父子两代的性别有关。基于父亲—儿子以及母亲—女儿的配对样本设计,本研究提出如下研究问题:

RQ2:父亲与儿子的主观话语权是否存在差异?

RQ3:母亲与女儿的主观话语权是否存在差异?

2. 公民主观话语权的代际影响

米德把人类历史上的文化划分为三种类型,即前喻文化——子女主要向自己的父母学习,共喻文化——子女和父母首先向不同年龄的人和同龄人学习以及后喻文化——父母向自己的子女学习。文化的代际继承性既包括父母向子女传递的信息流,也包括青年关于当代情势和文化遗产的解释对老一代的影响(利索夫斯基,1999)。刘怀光、田慧婧(2011)认为,随着现代社会的发展,代际交往方式发生了现代性的转变。从交往内容上看,现代社会长辈的知识经验传喻与年轻人的“文化反哺”并存;从交往形式上看,现代社会代际交往是一种双向交流;从交往主体地位上看,现代社会代际交往正在向平等的方向发展。

费孝通(1947)提出了“差序格局”的概念并总结了传统中国的社会特征,如血缘关系、礼治秩序和长老统治的重要性。廖小平(2005)认为,“孝”是中国传统家庭代际伦理的典型表现形式,它是文化代际传承的重要机制,具有稳定社会与睦家的功能,但同时会产生父子(代际)关系的极端不平等、老年本位和过去本位等消极影响。根据文化代际传承理论,我们认为,父母的主观话语权与子女的主观话语权相关。与轻松的和中立的一般话题相比,话语权是一个关乎公民的单位事务和国家事务发言机会和影响力的严肃政治概念。因此，虽然代际传承中存在着后喻文化类型，但是根据中国家庭伦理特征，我们更倾向于认为，逻辑上父母的主观话语权会影响子女，而不是子女的主观话语权影响父母。基于此，本研究提出如下研究假设：

H1a：父母与子女的单位事务主观话语权正相关。

H1b：父母与子女的国家事务主观话语权正相关。

不仅父母的主观话语权会对子女产生影响，与此同时，我们认为，如果公民感受不到自身的单位事务话语权，那么他也很难感受到自身的国家事务话语权。基于此，本研究提出如下研究假设：

H2a：父母的单位事务主观话语权与国家事务主观话语权正相关。

H2b：子女的单位事务主观话语权与国家事务主观话语权正相关。

根据以上研究假设，本研究提出如图 3.3 所示的理论模型。

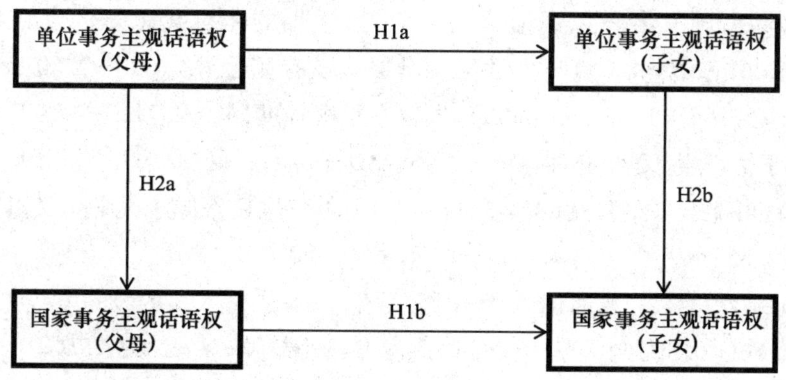

图 3.3　理论模型

（二）分析

我们首先通过独立样本 t 检验回答 RQ1，通过配对样本 t 检验回答 RQ2 和 RQ3。然后，我们采用路径分析（Path Analysis）技术对 H1a、H1b、H2a 和 H2b 进行检验。

1. 大学生—大学生父母主观话语权的比较①

独立样本 t 检验发现，大学生群体的单位事务主观话语权（$M = 3.06$，

① 同本研究中政治参与这一变量的代际比较相类似，虽然大学生群体和大学生父母群体所涉及的话语权的范围和领域可能不完全相同，但是就话语权大小而言，二者是可以比较的。

$SD=0.69$)显著低于大学生父母群体($M=3.24$, $SD=0.77$; $t(416)=-2.54$, $p<0.05$),国家事务主观话语权($M=2.58$, $SD=0.73$)显著低于大学生父母群体($M=2.77$, $SD=0.78$; $t(416)=-2.48$, $p<0.05$),总体主观话语权($M=2.82$, $SD=0.63$)也显著低于大学生父母群体($M=3.00$, $SD=0.66$; $t(415.46)=-2.89$, $p<0.01$)。

进一步的独立样本 t 检验发现:

(1)就单位事务主观话语权而言,大学生群体自我感知的发言机会($M=2.99$, $SD=0.99$)与大学生父母群体没有显著差异($M=3.17$, $SD=1.10$; $t(411.37)=-1.78$, $p>0.05$),发言受重视程度($M=3.18$, $SD=0.74$)与大学生父母群体也没有显著差异($M=3.26$, $SD=0.86$; $t(407.18)=-1.07$, $p>0.05$),可能被采纳程度($M=3.01$, $SD=0.87$)显著低于大学生父母群体($M=3.29$, $SD=0.94$; $t(413.43)=-3.16$, $p<0.01$)。

(2)就国家事务主观话语权而言,大学生群体自我感知的发言机会($M=2.61$, $SD=1.05$)与大学生父母群体没有显著差异($M=2.50$, $SD=1.09$; $t(416)=1.05$, $p>0.05$),发言受重视程度($M=2.71$, $SD=0.76$)显著低于大学生父母群体($M=2.95$, $SD=0.81$; $t(416)=-3.19$, $p<0.01$),可能被采纳程度($M=2.44$, $SD=0.92$)也显著低于大学生父母群体($M=2.85$, $SD=1.03$; $t(416)=-4.32$, $p<0.001$)。

(3)就总体主观话语权而言,大学生群体自我感知的发言机会($M=2.80$, $SD=0.89$)与大学生父母群体没有显著差异($M=2.83$, $SD=0.91$; $t(416)=-0.41$, $p>0.05$),发言受重视程度($M=2.94$, $SD=0.64$)显著低于大学生父母群体($M=3.11$, $SD=0.69$; $t(416)=-2.52$, $p<0.05$),可能被采纳程度($M=2.72$, $SD=0.75$)也显著低于大学生父母群体($M=3.07$, $SD=0.81$; $t(416)=-4.56$, $p<0.001$)。

配对样本 t 检验的结果表明,大学生与其父母的单位事务主观话语权、国家事务主观话语权和总体主观话语权及其各个测量项目的规律也是如此。

2. 儿子—父亲主观话语权的比较

独立样本 t 检验发现,儿子群体的单位事务主观话语权($M=3.02$, $SD=0.71$)显著低于父亲群体($M=3.34$, $SD=0.75$; $t(186)=-3.05$, $p<0.01$),国家事务主观话语权($M=2.62$, $SD=0.77$)与父亲群体($M=2.80$,

$SD=0.77$；$t(186)=-1.59$，$p>0.05$）没有显著差异，总体主观话语权（$M=2.82$，$SD=0.67$）显著低于父亲群体（$M=3.07$，$SD=0.66$；$t(186)=-2.61$，$p<0.05$）。

进一步的独立样本 t 检验发现：

（1）就单位事务主观话语权而言，儿子群体自我感知的发言机会（$M=2.97$，$SD=0.99$）与父亲群体没有显著差异（$M=3.21$，$SD=1.09$；$t(184.37)=-1.62$，$p>0.05$），发言受重视程度（$M=3.13$，$SD=0.81$）显著低于父亲群体（$M=3.41$，$SD=0.88$；$t(186)=-2.34$，$p<0.05$），可能被采纳程度（$M=2.96$，$SD=0.90$）也显著低于父亲群体（$M=3.40$，$SD=0.90$；$t(186)=-3.41$，$p<0.01$）。

（2）就国家事务主观话语权而言，儿子群体自我感知的发言机会（$M=2.70$，$SD=1.12$）与父亲群体没有显著差异（$M=2.57$，$SD=1.06$；$t(186)=0.85$，$p>0.05$），发言受重视程度（$M=2.73$，$SD=0.83$）（边缘）显著低于父亲群体（$M=2.96$，$SD=0.82$；$t(186)=-1.90$，$p=0.059$），可能被采纳程度（$M=2.43$，$SD=0.92$）也显著低于父亲群体（$M=2.87$，$SD=1.01$；$t(186)=-3.13$，$p<0.01$）。

（3）就总体主观话语权而言，儿子群体自我感知的发言机会（$M=2.84$，$SD=0.93$）与父亲群体没有显著差异（$M=2.89$，$SD=0.89$；$t(186)=-0.42$，$p>0.05$），发言受重视程度（$M=2.93$，$SD=0.73$）显著低于父亲群体（$M=3.19$，$SD=0.70$；$t(186)=-2.47$，$p<0.05$），可能被采纳程度（$M=2.69$，$SD=0.79$）也显著低于父亲群体（$M=3.14$，$SD=0.78$；$t(186)=-3.87$，$p<0.001$）。

配对样本 t 检验的结果表明，儿子与父亲的单位事务主观话语权、国家事务主观话语权和总体主观话语权及其各个测量项目的规律也是如此。

3. 女儿—母亲主观话语权的比较

独立样本 t 检验发现，女儿群体的单位事务主观话语权（$M=3.09$，$SD=0.68$）与母亲群体（$M=3.16$，$SD=0.77$；$t(228)=-0.66$，$p>0.05$）没有显著差异，国家事务主观话语权（$M=2.55$，$SD=0.71$）显著低于母亲群体（$M=2.74$，$SD=0.78$；$t(228)=-1.90$，$p<0.05$），总体主观话语权（$M=2.82$，$SD=0.60$）与母亲群体（$M=2.98$，$SD=0.65$；$t(228)=-$

1.51，$p>0.05$）没有显著差异。

进一步的独立样本 t 检验发现：

（1）就单位事务主观话语权而言，女儿群体自我感知的发言机会（$M=3.00$，$SD=0.99$）与母亲群体没有显著差异（$M=3.13$，$SD=1.11$；$t(228)=-0.94$，$p>0.05$），发言受重视程度（$M=3.22$，$SD=0.69$）与母亲群体（$M=3.14$，$SD=0.83$；$t(228)=-0.82$，$p>0.05$）没有显著差异，可能被采纳程度（$M=3.05$，$SD=0.84$）与母亲群体（$M=3.20$，$SD=0.97$；$t(223.59)=-1.19$，$p>0.05$）也没有显著差异。

（2）就国家事务主观话语权而言，女儿群体自我感知的发言机会（$M=2.53$，$SD=0.99$）与母亲群体没有显著差异（$M=2.44$，$SD=1.11$；$t(228)=0.65$，$p>0.05$），发言受重视程度（$M=2.69$，$SD=0.69$）显著低于母亲群体（$M=2.94$，$SD=0.81$；$t(228)=-2.60$，$p<0.05$），可能被采纳程度（$M=2.44$，$SD=0.92$）也显著低于母亲群体（$M=2.83$，$SD=1.06$；$t(228)=-2.99$，$p<0.01$）。

（3）就总体主观话语权而言，女儿群体自我感知的发言机会（$M=2.77$，$SD=0.86$）与母亲群体（$M=2.79$，$SD=0.92$；$t(228)=-0.18$，$p>0.05$）没有显著差异，发言受重视程度（$M=2.95$，$SD=0.57$）与母亲群体（$M=3.04$，$SD=0.68$；$t(228)=-1.07$，$p>0.05$）也没有显著差异，可能被采纳程度（$M=2.75$，$SD=0.72$）显著低于母亲群体（$M=3.01$，$SD=0.84$；$t(228)=-2.59$，$p<0.05$）。

配对样本 t 检验的结果表明，女儿与母亲的单位事务主观话语权、国家事务主观话语权和总体主观话语权及其各个测量项目的规律也是如此。

4. 对理论模型的检验

理论模型部分我们使用由子女—父母组成的配对样本数据，采用路径分析技术对其进行检验（$\chi^2/df=2.09$，GFI＝0.99，AGFI＝0.95，CFI＝0.99，NFI＝0.97，TLI＝0.96，RMSEA＝0.07），图 3.4 呈现了用 ML 法估计的结果。

H1a 和 H1b 均得到证实，即父母与子女的单位事务主观话语权显著正相关（$\beta=0.09$，$p<0.05$），父母与子女的国家事务主观话语权显著正相关（$\beta=0.27$，$p<0.001$）。与此同时，相关系数表明，父母与子女之间的国家事务主观话语权的相关强度比单位事务主观话语权的相关强度要大。

H2a 和 H2b 均得到证实，即父母的单位事务主观话语权与国家事务主观话语权显著正相关（$\beta = 0.46$，$p < 0.001$），子女的单位事务主观话语权与国家事务主观话语权显著正相关（$\beta = 0.52$，$p < 0.001$）。与此同时，相关系数表明，子女的单位事务主观话语权与国家事务主观话语权的相关强度比父母的单位事务主观话语权与国家事务主观话语权的相关强度要大。

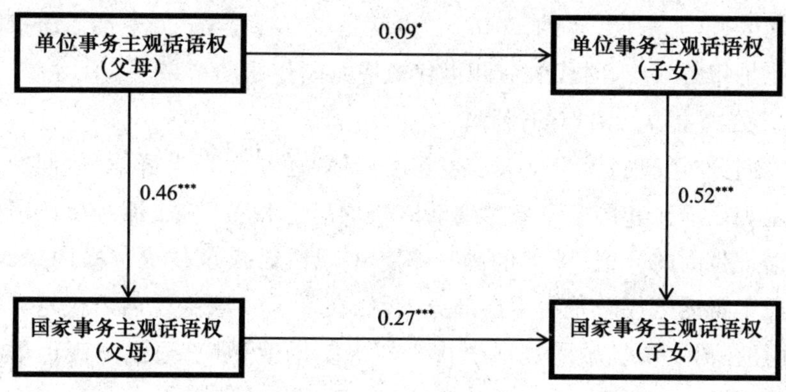

注：* $p < 0.05$；*** $p < 0.001$。

图 3.4　路径分析结果

（三）讨论

1. 公民主观话语权的代际差异

在现代社会，由于传播技术的发展以及民主观念的普及，无论哪个群体，在相同领域都有大致相同的发言机会，而且大学生与父母在单位事务主观话语权的受重视程度这一测量项目上没有差异。但就国家事务而言，大学生自我感知的发言受重视程度以及可能被采纳程度均显著低于父母。总体而言，在话语权的较低层次（如发言机会）上，大学生和父母没有差异，但在较高层次（如可能被采纳）上，大学生显著低于父母。从政治学的角度来看，对身处于“象牙塔”的大学生而言，现实社会与他们的距离较远，而大学生父母话语权的行使往往与其切身利益相关，他们往往追求话语传播的实际效果，因此，他们的主观话语权要显著高于子女。郑立冬、李钢（2012）认为，特殊的社会地位及有限的社会关注度限制了大学生较高层次话语权的实现。大学生是社会中的特殊群体，他们虽属于社会，却没有直接与社会接触;他们虽属于"社会人",却没有相应的社会地位;他们的行为与话语被社会所包容,但话语却往往不能被社会所重视。而且在很大程度上,大学生话语权的行使与实现过程并不是自发的。

另外,大学生和父母主观话语权的不同与这两代人的代际差异有关。很多学者在研究代际差异问题时发现,不同代群之间的实际差异是年龄效应、时代效应和世代效应共同作用的结果,并且这三种效应的影响常常难以准确区分(陈玉明、崔勋,2014)。也就是说,父代与子代主观话语权的差异可能是年龄效应、时代效应和世代效应共同作用的结果。

2. 公民主观话语权的代际传递

我们分析发现,无论是大学生父母群体,还是大学生群体,他们的单位事务主观话语权和国家事务主观话语权均呈正相关关系,那些单位事务主观话语权越高的公民,他们的国家事务主观话语权也越大。横向来看,优势公民主观话语权总是集中在部分人群,在一个领域主观话语权越大的公民,往往在另一个领域主观话语权也越大。也就是说,公民主观话语权存在着强者通吃的现象。

从公民主观话语权的代际传递来看,我们发现,无论是在单位事务层面,还是在国家事务层面,父母与子女的主观话语权均呈正相关关系。也就是说,父母与子女之间的主观话语权存在代际传承关系。公民主观话语权的代际传承是指在家庭内部主观话语权由父母传递给子女,如果上一代主观话语权越大,那么下一代主观话语权也越大,反之亦然。

随着社会物质条件的改善和社会民主的不断发展,现在中国已经从关注人的吃饭问题的阶段发展到了关注人的话语表达问题的阶段;同时,传播技术革命特别是自媒体传播技术的发展也为人们争取更大的话语权提供了现实可能。网络之于人类社会的最大贡献是解放了人的嘴巴,微博则在事实上为每个人的社会喊话装上了麦克风(喻国明,2011),但是这并不意味着每个公民对单位事务和国家事务都拥有相同的发言机会,更不意味着每个公民都拥有同等的话语影响力。公民话语权是发言机会和发言效果的统一,在社会上属于"稀缺资源",作为个体与作为阶层整体的公民都会在公共领域争夺话语权。公民话语权资源的稀缺和竞争都增强了话语权代际传递的动力,公民话语权的代际传递能够维持整个家庭或家族的优势社会地位和利益。"差序格局"和"伦理本位"的社会结构是公民话语权代际传递的社会基础。公民话语权的代际传递也是一个公民话语权阶层再生产的过程。边燕杰、芦强(2014)认为,从宏观过程来看,阶层再生产容易形成阶层凝固化,地位的代际继承增强,资源在代际之间的继承性也随之加强;阶层再生产表明,代际之间具有较高的阶层同一性和相似性。也就是说,公民话语权的阶层再生产会导致代际之间话语的影响范围和影响力相似。

第四节　本章小结

一　贡献

本研究首次采用配对样本,以大学生及其父母这两个群体为代表,使用公民话语权测量量表,采用问卷调查法和访谈法对中国普通公民的主观话语权进行了探讨。本研究探讨了普通公民的人口统计学特征、社会分层、传播环境、时政新闻接触等变量与其主观话语权的关系,普通公民的主观话语权与其政治认同、政治参与的关系,普通公民主观话语权的代际影响等,得出了一些在理论和实践方面都值得思考的结论。

二　不足和未来的研究

本研究属于探索性研究,因此还存在着一些不足,需要在后续的研究中加以完善:

一是由于受到时间、精力和经费的限制,本研究的调查对象仅为一所大学的本科生及其父母。由于学校的生源结构、类型、层次、所处地理位置和历史文化等方面的不同,不同学校的学生及其父母的主观话语权、时政新闻接触、政治效能感、政治认同以及政治参与等方面的特征可能存在不同。同时,由于随机抽样调查的执行难度大,因此本研究在抽样方式上采取的是方便抽样,所抽取的大学生样本不能完全代表该大学的全体大学生。

二是是否上过大学的公民之间、子女是否上过大学的父母之间、以及子女在不同类型与层次上大学的父母之间在很多方面可能存在差异。因此,严格来讲,不仅关于大学生的调查不能推广到非大学生群体,我们对大学生父母的调查也不能推广到所有子女(包括“90 后”)

的父母群体。也就是说,如果本研究的结论要推广到与本研究不同的群体,需要谨慎考虑。在各方面条件允许的情况下,后续的研究可以通过扩大抽样范围、增加样本数量和抽取随机样本来进行分析。

三是本研究虽然是配对样本调查,但在具体分析时,更多的是分别对两个代群进行组内分析和比较。因此,后续的研究可以进行更多的组间分析——用父母的某些研究变量对子女的某些研究变量进行预测。

四是本研究虽然对公民的主观话语权与社会阶层、时政新闻接触、政治效能感、政治认同以及政治参与之间的关系进行了研究,但其中有些变量的研究还可以更加细化。比如,政治参与这一变量可以细化为不同的类型,政治认同也可以细化为不同的类别(比如政党认同、国家认同、民族认同和体制认同等),这些都是后续研究可以进一步深入挖掘的方向。

五是今后可以采用纵向研究方法,即在相当长的一段时间内对同一批大学生及其父母进行重复研究,以比较完整地观察到他们在主观话语权及其影响因素和影响效应等方面的历史变迁过程。

第 四 章

新闻工作者主观采编话语权的影响因素及影响效应

在媒介化生存的当代社会，媒体是最重要的话语表达和传播平台。媒体中的新闻工作者首先属于普通公民，他们既拥有单位事务话语权，又拥有国家事务话语权。除了是普通公民以外，他们还是掌握着社会话语权的特殊人群。新闻工作者在新闻生产过程中通过发挥采编话语权，对信息内容的生产产生影响，进而直接或间接地对公民的知情权和话语权产生影响。新闻工作者的采编话语权是他们自身话语权的重要组成部分，分析新闻工作者的采编话语权有助于理解处在媒介化社会的普通公民的话语权。因此，对新闻工作者的主观采编话语权进行研究显得尤为重要。

在中国，对新闻工作者的研究并不多。目前这些研究主要包括职业道德研究（喻国明，1998[①]；萧思健、廖圣清，1999；郑保卫、陈绚，2004；周俊、毛湛文，2013；上海市新闻道德委员会“媒体及从业人员新闻道德状况调研”课题组，2014；姜雪，2015）、专业主义研究（郭镇之，1999）、女性新闻工作者调查（中华全国新闻工作者协会、中国社会科学院新闻研究所、“中国女新闻工作者的现状与发展”课题组，1995；“中国女新闻工作者的现状与发展”课题组，1996；贾亦凡，2001；上海市新闻工作者协会女记者工作委员会，2014）、新闻价值框架形成研究（李贞芳、韦路，2007）、职业压力研究（石研，2007；王馨竹、常若松，

① 喻国明：《角色认知与职业意识——中国新闻工作者职业意识与职业道德抽样调查报告（之一）》，《青年记者》1998 年第 2 期，第 4—6 页。

2010)、心理健康状况调查（周勇，2009；吴玥、张小贝、杨岳千，2014）和新闻生产研究（刘海龙，2012；曾艺、陈乐，2014）。

目前有关新闻工作者的研究文献基本上是论说文，或者是对新闻工作者职业状况的描述性研究，如“走转改”与新闻队伍建设课题组（2014）对“80后”新闻工作者以及“80前”新闻工作者数据进行对比，分析了“80后”新闻工作者的工作岗位、学历、性别、职称、政治面貌、媒介接触情况和新闻伦理等的特点，然而推断性的定量研究还很少。

此外，目前还没有研究者就新闻工作者的主观采编话语权进行专门研究。本章将在以前章节的基础上，对新闻工作者的主观采编话语权进行分析。

第一节 新闻工作者的主观采编话语权

一 测量

如第二章所述，新闻工作者的总体主观采编话语权包含日常采编业务主观话语权和重大采编业务主观话语权两部分。我们使用李克特5分量表（1=完全不同意，5=完全同意）对新闻工作者这两部分采编业务的主观话语权进行测量，询问调查对象对以下四个项目的同意程度：(1) 我没有机会发言；(2) 我的发言能够受到同事的重视；(3) 我的发言能够受到领导的重视；(4) 我的发言能够被采纳。在统计分析时，我们对 (1) 这个反向陈述项目进行了语义反转并重新编码，转化成新变量“有机会发言”；将 (2) 和 (3) 求均值后合并成一个新变量“发言受重视”。也就是说，对新闻工作者这两部分采编业务的主观话语权的测量均包括了“发言机会”“发言受重视”和“发言被采纳”这三个项目；对新闻工作者的总体主观采编话语权的测量也包括了以上三个项目，每个测量项目均由他们日常采编业务主观话语权和重大采编业务主观话语权相对应的项目的均值合成。新闻工作者的日常采编业务主观话语权、重大采编业务主观话语权以及总体主观采编话语权的α值（见表4.1）都大于0.70，这说明用这三个项目对它们进行测量具有可靠的内部一致性信度。

二　数据收集

我们采用问卷调查法对新闻工作者的主观采编话语权进行研究。出于探索性研究的目的，我们采取方便抽样的方法进行数据收集。

我们在 2014 年 10 月至 11 月之间对中国大陆 5 家省级都市报的新闻工作者进行了匿名问卷调查，这 5 家都市报分别位于四川省成都市、广东省广州市、福建省福州市、福建省泉州市和福建省厦门市。我们分别在每家报社各委托一名工作人员将问卷发放给报社的新闻工作者并统一回收问卷。本调查共发放问卷 400 份，回收有效问卷 343 份，有效回收率 86%。

调查对象的人口统计学特征如下：性别为男性的占 52%，女性占 48%；婚姻状况为未婚的占 41%，已婚占 58%，其他占 1%；自我性格认知类型为内向型的占 54%，外向型占 46%；学历为本科以下的占 3%，本科占 82%，硕士研究生占 15%；年龄为 30 岁以下的占 42%，30—39 岁占 50%，40—49 岁占 7%，50 岁以上占 1%；媒体的工作时间为 5 年以下的占 37%，5—9 年占 28%，10—14 年占 27%，15—19 年占 7%，20 年以上占 2%；个人月均收入为 3000 元以下的占 8%，4000—5999 元占 27%，6000—7999 元占 27%，8000—9999 元占 14%，10000—11999 元占 16%，12000—13999 元占 6%，16000—17999 元占 1%；主观社会阶层为中层的占 61%，下层占 39%；职务为见习记者的占 5%，见习编辑占 3%，文字记者占 45%，摄影记者占 3%，文字编辑占 29%，美术编辑占 1%，采编中层干部占 11%，其他占 4%；从事的新闻采编业务类别为社会新闻占 21%，时政新闻占 18%，经济新闻占 16%，社区新闻占 11%，省内新闻占 5%，网络新闻占 5%，文化新闻占 4%，国内新闻占 3%，教育新闻占 3%，民生新闻占 3%，体育娱乐新闻占 1%，国际新闻占 1%，新闻评论占 1%，突发新闻占 1%，其他占 7%。

三　新闻工作者的主观采编话语权

我们采用描述性统计（见表 4.1）和推断性统计的方法对新闻工作者的主观采编话语权进行分析。

（一）新闻工作者的主观采编话语权

单一样本 t 检验的结果表明，就主观采编话语权及各测量项目来看，新闻工作者的总体评价均超过“一般”（3 分）水平。也就是说，新闻工作者的主观采编话语权处于“中等”偏上水平。就具体项目而言，受调查的新闻工作者们在“有机会发言”方面的评价最高，其次为“意见受重视”，在“意见被采纳”方面的自我评价最低。这或许可以理解为，就报社的采编业务特别是日常采编业务而言，有机会发言是新闻工作者的基本权利，基本上可以得到保障；受到同事（或领导）的重视和发言能够被采纳属于话语权效果的范畴，对普通新闻工作者来说是更高层次的目标，并不像拥有发言机会那么容易实现。

表 4.1　新闻工作者主观采编话语权的描述性统计

构念与项目	*M*	*SD*	*α*
日常采编业务主观话语权	3.63	0.66	0.72
1. 有机会发言	4.02	0.94	
2. 意见受重视	3.49	0.73	
3. 意见被采纳	3.35	0.79	
重大采编业务主观话语权	3.50	0.66	0.72
1. 有机会发言	3.81	1.01	
2. 意见受重视	3.41	0.71	
3. 意见被采纳	3.27	0.73	
总体主观采编话语权	3.56	0.60	0.77
1. 有机会发言	3.91	0.84	
2. 意见受重视	3.45	0.66	
3. 意见被采纳	3.31	0.68	

另外，统计数据表明，新闻工作者对日常采编业务主观话语权及各测量项目的评价均要高于相对应的重大采编业务主观话语权及各测量项目的评价。我们认为，这主要是由以下三个方面决定的：

第一，日常采编业务所遵循的操作常规在重大新闻发生时不一定能发挥作用。日常采编业务是报社新闻采编的基础。对于日常采编业务，媒体普遍采用“新闻跑口”的原则，即每位新闻工作者都被分配到一些固定的部门，比如时政新闻记者被分配到几个固定的政府部门，经济新闻记者被分配到财政、工商、税务和银行等部门以及各市场主体，环境新闻记者被分配到气象、环保等部门，他们固定地采访或编辑某些题材的新闻。这样，新闻工作者对采访的对象和内容都比较熟悉，新闻敏感性和可预测性更强，从而便于他们的日常新闻生产。虽然新闻生产（主要是采访和写作）属于创造性的脑力劳动，但它具有标准化、格式化、常态化和流水线化的特点。也就是说，新闻工作者只要按照新闻常规就可以完成日常采编业务。休梅克（2007：75）认为，新闻常规是媒体从业者用于从事其工作的“模式化的、常规化的、重复进行的实践形式”。在重大题材下，常态的日常新闻共识和职业理念都难以发挥作用。王凯山（2013）分析了行业报《中华合作时报》编辑部在四川汶川、芦山地震这种非常态下的新闻生产，发现灾区的基本生活状态颠覆了常态化的新闻生产理念。一方面，在非常态的外部环境下，外部制约难以克服（比如，消息来源对记者报道视角的控制）；另一方面，编辑部的新闻生产流程与内容发生了显著的变化（编辑部的内部地位临时调整：记者与不同层级的新闻工作者的鸿沟被抹平；同层级的新闻工作者的地位发生对调：编辑由对记者发号施令者，变成记者与主编协商后方案的执行者；行业报的内容与过去迥然不同）。与重大采编业务相比，日常新闻采编业务的操作更容易内化为新闻组织的共识、常规和惯例，进而帮助新闻工作者判断、选择、处理新闻以及保证新闻生产的时效性。在这一过程中，新闻工作者可以感受到较高的工作自主权和采编话语权。

第二，更复杂的采编业务流程导致了新闻工作者的重大采编业务主观话语权低于日常采编业务主观话语权。就电视新闻节目生产而言，Corner（1995，pp. 79－81）认为，电视新闻生产需要新闻脚本的设计与布局、现场画面拍摄和编辑三个阶段（每个阶段包括多个步骤）。有的新闻生产，除了需要新闻组织的内部合作，还需要如新闻的社会化生产（如公民新闻、媒体报道联盟等）之类的外部合作才能完成。邓红、李玉燕（2014）认为，不同于一般节目，电视新闻特别节目的生产和传播需要依靠“倾全力”的节目生产机制、“开绿灯”的节目编播机制以及“零故障”的技术保障机制来实现。重大采编业务的完成（如突发事件、舆论监督、成就报道、典型报道、系列报道和连续报道等）往往是团队合作而不是单兵作战的结果，重大新闻强调组织性、计划性和协调性，通过团队合作，全景式、立体式、长时间、大跨度和多侧面地报道（潘知常、邓天颖，2007），这往往需要媒体组织层面甚至更高层面的协调和统一指挥。以融合新闻为例，蔡雯、陈卓（2009）认为，媒介融合中的重大新闻报道由单一媒体独立运行转型为多种媒体融合传播，报道创新在管理层面上表现为跨媒体新闻团队的组建、一体化新闻生产平台的打造和"融合新闻"项目的管理。新闻生产的各个环节（采集—加工—发布—反馈）是按照一定的程序进行的，重大新闻报道的程序远比日常新闻报道复杂，而新闻生产的程序越多，个体的话语权就越小。因此，就重大采编业务而言，普通新闻工作者受到职位、权限以及能力的限制，他们的话语权也难免会受到限制。

第三，重大新闻内容本身题材重大、内容敏感以及社会关注度高等也可能会对新闻工作者的主观采编话语权产生影响。陆晔（2002）的访谈证明了这一点，"中央电视台一个著名的新闻深度报道栏目，遇到重大题材，往往部门主任审完了，还要主管新闻的副台长审，有时候，即使台长审完也不能播出，还得中宣部、公安部、高检、高法等部门合审，有些特殊题材，涉及特殊任务，甚至可能惊动副总理、总理、政治局常委。有时候，节目已经安排播出日期了，上面一个电话下来就得改、就得撤。"事实上，对于一些重大的新闻题材，报道与否以及如何报道往往取决于上级甚至国家领导人的态度和决策，而普通新闻工作者的话语权很小，甚至媒体领导的话语权也很小。

（二）新闻工作者的人口统计学特征与主观采编话语权

本研究采用层次回归法来讨论新闻工作者主观采编话语权的影响因素（见表4.5）。在第一层，本研究将学历、性格、性别、个人月均收入和媒体工作年限这些人口统计学变量和主观社会阶层变量作为控制变量来解释新闻工作者的日常采编业务主观话语权、重大采编业务主观话语权和总体主观采编话语权，其中性格、性别、主观社会阶层为虚拟变量（下同）。

1. 新闻工作者的学历与主观采编话语权

如前所述，报社采编人员大多拥有高学历，本科及以下的从业者只占本调查的3%。我们通过独立样本 t 检验比较了本科学历群体和硕士学历群体的新闻工作者主观采编话语权的差异，发现本科学历新闻工作者群体的日常采编业务主观话语权中发言受重视的程度（$M=3.53$，$SD=0.74$）显著高于硕士学历新闻工作者群体（$M=3.29$，$SD=0.67$；$t(320)=2.10$，$p<0.05$），总体主观采编话语权中发言受重视的程度（$M=3.48$，$SD=0.66$）也显著高于硕士学历新闻工作者群体（$M=3.28$，$SD=0.59$；$t(320)=1.98$，$p<0.05$），但他们在日常采编业务主观话语权、重大采编业务主观话语权和总体主观采编话语权上均没有显著差异。回归分析也发现，新闻工作者的学历与主观采编话语权无关。

学历可能是应聘者进入新闻行业的门槛。赵振宇、徐宁（2004）对2002年和2003年中国35家各类报社的招聘启事进行研究后发现，新闻记者和编辑的招聘岗位大多要求本科以上学历。但是新闻采编是操作性和实践性很强的业务，在进入新闻行业以后，学历本身在新闻生产过程中并不能发挥太多作用，而且大众新闻采编并不需要专家型的记者和编辑，这时新闻从业人员的能力和素质就成为了关键。因此，在一定的学历基础上，主观话语权的大小取决于学历以外的因素，特别是采编业务能力。在上述35家招聘启事中，语言表达与写作能力、新闻敏感、相关的学科知识、敬业精神与职业纪律以及沟通能力这些素质要求都有10次以上被提及（赵振宇、徐宁，2004）。学历不等于能力和素质，它们不是学历能代替的。"终身学习"是21世纪的生存概念，秦钠（2003）认为，我们必须正视"学历社会"，并以终身学习为理念，实现由"学历社会"向"学习型社会"的转变。新闻工作者每天都要面对世界新的变化，工作内容和知识更新换代的速度比其他行业都要快。因此新闻工作者只能靠终身学习来不断提高自己的业务能力，而不是凭借已有学历来获得采编业务话语权。

2. 新闻工作者的性格与主观采编话语权

新闻业是一个与外界打交道的行业，善于沟通、有较强的对外沟通和协调能力是报社新闻采编岗位招聘的最基本的要求。本研究所调查的几家报社近年来都对采编岗位有明确与之相似的要求，这也是新闻工作者胜任采编岗位的基本条件。

独立样本 t 检验（见表4.2）发现，性格相对内向的新闻工作者群体对日常采编业务主观话语权、重大采编业务主观话语权和总体主观采编话语权及各测量项目的评价显著低于性格相对外向的新闻工作者群体。这一发现意味着性格外向不仅是应聘者进入新闻采编行业的门槛，而且在进入新闻媒体以后，那些性格较他们的同事更加外向的从业者，所能感受到的有机会发言的程度、意见受重视程度以及被采纳程度都显著高于性格相对内向者。

表 4.2 新闻工作者的性格与主观采编话语权

	性格	*M*	*SD*	*t* 值
日常采编业务主观话语权	内向	3.51	0.65	−3.31**
	外向	3.76	0.65	
有机会发言	内向	3.87	0.97	−2.72**
	外向	4.17	0.90	
意见受重视	内向	3.40	0.71	−2.51*
	外向	3.60	0.75	
意见被采纳	内向	3.27	0.79	−2.07*
	外向	3.46	0.78	
重大采编业务主观话语权	内向	3.37	0.63	−3.50**
	外向	3.64	0.67	
有机会发言	内向	3.66	1.01	−2.60*
	外向	3.96	1.00	
意见受重视	内向	3.30	0.68	−3.12**
	外向	3.55	0.70	
意见被采纳	内向	3.15	0.71	−2.65**
	外向	3.37	0.72	
总体主观采编话语权	内向	3.45	0.58	−3.51**
	外向	3.68	0.60	
有机会发言	内向	3.77	0.85	−3.00**
	外向	4.06	0.83	
意见受重视	内向	3.35	0.63	−3.08**
	外向	3.58	0.66	
意见被采纳	内向	3.21	0.67	−2.55*
	外向	3.41	0.68	

注：$*p<0.05$，$**p<0.01$，$***p<0.001$。

与此同时，我们还发现，在本研究所纳入的性别、个人月均收入、学历、性格和媒体工作年限这五个预测新闻工作者主观采编话语权的人口统计学变量中，性格不仅对日常采编业务主观话语权、重大采编业务主观话语权和总体主观采编话语权均具有显著影响，而且与它们的偏相关系数最大。外向型性格对新闻工作者的主观采编话语权的重要性由此可见一斑。

3. 新闻工作者的性别与主观采编话语权

2013 年上海市新闻工作者协会女记者工作委员会对上海 35 家新闻单位女性新闻工作者的现状进行了分析，并与 2001 年《上海市女性新闻工作者现状抽样调查报告》的数据进行对比后发现，女性新闻工作者的数量呈上升趋势，她们支撑起了中国新闻事业的“半边天”。在本研究中，女性新闻工作者占总样本量的48%，接近一半。

独立样本 t 检验发现，虽然不同性别的新闻工作者群体在重大采编业务主观话语权和总体主观采编话语权及各测量项目上均没有显著差异，他们在日常采编业务主观话语权及其发言机会这一测量项目上也没有显著差异，但是就日常采编业务而言，男性新闻工作者群体所能感受到的发言受重视程度（$M = 3.41$，$SD = 0.76$）显著低于女性新闻工作者群体（$M = 3.57$，$SD = 0.72$；$t(313.75) = -1.98$，$p < 0.05$），发言被采纳程度（$M = 3.27$，$SD = 0.85$）也显著低于女性新闻工作者群体（$M = 3.45$，$SD = 0.73$；$t(300) = -1.98$，$p < 0.05$）。回归分析发现，性别对新闻工作者的重大采编业务主观话语权和总体主观采编话语权没有显著影响，它仅对日常采编业务主观话语权具有显著的预测作用，男性新闻工作者的日常采编业务主观话语权低于女性新闻工作者。

以往的研究认为，女性作为传播者受制于中国特有的社会和文化环境（卜卫，2001：5）。于泳红（2001）认为，中国长期以来已经形成了“男性更适合从事专业技术方面的工作，女性更适合从事服务行业工作”的职业性别刻板印象，这种刻板印象表现在新闻行业就是女性更适合从事具有“女性特质”的新闻采编工作，比如娱乐新闻、民生新闻等。1995 年的一项调查显示，女性从事经济、政法和体育等方面新闻采编业务的人数显著少于男性，张韵婷（2005）据此得出“在新闻单位，男记者更偏重于硬新闻，女记者更偏重于软新闻”的推论，但这一推论并不符合 10 年后的现实。同时，这一结论也与林林、张玉川（2003）的结论相反。在本研究中，我们没有发现男性与女性新闻工作者在所从事的新闻采编业务的主要类别①方面存在显著差异（χ^2（5）=9.98，$p>0.05$）。从媒体组织的内部分工来看，媒体组织中不存在职业性别歧视，男女新闻工作者在新闻生产中所从事的主要采编业务类别的比重大体均衡。

21 世纪被称为“她世纪”②。2013 年的一项对上海市女性新闻工作者的调查发现，超过半数的女性新闻工作者对女性从事新闻工作持正面、积极的评价，而且大部分女性新闻工作者认为，她们的职业经验和工作能力不仅不输给男性，而且甚至在某些方面（比如认真细致、值得信赖、善于处理人际关系以及容易得到采访对象的配合）比男性更有优势（上海市新闻工作者协会女记者工作委员会，2014）。胡蕾（2006）认为，社会经济发展、观念进步和性别意识重构以及女性特质（如新闻敏感和冲动、采访中的亲和力、特有的柔韧与弹性和独特的新闻关注点）形成了女性新闻工作者的职场优势。我们的研究也发现女性在日常采编业务主观话语权上具有优势。

或许我们可以认为，女性新闻工作者数量的增加和她们的高业务自信度以及采编领域分工的均衡等因素会对她们的主观采编话语权产生正向影响，这使得她们的主观采编话语权不逊于男性同行，甚至在日常采编业务主观话语权的发言机会和发言被采纳这两个项目的评价上还显著高于男性。据此，我们可以认为新闻工作者所从事的采编业务主要类别和主观采编话语权至少已经实现了从职业性别歧视到职业性别平等的转向。

4. 新闻工作者的个人月均收入与主观采编话语权

夏倩芳（2013）认为，在商业化的大背景下，大多数新闻机构采取了高度市场化的量化考核和计件制的绩效薪酬制度。挣工分制度使多跑、快发者成为赢家，新闻工作成为一桩更多依赖体力而更少依赖脑力的活儿。挣工分以“同稿同酬”的形式，抹杀了对记者年资、经验和成熟度的价值的承

---

① 我们对所从事的新闻采编业务类别为时政新闻、经济新闻、省内新闻、社会新闻、社区新闻、网络新闻的新闻记者进行了统计分析，其他类别的新闻从业者比例小，且在卡方资料格的预期数小于5，故未做分析。

② 2000 年 1 月，美国方言学会举行了一场“世纪之字”的评选活动。最终，“她”字被推选为“21 世纪最重要的一个字”，这标志着 21 世纪将是一个女性大发展的时代（石天华，2004）。

认，而使“跑新闻”成为新闻劳动的特质。当新闻工作沦为重复化、肤浅化、机械化、去技术化的简单操作，当它对于智力、知识、经验和成熟度的依赖大大减少，媒体从业者的工作自主权便会大大缩减。在本研究中，我们没有发现新闻工作者的个人月均收入与日常采编业务主观话语权、重大采编业务主观话语权和总体主观话语权正相关。

5. 新闻工作者的媒体工作年限与主观采编话语权

本次调查的新闻工作者的平均年龄为31.22岁，平均工作年限为7.27年，这与一项有关上海市新闻工作者的调查相似——2013年上海新闻工作者的平均年龄为32岁，平均从业年限为8年（上海市新闻道德委员会“媒体及从业人员新闻道德状况调研”课题组，2014）。

一般认为，工作年龄越长的从业人员，他们的话语权越大。但是本研究没有发现新闻工作者的媒体工作年限与主观采编话语权具有正相关关系。新闻工作者的媒体工作年限与主观采编话语权的关系是复杂的。一方面，陆晔、俞卫东（2003）通过调查发现，资深的从业者虽然较年轻资浅者更具备向主管领导表达自己意见的可能性，但他们被媒介组织制度化的程度高于资浅者，反而更不容易表达出自己的想法。新闻不仅是新闻工作者个人的产物，还是组织和社会的产物，那些媒体工作年限越长的新闻工作者更加熟悉媒体的人际关系以及媒体和新闻报道的各种显规则与潜规则。在这种情况下，他们往往不会像新手那样贸然发表意见，而是选择接受现存的游戏规则或者保持沉默。而另外一方面，对于一些刚入行的新手而言，他们的工龄较短，发言的机会和效果也许不如自我预期。

（三）新闻工作者的主观社会阶层与主观采编话语权

被调查的新闻工作者要么自认为处于社会下层（39%），要么自认为处于社会中层（61%），没有新闻工作者自认为处于社会上层。独立样本t检验（见表4.3）发现，除日常采编业务的发言机会外，那些主观社会阶层处于下层的新闻工作者在日常采编业务主观话语权、重大采编业务主观话语权和总体主观采编话语权及各测量项目上的均值均显著低于那些主观社会阶层处于中层的新闻工作者。但回归分析（见表4.5）发现，主观社会阶层对新闻工作者的主观采编话语权没有显著影响。

表 4.3 新闻工作者的主观社会阶层与主观采编话语权

	主观社会阶层	*M*	*SD*	*t* 值
日常采编业务主观话语权	下层	3.48	0.61	-3.06 **
	中层	3.71	0.68	
有机会发言	下层	3.94	0.96	-1.10
	中层	4.06	0.93	
意见受重视	下层	3.34	0.72	-2.99 **
	中层	3.58	0.73	
意见被采纳	下层	3.18	0.73	-3.19 **
	中层	3.46	0.81	
重大采编业务主观话语权	下层	3.37	0.63	-2.83 **
	中层	3.59	0.68	
有机会发言	下层	3.66	1.01	-2.61 *
	中层	3.95	0.93	
意见受重视	下层	3.30	0.68	-2.21 *
	中层	3.48	0.72	
意见被采纳	下层	3.16	0.66	-2.05 *
	中层	3.33	0.77	
总体主观采编话语权	下层	3.43	0.58	-3.07 **
	中层	3.64	0.62	
有机会发言	下层	3.80	0.87	-2.13 *
	中层	4.00	0.82	
意见受重视	下层	3.32	0.66	-2.85 **
	中层	3.53	0.65	
意见被采纳	下层	3.18	0.64	-2.80 **
	中层	3.39	0.71	

注：* $p<0.05$，** $p<0.01$，*** $p<0.001$。

总之，本节就新闻工作者的人口统计学背景资料和主观社会阶层与其主观采编话语权的关系进行了探讨和分析。下面几节本研究将进一步探讨新闻工作者主观采编话语权的影响因素和影响效应。

第二节　新闻工作者主观采编话语权的影响因素

一　理论假设

（一）新闻工作者的行业认可与主观采编话语权

行业认可是指新闻工作者在新闻行业被同事和同行所认同的程度。行业认可对新闻工作者而言至关重要，它关乎新闻工作者的行业地位、影响力、荣誉甚至职业晋升。我们认为，对新闻工作者而言，行业认可最基本的衡量标准包括是否参与媒体的重大新闻报道和是否获得官方职业荣誉。是否拥有参与重大新闻报道的机会决定了新闻工作者在媒体内部，即在同事中的影响力；是否获得官方职业荣誉则决定了新闻工作者在同行中的影响力。逻辑上，新闻工作者的行业认可度越高，影响力越大，他们的采编话语权也越大。基于此，本研究提出如下研究假设：

H1：与未参与过报社重大新闻报道的新闻工作者相比，参与过报社重大新闻报道的新闻工作者的主观采编话语权要高。

H2：与未获得过官方职业荣誉的新闻工作者相比，获得过官方职业荣誉的新闻工作者的主观采编话语权要高。

（二）新闻控制与新闻工作者的主观采编话语权

伴随着中国媒体的商业化转型，决定媒体经济效益的市场与作为监督者的党政宣传部门以及作为权利主体的公众等共同对媒体组织进行了重塑。媒体组织的重塑或者说媒体转型中各种新闻控制力量的角力对中国新闻工作者的主观采编话语权产生了怎样的影响？这是考察新闻工作者群体必须要回答的问题。

有关“新闻生产”的研究最早可以追溯到20世纪50年代怀特的“把关人”研究，但“把关人”只是新闻生产过程中的一个环节。新闻作为社会的关键机制和力量，它受文化、政府和经济等因素的影响（迈克尔·舒德森，2011）。Altschull（1995）认为，有四个决定新闻报道内容的因素，即官方机构、商业利益、非正式影响和利益团体的压力。Shoemaker和Reese（1996）总结了影响新闻生产的五大层面，即作为个体的新闻工作者、媒介常规、媒介组织、外部组织和意识形态，每个层面对新闻生产的影响都要通过比它更微观的层面来实现。换言之，媒介常规、媒介组织、外部组织和意识形态都会通过对个体新闻工作者施加影响来实现对新闻生产的控制。骆正林（2011）认为，当代中国的新闻生产存在着政治、专业和商业三个标准并存的局面。陆晔、潘忠党（2002）认为，在中国现有的新闻体制下，行政命令和意识形态往往替代了以新闻专业主义为基础的社会控制机制。陆晔（2002）认为，宣传部门的权力构筑了边界清晰的新闻生产的有形控制空间，除了每日下发的针对具体事件的“宣传通知”、严格的审稿制度以及宣传部门下达的宣传任务外，还包括各种不一定见诸文本但在新闻机构内部人尽皆知的边界。张志安（2008）认为，《南方都市报》的新闻生产主要处于三个层次的因素控制中：（1）从业者自身的专业意识和职业理想，这属于个体层面；（2）编辑部内部常规的生产机制、报社的市场定位和利益诉求，这属于组织层面；（3）来自权力部门和宣传部门的政治控制、商业机构的经济控制和新闻环境的行业控制等，这属于组织外部的社会层面。

经济体制改革导致了中国媒体的市场化和财政独立（梁衡，1992）。到1998年，大多数媒体都能够实现财政独立，而且很多媒体能够赚取利润（Liu & McCormick, 2011）。伴随着中国经济的快速发展和市场化进程的加快，由党的意识形态部门控制的媒体遭遇到市场力量的挑战（Winfield & Peng, 2005）。但是，作为一种制度安排，媒体属于党和国家，是党的喉舌；作为一种政治机制，党和国家强化了官方对媒体的统治（Dan, 2011），媒体仍然要履行其宣传机器的职责（Hong, 1998）。在这种情况下，中国的新闻媒体就需要同时为执政者和市场服务（Polumbaum, 1990）。

专业自主性意味着工作流程的职业控制和独立自由裁量权的运用（Abbott, 1998）。因此，对新闻工作者而言，采编自主性是采编话语权的前提和保障，而采编话语权则是采编自主性的体现和具体实施。有研究认为，美国新闻机构的历史以不断下降的职业自主性和不断增加的利润导向为特征，新闻业的自主性受到商业和公司的限制（Cook, 1998），这导致新闻职业越来越堕落（Sjovaag, 2013）。而中国的大众传媒除了需要应对商业力量的控制，还需要在运营底线和党的路线上寻找平衡（Zi, 2003）。新闻从业人员采取了多种策略应对市场和政治的双重逻辑（Abbott, 1998），他们试探控制和报道的边界，重新定义新闻自由，扩大新闻自由的边界和范围（Wang, 2010），以此来获得更多的采编自主权和话语权。基于此，本研究提出如下假设：

H3：新闻工作者对外部干涉压力的感知与总体主观采编话语权负相关。

与此同时，经济改革带来了一定程度的政治民主，它为以知识为基础的专业主义的兴起提供了某种可能（Pan & Chan, 2003）。新闻专业主义与市场经济有着天然的联系（Hallin, 1992），随着中国经济和传媒市场化改革的不断发展，西方新闻专业主义的一些理念（如新闻媒体应有的扩散信息和为民说话的功能等）正在被中国的新闻工作者采用（潘忠党、陈韬文，2005），中国新闻工作者的专业主义理念也正在逐步形成（吴飞、吴风，2004）。也就是说，对大多数新闻工作者而言，新闻不仅是一门职业，还是一个专业，这意味着从事新闻工作需要特定的专业技能、行业规范和评判标准，而以上这些又必须通过专门的训练才能获得，并为新闻从业者所共有（陆晔、潘忠党，2002）。同时，作为以公众服务为目标的新闻业也使得新闻工作者更加在意其服务对象和同行们的认可，这也促使其向专业主义的方向发展，并追求“专业”成名（陆晔、潘忠党，2002）。新闻专业主义也使得新闻工作者更可能具有职业认同感和归属感（周劲，2013）。

新闻专业主义的一项重要内容是，传媒是社会的公器，新闻工作必须服务于公众利益，而不仅仅限于政治或经济利益集团（陆晔、潘忠党，2002）。新闻专业主义是新闻从业者同政治力量相抗衡的有力话语（周劲，2013）。除了客观新闻学这一核心理念外，新闻专业主义的另一个重要方面就是强调新闻媒介和新闻工作者的独立地位（郭镇之，1999）。新闻媒介是监督政府的重要力量，它必须对政府、政党和政客采取独立的、批判的态度，否则便不可能保持它树立的公众“保护者”形象（侯迎忠、赵志明，2003）。新闻专业主义的实践标准在与官方标准存在差异的同时，也混杂了市场导向的因素（张育仁，2002），但大多数学者都同意专业主义的目标和过程与官僚主义商业组织的目标会不可避免地产生冲突。简单说来，新闻工作者对职业和职业规范的忠诚会与商业组织的利益发生冲突，专业主义意识形态有着强烈的反利润和反市场成分（Soloski, 1989）。

本质上，新闻专业主义是以专业知识为基础的职业社区控制模式（陆晔、潘忠党，2002），新闻组织可以通过新闻专业主义对记者的行为进行控制（Soloski，1989）。与此同时，在专业主义范式下，新闻记者的专业角色得到了尊重，工作自主性得到了提高（陆晔、潘忠党，2002），新闻工作者也会认可、遵守和推崇新闻专业主义的要求。在有限的自主性下，媒体的记者、编辑一直在探寻市场和政治的可能边界以追求专业目标（Liu & McCormick，2011）。新闻工作者倾向于认为新闻是职业判断的产物（Gitlin，1980，p. 249）。以往的研究发现，中国新闻工作者的专业化与他们在具体的新闻生产中的自主性相关（芮必峰，2011），中国新闻工作者的专业主义体现在操作技能和表现手段以及实践中的专业伦理上（陆晔、潘忠党，2002）。一项针对17个国家的1700名新闻工作者的问卷调查也发现，影响新闻生产的除了政治、经济等因素以外，还包括专业化程度、新闻生产过程以及参照群体（Hanitzsch，Anikina，et al，2010）等因素。因此，我们可以假设，新闻专业主义的发展会直接影响新闻工作者对采编话语权的自我评估。

H4：新闻工作者的专业主义压力感知与总体主观采编话语权正相关。

新闻既是社会的产物，也是组织的产物，它是专门负责采集、传播新闻的专业组织制造出来的成果（罗胥克，1994）。盖伊·塔奇曼（2009：199）认为，新闻是一种反映生产它的组织机构实践的产品。报道领域的空间、组织新闻的时间、记者和新闻源之间的关系以及报道的惯例手法等决定了什么东西能成为新闻和如何成为新闻。媒介组织大多倾向于依据符合自身目标和利益的各种标准选择性地生产各种不同的产品，在绝大多数情况下，媒介组织真正在意的不是专业以及公益标准，而是组织的利益标准（Mcquail，2000）。

除了外部干涉压力和新闻专业主义的要求外，组织结构作为组织环境的一个重要方面，也可能会对职业自主性产生促进或限制作用（Skovsgaard，2014）。自主性泛指新闻工作者决定用什么报道角度、用什么消息来源以及用什么样的讲述框架的自由程度（Ryfe，2009）。在新闻组织中，除了记者编辑等专业职位，还有一种只有少部分人能上升到的管理职位（Soloski，1989）。有研究发现，作为一个大体规则，与专业层次地位低的人相比，在组织中专业层次地位高的人具有更多的自主性（Sjovaag，

2013)，那些具有“明星”身份的职员比那些没有经验的年轻人更容易逃过报社的政策控制（Breed，1955）。在新闻社会学看来，新闻是组织的产品（Cook，1998，p. 173），也就是说，组织会对新闻生产产生影响。新闻的选择不仅取决于新闻工作者的个人标准，还取决于其他社会因素，比如编辑层次结构（Breed，1955）。当新闻工作者爬上媒体组织中更高的职业阶梯，他们会有更多的自由来讲述新闻故事（Soloski，1989）。Schlesinger（1987）认为，广播媒介里不同等级的工作人员，他们在新闻价值构成中起的作用不同，所处阶层越低的人员所起的作用越小，这与他们受到的限制刚好形成反比关系。因此，我们可以推断，作为成功的标志，那些高职位的新闻工作者在新闻采编活动中拥有更多的话语权。

H5：新闻工作者的职位层次与总体主观采编话语权正相关。

根据文献回顾和研究假设，本研究提出如图 4. 1 所示的理论模型。

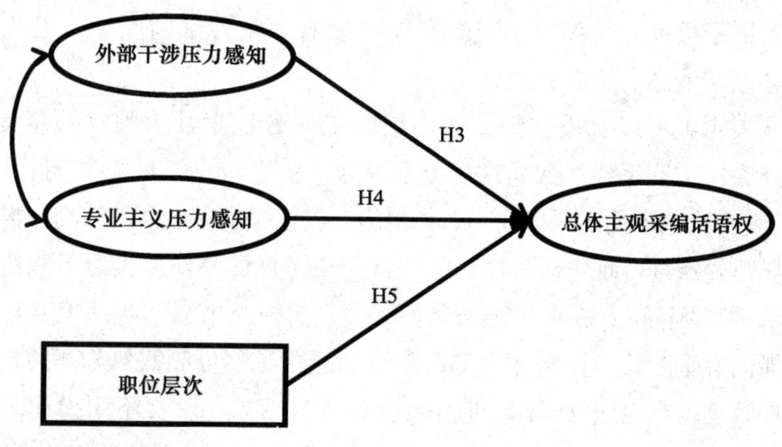

图 4. 1　理论模型

二　测量

重大新闻报道参与。我们采用自我报告的方式询问新闻工作者是否参与过报社的重大新闻报道。

官方职业荣誉获得。记者协会是新闻工作者的同行协会。按照级别层次，记者协会可以划分为中国记者协会、各省记者协会和各地市级记者协会，它们分别负责各个级别层次的新闻奖的评审。地市级新闻奖的级别较低，对省级新闻单位的新闻工作者没有太大的吸引力，也难以在他们的同行中产生影响。因此，我们询问新闻工作者获得中国新闻奖和省记协颁发的省级新闻奖的次数来确认新闻工作者是否获得过官方职业荣誉。

新闻控制力量。根据文献回顾和中国新闻工作的实际，我们询问了6个不同因素对新闻工作者采编新闻的影响程度（1＝完全没有影响，4＝影响非常大），这6个因素包括读者的看法、同事的看法、主编（包括编委）们的看法、新闻当事人的看法、报社经营部门和广告商的看法、政府和宣传部门领导的看法。我们对这6个因素进行因子分析（见表4.4），共抽取出两个因子。和理论回顾一致，抽取的一个因子为外部干涉压力感知，由报社经营部门和广告商的看法、政府和宣传部门领导的看法以及主编（包括编委）们的看法这三个项目构成；另一个因子由同事、读者和新闻当事人对新闻工作者的新闻采编的看法构成，这三部分人的看法会更多地从新闻规则（如准确、客观、公正等）的角度来评估新闻报道，有别于报社经营部门、广告商以及政府和宣传部门领导，因此，我们把它们归纳命名为专业主义压力感知。

从表4.4可以看出，受调查的新闻工作者把报社主编（包括编委）们与外在压力联系在一起，这可能是因为，从他们的角度来看，报社主编（包括编委）们不同于一般同事。在中国，媒体属于宣传部门管理，报社高层领导需要经过行政任命程序，他们首先要考虑的是新闻报道不能违背宣传要求。与此同时，在市场经济条件下，虽然报社主编（包括编委）等领导主抓内容生产，但在报社内部，采编和经营是不可能截然分开的，至少他们在管理内容生产的时候会考虑到报社的经营效益，更不用说有时他们会直接参与报社的经营事务。因此，无论是从受调查的新闻工作者的主观认知来看，还是从报社运营的实际情况来看，将主编（包括编委）们归为新闻控制的外部干涉力量更为合适。

表4.4　新闻控制力量的因子分析结果

	外部干涉压力感知	专业主义压力感知
报社经营部门和广告商的看法	0.91	
政府和宣传部门领导的看法	0.90	

续表

	外部干涉压力感知	专业主义压力感知
主编（包括编委）们的看法	0.71	
同事的看法		0.83
读者的看法		0.81
当事人的看法		0.68
特征根	2.82	1.22
解释变异量（%）	46.97	20.39

抽取方法：主成分分析；转轴方法：具有 Kaiser 正规化的 Promax 转轴法。

职位层次。我们将新闻工作者的职位层次由低到高（1 = 低，3 = 高）依次分为“见习新闻工作者”“一般新闻工作者”和“中层采编管理人员”三个层次。其中，“见习新闻工作者”包括见习记者和见习编辑，“一般新闻工作者”包括文字记者、摄影记者、文字编辑和美术编辑。

对新闻工作者的日常采编业务主观话语权、重大采编业务主观话语权和总体主观采编话语权的测量，我们在前面章节已经作了说明。

三　分析

（一）新闻工作者的行业认可与主观采编话语权

本研究采用层次回归法分析新闻工作者的行业认可对主观采编话语权的影响（见表4.5）。第一层是作为控制变量人口统计学变量和主观社会阶层变量，第二层是行业认可变量。

表4.5　新闻工作者主观采编话语权的回归分析

	日常采编业务主观话语权	重大采编业务主观话语权	总体主观采编话语权
	β	β	β
第1层　人口统计学与主观社会阶层			
学历	-0.08	-0.11	-0.10

续表

	日常采编业务主观话语权	重大采编业务主观话语权	总体主观采编话语权
	β	β	β
性格（1＝内向）	-0.20^{**}	-0.23^{***}	-0.22^{***}
性别（1＝男）	-0.15^{*}	−0.06	−0.11
个人月均收入	0.02	−0.06	−0.02
媒体工作年限	0.12	0.07	0.11
主观社会阶层（1＝中层）	0.10	0.11	0.11
ΔR^2/调整后的 R^2	$0.12^{***}/0.10^{***}$	$0.10^{***}/0.08^{***}$	$0.12^{***}/0.10^{***}$
第2层　行业认可			
重大报道（1＝参与）	0.08	0.21^{**}	0.16^{*}
获奖情况（1＝获得）	−0.02	−0.02	−0.03
ΔR^2/调整后的 R^2	$0.01/0.09^{***}$	$0.04^{**}/0.11^{***}$	$0.02/0.11^{***}$
R^2	0.12	0.14	0.14
F	3.99^{***}	4.66^{***}	4.84^{***}

注：$*p<0.05$，$**p<0.01$，$***p<0.001$。

1. 在新闻工作者日常采编业务主观话语权的回归方程中，行业认可这一层变量增加解释了日常采编业务主观话语权1%的变异，未达到显著水平。其中，新闻工作者曾经参与报社重大新闻报道和获得省级及以上新闻奖情况均与其日常采编业务主观话语权的相关关系不显著，H1、H2未得到证实。

2. 在新闻工作者重大采编业务主观话语权的回归方程中，行业认可这一层变量增加解释了重大采编业务主观话语权4%的变异，达到显著水平。其中，曾经参与报社重大新闻报道的新闻工作者的重大采编业务主观话语权显著高于未曾参与报社重大新闻报道的新闻工作者（$\beta=0.21$，$p<0.01$），H1得到证实；新闻工作者获得省级及以上新闻奖情况与其重大采编业务主观话语权的相关关系不显著，H2未得到证实。

3. 在新闻工作者总体主观采编话语权的回归方程中，行业认可这一层变量增加解释了总体主观采编话语权2%的变异，未达到显著水平。其中，曾经参与报社重大新闻报道的新闻工作者的总体主观采编话语权显著高于未曾参与报社重大新闻报道的新闻工作者（$\beta = 0.16$，$p < 0.05$），H1 得到证实；新闻工作者获得省级及以上新闻奖情况与其总体主观采编话语权的相关关系不显著，H2 未得到证实。

（二）新闻控制与新闻工作者的主观采编话语权

对 H3、H4、H5 和理论模型的检验，本研究分两步进行：第一步是检验测量模型的信度和效度；第二步是用最大似然法（ML）检验研究假设和结构模型。本研究采用 SPSS 22.0 和 AMOS 17.0 软件分别对数据进行分析。

1. 对测量模型的测试

我们采用 α 系数、CR 值和 AVE 值来评估模型的信度。除了“专业主义压力感知”这一构念之外，其他各构念的 α 系数都高于 Hair 等（1998）提出的 0.7 的建议值。各构念的 CR 值从 0.81 到 0.88，所有构念的 AVE 值都超过了 0.5，符合 Fornell 和 Larcker（1981）提出的建议值。

对聚敛效度的评价有三个标准（Bagozzi & Yi，1988），即所有指标的载荷值都要大于 0.5，CR 值大于 0.7，AVE 值超过 0.5。除了“有机会发言”这一项目①之外，其他所有项目的因子载荷值都超过了 0.5。因此，测量模型具有满意的聚敛效度（见表 4.6）。

表 4.6　测量项目

构念与项目	*M*	*SD*	α	CR	AVE	FL
外部干涉压力感知	2.73	0.71	0.81	0.87	0.68	
1. 报社经营部门和广告商的看法	2.51	0.87				0.73
2. 政府和宣传部门领导的看法	2.85	0.86				0.83
3. 主编（包括编委）们的看法	2.84	0.77				0.76
专业主义压力感知	2.23	0.54	0.67	0.81	0.59	
1. 当事人的看法	2.50	0.73				0.62
2. 同事的看法	1.96	0.63				0.57
3. 读者的看法	2.25	0.73				0.71

① “有机会发言”这一项目的载荷值为 0.48，大于 0.45，因此可以保留。

续表

构念与项目	*M*	*SD*	α	CR	AVE	FL
总体主观采编话语权	3.56	0.60	0.77	0.88	0.71	
1. 有机会发言	3.91	0.84				0.48
2. 发言受重视	3.45	0.66				0.90
3. 发言被采纳	3.31	0.68				0.89

区别效度采用 AVE 法（Fornell & Larcker，1981）进行检验。每个构念的 AVE 的平方根都大于各构念之间的相关系数（见表 4.7）。

表 4.7　区别效度

	外部干涉压力感知	专业主义压力感知	总体主观采编话语权
外部干涉压力感知	0.83		
专业主义压力感知	0.53	0.77	
总体主观采编话语权	0.03	0.26	0.85

注：对角线为 AVE 的平方根，非对角线为相关系数。

因此，研究中的测量模型具有满意的信度、聚敛效度和区别效度。

在表 4.8 中，我们给出了测量模型拟合度各项指标的建议值和实际值，模型拟合度各项指标的实际值都高于建议值，这表明测量模型的指标符合理想中的适配标准。

表 4.8　测量模型和结构模型的拟合值

拟合指标	χ^2/df	GFI	AGFI	CFI	NFI	TLI	RMSEA
建议值	<3	>0.90	>0.80	>0.90	>0.90	>0.90	<0.08
测量模型实际值	2.24	0.97	0.94	0.97	0.95	0.96	0.06
结构模型实际值	2.42	0.96	0.92	0.96	0.93	0.94	0.06

2. 对结构模型的测试

如前所述，本研究采用结构方程模型技术对结构模型部分进行检验，

图 4.2 呈现了用 ML 法估计的结果。在表 4.8 中，我们给出了结构模型拟合度各项指标的建议值和实际值，模型拟合度各项指标的实际值都高于建议值，这表明结构模型的指标符合理想中的适配标准。

新闻工作者的外部干涉压力感知与总体主观采编话语权显著负相关（$\beta = -0.19$, $p < 0.05$），H3 得到证实。

新闻工作者的专业主义压力感知与总体主观采编话语权显著正相关（$\beta = 0.22$, $p < 0.001$），H4 得到证实。

新闻工作者的职位层次与总体主观采编话语权显著正相关（$\beta = 0.37$, $p < 0.001$），H5 得到证实。

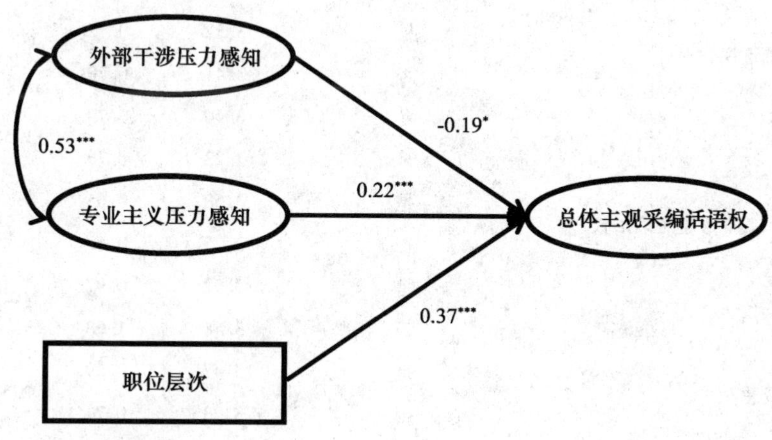

注：* $p < 0.05$；*** $p < 0.001$。

图 4.2　结构方程模型

四　讨论

（一）新闻工作者的行业认可与主观采编话语权

1. 新闻工作者的重大新闻报道参与情况与主观采编话语权

独立样本 t 检验（见表 4.9）发现，虽然那些参与过报社重大新闻报道的新闻工作者在报社的日常采编业务主观话语权及其各测量项目的均值上与未参与过报社重大新闻报道的新闻工作者均没有显著差异，但是他们在重大采编业务主观话语权和总体主观采编话语权及其各测量项目的均值上均显著高于未参与过报社重大新闻报道的新闻工作者。回归分析发现，参与过报社重大新闻报道的新闻工作者的重大采编业务主观话语权和总体主观采编话语权均要高于未参与过报社重大新闻报道的新闻工作者。

表 4.9 新闻工作者的重大新闻报道参与情况与主观采编话语权

	是否曾经参与报社的重大新闻报道活动	*M*	*SD*	*t* 值
日常采编业务主观话语权	是	3.66	0.65	1.72
	否	3.51	0.69	
有机会发言	是	4.07	0.88	1.24
	否	3.89	1.11	
意见受重视	是	3.52	0.72	1.18
	否	3.41	0.79	
意见被采纳	是	3.40	0.79	1.58
	否	3.23	0.79	
重大采编业务主观话语权	是	3.58	0.65	3.79***
	否	3.25	0.67	
有机会发言	是	3.92	0.97	3.28**
	否	3.48	1.08	
意见受重视	是	3.47	0.69	2.57*
	否	3.23	0.74	
意见被采纳	是	3.34	0.71	2.93**
	否	3.05	0.75	
总体主观采编话语权	是	3.62	0.60	2.93**
	否	3.39	0.60	
有机会发言	是	3.99	0.80	2.69**
	否	3.69	0.94	
意见受重视	是	3.50	0.65	2.03*
	否	3.32	0.70	
意见被采纳	是	3.37	0.68	2.48*
	否	3.15	0.68	

注：* $p<0.05$，** $p<0.01$，*** $p<0.001$。

从新闻生产社会学的角度来看，布迪厄、华康德（1998：178—172）

提出的惯习（Habitus）概念可以为我们解释这一发现提供理论依据。他把惯习界定为“一种可持续、可转化的性情倾向系统，它作为结构化的、客观统一的实践的发生基础而发挥作用”“惯习是历史的产物，它把过去的经验综合起来，每时每刻都作为知觉、欣赏、行为的母体发挥作用”。这些“惯习”包括新闻的报道理念、政策感知、报道框架、共识、操作流程、规则（甚至是潜规则）和模式。就新闻生产过程来看，熟悉新闻采编业务是获得主观采编话语权的基础。对于那些没有参与过重大新闻报道的新闻工作者而言，由于他们没有参与重大新闻报道的经验，不能形成生产重大新闻的“惯习”，他们的重大采编业务主观话语权自然较低。新闻工作者的总体采编业务包含重大采编业务，因此那些参与过重大新闻报道的新闻工作者的总体主观采编话语权也较高。而新闻工作者的日常采编业务的理念和操作规则与重大新闻报道等有较大的差异，因此他们参与重大新闻报道与否与日常采编业务主观话语权无关。

2. 新闻工作者的官方职业荣誉与主观采编话语权

韩阳（2015）认为，政府荣誉是指由政府供给和分配的荣誉，它具有树立价值导向、推进政策落实等作用，因此，政府有强烈的建构荣誉的动机。与此同时，公民会争取和消费荣誉。省级及以上新闻奖是党授予新闻工作者的官方荣誉，但独立样本 t 检验也发现，获得过省级及以上新闻奖的新闻工作者群体的日常采编业务主观话语权、重大采编业务主观话语权和总体主观采编话语权及其各测量项目的均值与未获得过省级及以上新闻奖的新闻工作者群体没有显著差异。回归分析也发现，是否获得省级及以上新闻奖对新闻工作者的主观采编话语权没有影响。

对新闻工作者而言，获得卓越的新闻奖项（如普利策新闻奖）是领域内杰出新闻工作者的象征，但是新闻奖也会对评审委员会、获奖者、同行以及其他关心专业认知过程的人士产生基本的价值问题（Yong & Lee，2013）。

首先，省级及以上新闻奖都设置了获奖数额限制。如中国记协（2014）规定，2015 年中国新闻奖设奖数额不超过 300 个。其中，一等奖不超过 53 个，二等奖 91 个左右，三等奖 156 个左右，并具体规定了每个申报单位能申报的各类奖项的数额。在业界，获得省级及以上官方职业荣誉的新闻工作者属于少数（在本调查中，仅有 31% 的新闻工作者曾经获得过省级及以上官方新闻奖项）。

其次，现代媒体的商业化色彩突出，它们的新闻采编业务总体上需要以“读者”为中心。在商业化的大背景下，媒体特别是市场化媒体的从业人员在工分制的薪酬压力下，往往最先考虑的是发稿量，他们很难时时刻刻用省级及以上新闻奖的标准来要求自己。媒体的新闻生产现状与官方新闻奖的要求有很大差别。官方新闻奖的导向更多强调政治宣传，中国新闻奖总标准的第一条即为“以中国特色社会主义理论为指导，坚持为人民服务、为社会主义服务、为全党全国工作大局服务，贯彻团结稳定鼓劲、正面宣传为主的方针，坚持正确舆论导向，落实‘三贴近’要求（中国记协，2014）”，各省级新闻奖的标准也大同小异。这一标准也决定了媒体报道的大多数新闻内容本身就不能成为新闻奖的获奖题材。

最后，有访谈表明，大多数受访者对官方新闻奖评奖结果的公正性表示怀疑，有些人甚至将评选过程污名化为“分猪肉”（黄顺铭，2014），也就是说，官方新闻奖面临着认同弱化和价值被消解的危机。对新闻工作者而言，省级及以上官方新闻奖的重要性或许仅仅体现为它是新闻工作者职称评定的必要条件，其“树立价值导向”的功能被弱化。

在以上这些因素的作用下，获得省级及更高级别的新闻奖对新闻工作者的主观采编话语权也就没有影响了。

（二）新闻控制与新闻工作者的主观采编话语权

1. 关于新闻工作者的外部干涉压力感知、专业主义压力感知以及总体主观采编话语权的讨论

陆晔、俞卫东（2003）的调查发现，“媒体领导”对记者确定报道选题、采访写作或制作、报道是否被采用和如何被采用这三方面具有比较大的影响力，而“广告、经营或发行部门”和“广告客户或其他企业”对这三方面的影响较小，但与报道相关的“各级党和政府职能部门”的影响力亦在这三个方面有所体现，尤其在确定报道选题上，“各级党政部门”的影响力超过了责任编辑和制片人。本研究发现，从外部干涉压力感知来看，新闻工作者认为来自政府和宣传部门领导的压力最大，其次为来自报社主编（包括编委）们的压力，来自报社经营部门和广告商的压力则排在最后。

如前所述，传媒作为一种机制，必须服务于执政党和国家的利益。

新闻媒体被看作是党和政府的喉舌，必须听从党和政府的指挥，市场化的报纸也不例外。因此，新闻工作者感受到来自政府和宣传部门领导的压力最大。不仅时政新闻的传播会受到政治意识形态的影响，其他类别的新闻也会受到政治意识形态的影响。薛文婷、毕剑琥（2013）对1992—2002年的《中国体育报》和《体坛周报》进行比较研究后发现，《中国体育报》因其“体制中心”地位，以“政治家办报”和“从信源出发”为理念，呈现出鲜明的宣传色彩和官方意志；而《体坛周报》由于其“体制边缘”地位，以“企业家办报”和“从受众出发”为理念，致力于竞技化、国际化和专业化的体育报道。

主编等报社高层管理人员均由党和政府任命，他们对新闻工作者的要求往往在很大程度上代表了党和政府的意志，而且报社主编（包括编委）们直接主管报纸的内容生产。因此，新闻工作者感受到来自报社主编（包括编委）们的压力较大。

在媒介市场化的背景下，经营因素对媒体的影响是客观存在的，但普通新闻工作者在新闻采编过程中不一定会直接或者经常面对来自报社经营部门和广告商的压力。

总体来看，外部干涉压力感知对新闻工作者采编业务的影响不大，平均值都低于3分（影响较大），这与其他国家的一些相关研究有类似之处。比如，一项研究发现，瑞典新闻工作者自我感知的来自广告商和政客等方面的因素对新闻内容的影响消失了（Nygren，2012），但是政治和经济环境是形成新闻文化和传媒体制的主要力量。因此，对新闻工作者而言，政治和经济因素不再显现为外部力量而成为新闻工作的内在自然要求（Hanitzsch & Mellado，2011）。

就专业主义压力感知而言，新闻工作者感知的最大压力来自新闻当事人，其次为读者，最后为同事。在新闻采编过程中，新闻工作者在履行其专业责任时的压力首先来自新闻当事人，这是因为新闻当事人最有资格评断一则新闻报道的准确、客观和公正程度，也最有可能对新闻报道提出异议。读者作为新闻工作者的服务对象，他们的期盼和要求对新闻工作者而言也是重要的。谢静、徐小鸽（2008）为了了解报纸记者新闻生产过程中的沟通情况，设计了“如果所报选题不被部门主任认可”和“如果稿件被修改不满意时，记者如何反应”这两个问题。他们对上海记者进行调查后发现，如果选题不被认可，记者选择最多的应对方式是跟部门主任讨论（61.9%），其他依次为跟本单位其他同事讨论（31.0%）、跟编辑讨论（26.2%）、跟外单位同行讨论（9.5%）、不满但不说（9.5%）；如果改稿不被认可，记者选择最多的应对方式是跟部门主任讨论（64.3%），其他依次为跟编辑讨论（45.2%）、跟本单位其他同事讨论（35.7%）、不满但不说（26.2%）、跟外单位同行讨论（11.9%）。从这两组数据来看，与同事和同行进行交流是记者编辑最重要的日常业务活动之一。但本研究认为，同事作为同行评价，影响相对较小，这可能与新闻工作者在新闻采编业务中各司其职有关。对那些熟练的新闻工作者而言，他们通常都具备按照新闻专业主义的要求生产内容的能力，因而感受到的来自同事的压力也自然较小。

2. 关于新闻工作者的外部干涉压力感知、专业主义压力感知、职位层次与总体主观采编话语权关系的讨论

总体而言，新闻工作者对来自外部干涉压力的感知与总体主观采编话语权负相关，那些对外部压力感知越大的新闻工作者对自己的总体采编话语权评估越低。这反映出，在很大程度上，作为专业人士的新闻工作者与政治宣传和商业力量在目标和诉求上存在差异、分歧甚至矛盾。

与此相反，新闻工作者对来自专业主义压力的感知与他们的总体主观采编话语权正相关。那些感到来自新闻当事人、读者和同事的压力越大的新闻工作者对自己的总体采编话语权的评估也越大。换言之，那些对自己在总体主观采编话语权方面越有信心的新闻工作者，也会倍感来自新闻当事人、读者和同事的压力。我们也许可以从中引申出这样一个道理，那些专业责任感越强的新闻工作者的总体主观采编话语权也越大。

新闻工作者的职位层次与总体主观采编话语权正相关。在中国，职位的高低决定话语权的大小是各行业普遍存在的现象，在新闻组织中也不例外。我们通过方差分析及事后检验（$\alpha = 0.05$）发现，总体而言，不同职位层次的新闻工作者，他们的日常采编业务主观话语权（意见被采纳这一测量项目除外）、重大采编业务主观话语权和总体主观采编话语权及各测量项目的均值均存在显著不同。具体而言，虽然见习新闻工作者和一般采编人员之间没有差别，但中层采编管理人员显著高于见习新闻工作者和一般新闻工作者。虽然新闻工作者不拥有属于管理人员的做决

定的权力（Kornhauser & Hagstrom，1963），等级层次的自主权事实上也把新闻工作者排除出做决策的位置（Soloski，1989），他们在日常实践中能够得到的自主性程度有限（Sjovaag，2013），但是职位层次的高低是一个新闻工作者成功与否的标志之一。随着职位的提升，他们可能会获得更大的采编自主权，那些职位层次较高的新闻工作者的总体主观采编话语权也可能较高。

第三节　新闻工作者主观采编话语权的影响效应

前面我们讨论了新闻工作者主观采编话语权的现状及影响因素。本节将讨论主观采编话语权的影响效应。采编话语权是新闻工作者和传媒业的基本理念，拥有采编话语权是新闻工作者从事新闻报道的基础和前提。新闻工作者的主观采编话语权与报道影响力的自我评价、所供职的媒体影响力的评价、工作满意度、传媒体制认同以及政治参与的关系是本节要讨论的问题。

一　新闻工作者的主观采编话语权与报道影响力

（一）文献回顾与理论假设

新闻工作者的专业素质是新闻工作者做好新闻采编业务必须具备的各种条件和能力的综合表现（姚文华，1988），是做好新闻工作的基础，对新闻报道的质量具有决定性的影响。杨金帮（2005）认为，知识和技能结构、思维模式、工作作风、气质和职业道德要求是新媒体时代记者必须具备的素质。如前所述，新闻工作者视自己为专业人士，强调专业主义精神，强调新闻工作者的独立性和自主性。显然，那些职业素质越高的新闻工作者，他们对自己所从事的新闻业务越自信，逻辑上，他们从事新闻工作时的工作自主性和工作自由度会越高。新闻工作者的职业自主性通过其采编话语权体现。以往的研究发现，新闻工作者的职业自主性与工作满意度相关，新闻工作者所感受到的工作自主程度越高，他们的工作满意度也越高（潘忠党、陈韬文，2005），新闻工作者工作上的成就感主要来自于新闻报道。逻辑上，新闻工作者的主观采编话语权越大，对报道影响力的自我评价也越高。基于此，本研究提出如下研究假设：

H1a：新闻工作者的日常采编业务主观话语权与报道影响力的自我评价正相关。

H1b：新闻工作者的重大采编业务主观话语权与报道影响力的自我评价正相关。

（二）测量

报道影响力。我们通过测量新闻工作者自己采编的稿件对读者、新闻当事人和其他媒体的影响（1 = 几乎没有影响，5 = 影响很大）以及引起的社会反应的大小（1 = 几乎没有反应，5 = 反应很大）来反映他们关于报道影响力的自我评价。我们将这四个项目取均值得出新闻工作者报道影响力的自我评价（$M = 3.43$，$SD = 0.56$；$\alpha = 0.81$）。

（三）分析

本研究采用层次回归法分析新闻工作者的主观采编话语权对报道影响力的影响（见表 4.10）。在回归方程中，第一层的人口统计学变量与主观社会阶层变量以及第二层的行业认可变量作为控制变量，第三层为主观采编话语权变量。

在新闻工作者报道影响力的自我评价的回归方程中，主观采编话语权这一层变量增加解释了报道影响力 9% 的变异，达到显著水平。其中，新闻工作者的日常采编业务主观话语权与报道影响力的自我评价显著正相关（$\beta = 0.29$，$p < 0.01$），H1a 得到证实；重大采编业务主观话语权与报道影响力的自我评价的相关关系不显著，H1b 未得到证实。

（四）讨论

就新闻工作者报道影响力的自我评价来看，他们的总体评价（$M = 3.43$，$SD = 0.56$）超过了“一般”水平。新闻工作者认为自己的报道对新闻当事人的影响力最大（$M = 3.67$，$SD = 0.77$），其次为对其他媒体的影响（$M = 3.42$，$SD = 0.68$），再次为对读者的影响（$M = 3.53$，$SD = 0.69$），引起的社会反应最小（$M = 3.29$，$SD = 0.67$）。新闻当事人是新闻的构成要素之一，新闻报道会对新闻当事人产生切身影响，因此，新闻工作者认为他们的报道对新闻当事人的影响力最大。对于其他媒体对自己报道的反应，新闻工作者通过同行反馈或者其他媒体的转载等情况可以直接感知。相对于新闻当事人和其他媒体而言，读者和社会的反应更加抽象且难以评判，因此，新闻工作者关于其报道对读者和社会的影响力的自我评价相对要低。

新闻工作者的日常采编业务主观话语权与报道影响力的自我评价正相关，即那些认为自己在日常采编业务中话语权越大的新闻工作者关于报道影响力的自我评价也越高。这是因为，日常采编业务是新闻报道的主体和基础，也是媒体对新闻工作者进行考核的主要方面。在日常采编业务中新闻工作者的话语权越大，意味着他们在日常采编业务中的发言机会越多以及发言效果越好，而这种更大的话语权来源于他们对采编业务的自信和对规则的熟悉以及以往新闻报道特别是日常新闻报道产生的影响力。重大采编业务属于报社的“非常态”业务，往往有媒体机构、宣传部门甚至其他社会力量参与，是多种力量协同作战的集体成果。个体参与重大新闻报道的机会并不多，有的新闻工作者甚至没有参与机会，即使有参与机会，个体在重大新闻报道中的话语权也会被分散，呈不均衡状态。因此，新闻工作者的重大采编业务主观话语权与他们对报道影响力的自我评价无关。

另外，对由外部干涉压力感知、专业主义压力感知、职位层次、总体主观采编话语权以及报道影响力的自我评价这五个变量组成的结构方程模型的统计检验结果表明，新闻工作者的总体主观采编话语权与报道影响力的自我评价正相关（刘毅、郝晓鸣，2015）。那些专业主义压力感知越大以及职位层次越高的新闻工作者不仅总体主观采编话语权越大，而且他们关于报道影响力的自我评价往往也越高。换言之，新闻工作者的总体主观采编话语权与报道影响力的自我评价具有一致性。

二　新闻工作者的主观采编话语权与媒体影响力

（一）文献回顾与理论假设

媒体影响力包括狭义和广义两种定义。狭义的媒体影响力是指媒体的信息传播对受众的传播效应。喻国明（2003①）认为，传媒影响力是它作为资讯传播渠道对其受众的社会认知、社会判断、社会决策及相关的社会行为所打上的属于自己的那种“渠道烙印”。孙志刚（2015）认为，媒体影响力主要是指媒体所报道的新闻内容和提供的信息对公众的知识、

① 喻国明：《关于传媒影响力的诠释——对传媒产业本质的一种探讨》，《国际新闻界》2003 年第 2 期，第 5—11 页。

态度、看法和行为等方面可能产生的影响。广义的媒体影响力不仅包括狭义影响力的范畴，还包括其他多方面维度。李光斗（2005）认为，媒体的公信力、垄断能力、整合资源能力、前瞻性和品牌价值形象这五个元素综合构成了媒体影响力。何春晖、毛佳瑜（2006）认为，媒体影响力包括了媒体对内部员工、受众、广告主以及同行和学界这四个方面的影响。郑丽勇、郑丹妮和赵纯（2010）认为，传媒影响力是指传媒影响受众以及其他相关行为主体的态度系统的能力。赵启正、冯春海（2014）认为，可以从媒体公信力、媒体产品、媒体公关和公众认同这四个维度来评估媒体影响力。

曹志明（2009）认为，媒体影响力来自于报道的内容，媒体要强化独家报道、深化成就报道、优化典型报道和变化深度报道以提升影响力，而新闻报道的缺陷则会削弱媒体的影响力（若文、胡春晖，2004）。新闻工作者的新闻报道是形成其所供职的传媒组织各方面影响力和话语权的基础。新闻产品属于内容产品，需要创造性的思维能力。逻辑上，新闻工作者的话语权越大，就越容易发挥他们的能动性和创造性，就越有可能创造出高质量的新闻产品，而这正是获取受众注意力，提高媒体影响力的前提和关键。基于此，本研究提出如下研究假设：

H2a：新闻工作者的日常采编业务主观话语权与媒体影响力评价正相关。

H2b：新闻工作者的重大采编业务主观话语权与媒体影响力评价正相关。

（二）测量

媒体影响力。我们采用由“我所在的报社充分发挥了媒体的舆论监督功能”“我所在报社的新闻报道能引起读者的广泛关注和议论”“读者经常对我报社所做的新闻报道进行反馈”“读者有困难或需求时，经常寻求我们报社的帮助”“当地政府对我所在报社的新闻报道非常重视”“我报社组织的各项社会活动能得到社会各界的广泛响应”和“相比同城其他报纸，我所在的报纸是一家更令人信任的报纸”这七个项目组成的李克特5分量表（1 = 完全不同意，5 = 完全同意）测量调查对象对其所供职的报社的影响力的评价。我们将所有项目取均值得出新闻工作者对自己所供职的媒体影响力的评价（$M = 4.17$，$SD = 0.67$；$\alpha = 0.90$）。

（三）分析

本研究采用层次回归法分析新闻工作者的主观采编话语权对所供职的媒体影响力的评价的影响（见表4.10）。在回归方程中，第一层的人口统计学变量与主观社会阶层变量以及第二层的行业认可变量为控制变量，第三层为主观采编话语权变量。

表4.10　新闻工作者的报道影响力和媒体影响力评价的回归分析

	报道影响力	媒体影响力
	β	β
第1层　人口统计学与主观社会阶层		
学历	0.04	0.05
性格（1=内向）	-0.12	-0.07
性别（1=男）	-0.03	-0.10
个人月均收入	-0.09	-0.42***
媒体工作年限	0.19*	0.22**
主观社会阶层（1=中层）	0.03	0.07
ΔR^2/调整后的R^2	0.12***/0.10***	0.25***/0.23***
第2层　行业认可		
重大报道（1=参与）	0.13	-0.17**
获奖情况（1=获得）	-0.01	0.14*
ΔR^2/调整后的R^2	0.02/0.11***	0.02*/0.24***
第3层　主观采编话语权		
日常采编业务主观话语权	0.29**	0.27**
重大采编业务主观话语权	0.04	0.12
ΔR^2/调整后的R^2	0.09***/0.19***	0.12***/0.36***
R^2	0.23	0.39
F	6.50***	13.49***

注：* $p<0.05$，** $p<0.01$，*** $p<0.001$。

在新闻工作者对所供职的媒体影响力的评价的回归方程中，主观采编话语权这一层变量增加解释了媒体影响力12%的变异，达到显著水平。其中，新闻工作者的日常采编业务主观话语权与媒体影响力的评价显著正相关（β=0.27，$p<0.01$），H2a 得到证实；而新闻工作者的重大采编业务主观话语权与媒体影响力的评价的相关关系不显著，H2b 未得到证实。

（四）讨论

本研究发现，新闻工作者对其所供职的媒体影响力的评价较高。首先，这与当今大众传媒所具有的传播信息、舆论监督和社会整合等功能使其处于社会的中心环节和中心地位有关；其次，这也与本调查所选取的样本均是市场化程度较高的省级都市报有关。客观上，它们都是区域内影响力很大的媒体。也就是说，新闻工作者对其所供职的媒体影响力的主观评价很好地反映了他们所供职的媒体的现实表现。

新闻工作者的日常采编业务主观话语权与媒体影响力的评价正相关，即那些日常采编业务主观话语权越大的新闻工作者对所供职的媒体影响力的评价越高。这是因为，日常采编业务是新闻工作者新闻报道的主体，日积月累的高质量的新闻报道是媒体影响力的基础，新闻工作者在日常采编业务中的话语权越大，就越容易发挥他们的主动性和创造性，就越能够按照新闻专业主义的要求来采编新闻，他们所采编的新闻的质量就越能够符合受众的要求。对于处于强势地位或者成功的媒体而言，虽然重大报道是它们超越同行、获取更大影响力的机会，但在重大新闻报道上新闻工作者的话语权分配不均衡，因此，新闻工作者的重大采编业务主观话语权与媒体影响力评价的相关关系不显著。

三　新闻工作者的主观采编话语权与工作满意度

（一）文献回顾与理论假设

1971 年以来，美国通过每十年一次的新闻工作者调查对其工作满意度进行固定追踪研究（Weaver & Wilhoit，1996）。中国新闻工作者满意度的调查始于 20 世纪 90 年代中期对中国女新闻工作者工作满意度的调查（中华全国新闻工作者协会、中国社会科学院新闻研究所、“中国女新闻工作者的现状与发展”课题组，1995；“中国女新闻工作者的现状与发展”课题组，1996）。工作满意度与新闻工作的关系是明确的，当新闻工作者获得工作满足感以后，他们更可能使工作符合质量，更好地做好新闻工作（Bergen & Weaver，1988）。

大多数学者都同意工作满意度是一个描述人们对他们工作感受的态度变量（Spector, 1997），它可以被界定为描述个体的需求、希望或心愿得到满足的心理状态（Demers, 1995, p. 93）。工作满意度包括多种维度，例如 Spector（1997, pp. 51 – 52）把工作满意度分为个人因素和环境因素两大类。个人因素包括个性特征，如心理控制源或消极情感，而环境因素包括组织控制、工作角色、工作—家庭冲突、工作压力、工作量、工作进度表、角色冲突、角色模糊以及做决定的自由和对工作的控制等（Beam, 2006）。

周勇（2009）的研究发现，中国新闻工作者普遍存在焦虑情绪，个体特质、收入、政府对报道的控制、单位内部关系、新媒体技术等因素都会造成新闻工作者的困境和压力。新闻工作者的工作满意度不仅与个人利益满意度相关，而且与其工作环境有关。工作满意度与新闻工作者所感知的报纸质量的提高程度、现行新闻编辑部政策的舒适程度、管理风格的民主程度、新闻政策和商业政策的平衡程度正相关（Stamm & Underwood, 1993）。Chan（2004）的研究发现，与西方同行一样，上海新闻工作者会从他们的工作自主性中获得满足感。虽然那些把政党媒体作为心目中理想新闻媒体的新闻工作者表现出了较高水平的工作满意度，但这并不意味着那些认为西方媒体为理想新闻媒体的新闻工作者的满意度较低。Chan（2004）认为，无论是对西方的新闻工作者而言，还是对中国的新闻工作者而言，新闻工作者的职业心声（抱负、志向和愿望）与他们所面对的现实是否一致会影响他们的工作满意度。研究发现，媒体的解释功能角色与中国新闻工作者的满意度正相关，而这一功能角色与中国政党新闻意识形态相一致。当那些把新闻专业主义模式作为心目中理想模式的新闻工作者发现在中国环境下他们的这一理想难以付诸实施时，他们的工作满意度会降低。一些研究者研究了组织条件，如组织规模与新闻工作者满意度的关系，但结论不一致，有些研究者发现组织规模与工作满意度正相关（Stamm & Underwood, 1993; Pollard, 1995），而有的研究则认为二者负相关（Demers, 1994）。

20 世纪 80 年代后期，Polumbaum（1990）发现，许多中国新闻工作者把工作自主性的提高当作新闻改革的关键目标之一。工作自主性被界定为员工按照他们认为合适的方式来工作而免于被监督（Spector,

1997)。有些研究发现，新闻工作者的工作满意度与工作自由度相关（Joseph，1981；Ziter，1981；Gaziano & Coulson，1988），他们自我感知的自主性是预测工作满意度的一个变量（Weaver & Wilhoit，1996，pp. 99－111；Spector，1997，pp. 43－44；Beam，2006）。个体自我感知的对工作的控制程度（比如，完成工作任务时的自主性以及影响组织政策的机会）、与上司的交流程度（Fowler & Shipman，1984；Weaver & Wilhoit，1996，pp. 99－111）以及新闻工作者对新闻组织向公众提供信息的成功程度的评估均与工作满意度正相关（Weaver & Wilhoit，1996，pp. 99－111）。

新闻工作者的职业自主性与他们的工作满意度正相关。新闻工作者更多的新闻生产自主权往往意味着更多的主观采编话语权。基于此，本研究提出如下研究假设：

H3a：新闻工作者的主观采编话语权与个人利益满意度正相关。

H3b：新闻工作者的主观采编话语权与工作环境满意度正相关。

H3c：新闻工作者的主观采编话语权与总体工作满意度正相关。

我们的理论期望是新闻工作者的日常采编业务主观话语权和重大采编业务主观话语权均适用于 H3a、H3b 和 H3c，即我们期望新闻工作者的日常采编业务主观话语权、重大采编业务主观话语权均分别与个人利益满意度、工作环境满意度和总体工作满意度正相关。

（二）测量

工作满意度。为了对新闻工作者的工作满意度进行测量，我们采用李克特 5 分量表（1 = 完全不认同，5 = 完全认同）询问了一系列相关问题并用因子分析法提取出两个因子（见表 4.11）。

我们把这两个因子分别命名为个人利益满意度和工作环境满意度。个人利益满意度的 $\alpha = 0.81$，工作环境满意度的 $\alpha = 0.83$，这说明分别用这些项目测量这两个构念具有可靠的内部一致性信度。与此同时，我们通过询问调查对象“我对我目前的工作感到满意”和“短期内，我不会离开新闻行业”这两个项目测量新闻工作者的总体工作满意度。这两个项目的 Pearson 相关系数 $r = 0.56$（$p < 0.01$），这说明用这两个项目测量新闻工作者的总体工作满意度具有可靠的内部一致性信度。我们分别计算个人利益满意度、工作环境满意度和总体工作满意度的所有项目的均值对它们进行赋值。

表 4.11　新闻工作者工作满意度的因子分析

	个人利益满意度	工作环境满意度
我的编辑记者身份能给我带来更多的人脉资源	0.82	
从事新闻工作有助于我实现人生的追求	0.78	
从事新闻工作，使我获得了较为可观的收入	0.67	
从事新闻工作，使我很有职业成就感	0.71	
从事新闻工作能够发挥我的专长	0.53	
总体而言，我看好目前我所在报社的发展前景		0.80
我对我所在的报社具有很强的归属感		0.77
总体而言，报社同事之间的关系是和睦的		0.72
凭借我的工作能力和表现，我有机会得到职位晋升		0.72
通过我日常的新闻报道，社会会变得越来越好		0.64
特征根	4.83	1.15
解释变异量（%）	31.60	28.23

抽取方法：主成分分析；转轴方法：具有 Kaiser 正规化的最大变异法。

“中国女新闻工作者的现状与发展”课题组（1996）的调查显示，70.1%的中国女新闻工作者对工作表示满意；喻国明（1998①）的调查显示，在对新闻工作者的综合满意度评价中，44.3%表示“比较满意”或“非常满意”；上海市新闻工作者协会女记者工作委员会（2014）于2013年对上海35家新闻单位的女性新闻工作者现状进行调查后发现，95%的受访者认为新闻职业曾给自己带来高度的职业自豪感，同时65.4%的女性新闻工作者表示，其职业自豪感因为各种原因有所消退。

我们将新闻工作者的工作满意度由低到高分为五个层次：2分以下为“完全不满意”；2—3分（不含3分）为“有些不满意”；3—4分（不含4分）为“中立”；4—5分（不含5分）为“比较满意”；5分为“完全满意”。本研究（见表4.12）发现，14%的新闻工作者

① 喻国明：《中国新闻工作者的职业意识与职业道德》，《新闻记者》1998年第3期，第10—17页。

的个人利益满意度处于“比较满意”及以上水平；19%的新闻工作者的工作环境满意度处于“比较满意”及以上水平；34%的新闻工作者的总体工作满意度处于“比较满意”及以上水平。

表 4.12 新闻工作者的工作满意度（%）

	个人利益满意度	工作环境满意度	总体工作满意度
完全不满意	4	4	2
有些不满意	41	34	44
中立	42	43	21
比较满意	13	17	29
完全满意	1	2	5
N	337	339	340

研究数据显示，无论是新闻工作者的个人利益满意度（$M = 3.20$，$SD = 0.70$）、工作环境满意度（$M = 3.30$，$SD = 0.72$），还是总体工作满意度（$M = 3.38$，$SD = 0.79$）均超过了“一般”水平。陆晔（2004）于2002—2003年对全国八个城市进行的随机抽样调查显示，在李克特5分量表（1 = 非常不满意，5 = 非常满意）中，新闻从业者对工作满意度的总体评价为3.21分。单一样本t检验发现，虽然新闻工作者的个人利益满意度与陆晔（2004）调查中的总体工作满意度均值没有显著差异，但工作环境满意度和总体工作满意度均显著高于陆晔（2004）调查中的总体工作满意度均值。①

（三）分析

为了检验研究假设，本研究采用层次回归法对新闻工作者的主观采编话语权与工作满意度的关系进行分析（见表4.13）。在回归方程中，我们将第一层的人口统计学变量与主观社会阶层变量以及第二层的行业认可变量作为控制变量，将日常采编业务主观话语权、重大采编业务主观话语权作为第三层变量。

---

① 这里仅仅是两次有关新闻工作者工作满意度调查数据的比较，没有考虑变量所使用的测量项目（或测量项目的表述）的差异。

表 4.13　新闻工作者工作满意度的回归分析

	个人利益满意度	工作环境满意度	总体工作满意度
	β	β	β
第 1 层　人口统计学与主观社会阶层			
学历	-0.07	-0.04	-0.14*
性格（1 = 内向）	-0.10	-0.10	-0.05
性别（1 = 男）	-0.07	-0.01	-0.10
媒体工作年限	-0.18*	-0.15*	0.18
个人月均收入	-0.10	-0.22**	-0.17*
主观社会阶层（1 = 中层）	0.28***	0.22***	0.12
ΔR^2/调整后的 R^2	0.16***/0.14***	0.15***/0.13***	0.11***/0.09***
第 2 层　行业认可			
重大报道（1 = 参与）	-0.04	-0.12	-0.00
获奖情况（1 = 获得）	0.02	0.13*	0.08
ΔR^2/调整后的 R^2	0.00/0.13***	0.01/0.13***	0.01/0.09***
第 3 层　主观采编话语权			
日常采编业务主观话语权	0.24*	0.08	0.15
重大采编业务主观话语权	0.11	0.32**	0.14
ΔR^2/调整后的 R^2	0.09***/0.22***	0.13***/0.26***	0.07***/0.15***
R^2	0.25	0.29	0.18
F	7.39***	8.92***	4.98***

注：* $p<0.05$，** $p<0.01$，*** $p<0.001$。

1. 在新闻工作者个人利益满意度的回归方程中，主观采编话语权这一层变量增加解释了个人利益满意度 9% 的变异，达到显著水平。其中，新闻工作者的日常采编业务主观话语权与个人利益满意度显著正相关（$\beta=0.24$，$p<0.05$），但重大采编业务主观话语权与个人利益满意度的相关关系不显著，H3a 得到部分证实。

2. 在新闻工作者工作环境满意度的回归方程中，主观采编话语权这一层变量增加解释了工作环境满意度 13% 的变异，达到显著水平。其中，新闻工作者的重大采编业务主观话语权与工作环境满意度显著正相关（$\beta=0.32$，$p<0.01$），但日常采编业务主观话语权与工作环境满意度的

相关关系不显著，H3b 得到部分证实。

3. 在新闻工作者总体工作满意度的回归方程中，主观采编话语权这一层变量增加解释了总体工作满意度 7% 的变异，达到显著水平。其中，新闻工作者的日常采编业务主观话语权和重大采编业务主观话语权均与总体工作满意度的相关关系不显著，H3c 未得到证实。

（四）讨论

新闻工作者的日常采编业务决定了他们的个人收入、人脉资源和成就感等个人利益，日常采编业务主观话语权的大小在很大程度上意味着他们工作自主性的大小和工作自由度的高低。新闻工作者的主观采编话语权越大，表明他们就越能够按照自己的想法和意愿完成新闻采编工作，并获得相应的个人利益。因此，新闻工作者的日常采编业务主观话语权与个人利益满意度正相关，即他们的日常采编业务主观话语权越大，个人利益满意度越高。

如前所述，重大采编业务在媒体中属于非常规业务，由于题材重大，生产流程复杂，往往需要的不只是单一的个体而是需要媒体组织来协调各方力量共同完成。这种协调是媒体组织文化、组织能力和传播环境的综合反映。因此，新闻工作者的重大采编业务主观话语权与工作环境满意度正相关，即他们的重大采编业务主观话语权越大，工作环境满意度越高。

新闻工作者的日常采编业务与工作环境（如媒体发展前景、同事关系、组织归属感）的关联不大；重大采编业务属于非常态下的新闻生产，与个人利益（如收入、人脉、个人成就感）的关联也不大。因此，他们的日常采编业务主观话语权与工作环境满意度、重大采编业务主观话语权与个人利益满意度之间的相关关系均不显著。

我们没有发现新闻工作者的主观采编话语权与总体工作满意度相关。这一方面可能与本研究样本量较少导致的统计检验力不足有关。但更可能是因为总体工作满意度是一个综合性概念，很多变量都可能会对其产生影响，从而削弱了新闻工作者的主观采编话语权对总体工作满意度的影响，甚至可能导致他们的主观采编话语权对总体工作满意度没有显著影响。

四 新闻工作者的主观采编话语权与传媒体制认同

(一) 文献回顾与理论假设

专业主义是西方新闻工作者所遵守的职业和行业规范。如前文所述，它的核心理念，一是客观新闻学，二是强调新闻媒介和新闻工作者的独立地位和独特作用（郭镇之，1999）。在西方新闻专业主义看来，媒体是一个独立专业。因此，它必须是自主的，尤其在政治上不依赖任何派别，更不做政治的喉舌（黄旦，2005：39）。虽然现实仍然有很多不尽如人意之处，但中国新闻工作者的专业主义理念正在逐渐形成（吴飞、吴风，2004）。

张学标（2009）认为，自中国改革开放以来，公权力通过控制新闻传播媒介以达到其对新闻话语权的控制，而将新闻传播媒介中私权力所占有的空间挤压到最小。公权力控制传媒的途径之一是传媒体制，它是指国家管理传媒业的规范体系，界定了传媒在社会运作结构中的基本角色和社会环境中的政治、经济和文化运作的基本规则和底线（喻国明，2003[①]）。中国是一种“指令型”的新闻体制（Lee，1990）。长期以来，党和政府对大众传媒的管理以政策调节、领导人指示和阅评监控为主要手段，缺乏完备的法律体系（童兵、张涛甫，2007）。喻国明（2003[②]）认为，我国现行的传媒体制有着过于浓重的“官本位”色彩，传媒领域的宏观改革调控体系远未成形，“守土有责”式的传媒业管理理念限制和阻碍了传媒业的发展……我们的传媒管理微观化，削弱甚至攘夺了传媒单位必要的自主权，文革期间那种“对版面”的做法和“千报一面”的现象时有发生。李岩（2011）认为，中国大陆媒介政治身份强调媒介的政治意识和政治导向，这常常与新闻的真实、客观、公正原则相冲突，揭露性、批评性报道经常受到主管部门的控制。

为了遵循新闻专业主义理念，新闻工作者往往强调自身的独立自主、新闻的客观公正和新闻采编话语权，而中国传媒体制的主要功能之一是

① 喻国明：《中国传媒业发展的关键与“问题单”——兼论传媒体制改革的现实性与迫切性》，《新闻记者》2003 年第 3 期，第 35—37 页。

② 同上。

对新闻业以及新闻工作者进行行政控制。陈堂发（2004）认为，在民主不仅被作为一种思想原则与方法，而且已经成为一种严肃的政治承诺被当代中国政府付诸实践的大背景下，应该赋予中国大众传媒何种程度的话语自主权问题，已经超越行业话题，成为全社会普遍关注的显性话题。按常理而言，新闻工作者的主观采编话语权越大，他们对来自包括传媒体制力量在内的各种外在控制力量的压力感知就越少，对传媒体制的认同度也就越高。基于此，本研究提出如下研究假设：

H4a：新闻工作者的日常采编业务主观话语权与传媒体制认同正相关。

H4b：新闻工作者的重大采编业务主观话语权与传媒体制认同正相关。

（二）测量

传媒体制认同。我们采用由“在当代中国，政府对新闻的管制是合理的”“总体而言，我认可本地宣传部门对媒体的日常业务指导”“现行的新闻体制不利于报纸有效地进行舆论监督（反向编码）”“在现行制度下，媒体在重大问题报道上应该统一声音”和“新闻媒体在中国有很高的可信度”这五个项目组成的李克特5分量表（1=完全不同意，5=完全同意）测量新闻工作者的传媒体制认同，我们计算这五个项目的均值得出新闻工作者的传媒体制认同程度（$M=2.71$，$SD=0.78$；$\alpha=0.72$）。

（三）分析

本研究采用层次回归法分析新闻工作者的主观采编话语权对传媒体制认同的影响（见表4.14）。在回归方程中，第一层的人口统计学变量与主观社会阶层变量以及第二层的行业认可变量作为控制变量，第三层为主观采编话语权变量。

在新闻工作者传媒体制认同的回归方程中，主观采编话语权这一层变量增加解释了传媒体制认同7%的变异，达到显著水平。其中，新闻工作者的日常采编业务主观话语权与传媒体制认同的相关关系不显著，H4a未得到证实；新闻工作者的重大采编业务主观话语权与传媒体制认同显著正相关（$\beta=0.31$，$p<0.01$），H4b得到证实。

（四）讨论

总体而言，中国的传媒体制符合中国国情是毋庸置疑的。与此同时，我们也必须清醒地认识到，中国的传媒体制并不完美。秦汉、杨保军（2015）认为，当前中国新闻媒介体制的基本特征本质上是政治属性或意识形态属性、商业属性与新闻专业属性之间互动的结果。目前这一体制存在两个问题：一是表现为意识形态属性的作用过于强大，二是经济属性与新闻专业属性自身效能的缺失。李明（2011）认为，固守“事业单位性质、企业化管理”这种混合型体制致使“公众利益”的缺失成为当前传媒制度安排的重大缺陷。目前中国新闻媒介无不隶属于各种各样的党政部门，不仅很难以公众媒体的姿态对社会生活进行广泛、经常和制度化的舆论监督，而且容易成为主管主办部门昭显政绩、隐恶忌医的自我宣传、自我保护的工具（张西民，1998：124）。陈堂发（2004）认为，在人民利益至上的执政理念下，民众参与度的提高和政治民主化的推动不得不借助大众媒介舆论影响力。而实际情况却是，作为社会公意的显性载体和民意表达的快车道，媒体面对监督话题时经常遭遇到公共权力的干涉与阻挠，因而丧失了应有的话语权。本调查的结果也表明，至少省级都市报（市场化报纸）的新闻工作者对当前我国传媒体制的认同度不高。

研究发现，新闻工作者的重大采编业务主观话语权与传媒体制认同正相关，即那些认为自己在重大采编业务中话语权越大的新闻工作者对传媒体制的认同度越高。传媒体制作为宏观变量，它会对一些重大报道产生直接影响。对于一些重大报道而言，官方及其宣传部门会对其进行指导或干涉，甚至将新闻题材转变为宣传题材，削弱甚至剥夺媒体及新闻工作者的工作自主权和话语权，从而使新闻报道符合传媒体制的要求。而对于日常采编业务而言，传媒体制力量一般不会介入，新闻工作者也不大会感受到来自传媒体制的压力。因此，新闻工作者的日常采编业务主观话语权与传媒体制认同无关。

改革是中国最大的红利（李克强，2012），对包含于政治体制的传媒体制而言也是如此。黄超、周蓓（2010）认为，改变党的传统领导方式是文化传媒体制改革的关键点，改变传统党政治理结构是文化传媒体制改革的根本点。方延明（1996）总结了“六个不变”，即新闻性质不能变、新闻指导方针不能变、新闻的根本宗旨不变、新闻真实性的最高价值标准不变、新闻的主旋律不变和新闻的基本方法不变。在坚持这“六个不变”的前提下，改革我国的传媒体制，不仅有利于提升新闻工作者特别是市场化媒体新闻工作者的传媒体制认同，而且有助于提升新闻工作者的主观采编话语权特别是他们在重大采编业务上的主观话语权，使新闻工作者向着专业主义理想一步一步迈进，最终推动我国新闻传播事业的繁荣发展。

五　新闻工作者的主观采编话语权与政治参与

（一）文献回顾与理论假设

前面我们讨论了新闻工作者的主观采编话语权与报道影响力、媒体影响力、工作满意度以及传媒体制认同的关系。实际上，我们讨论的都是新闻工作者的主观采编话语权与新闻工作者的“认知”或“态度”的关系。下面，我们将讨论新闻工作者的主观采编话语权与新闻工作者的“行为”——政治参与的关系。

对于新闻工作者能否直接参与政治，不同的国家或者媒体存在争议。美国大小报章都有规范员工参加政治活动的守则，其中以《纽约时报》最为严格，其规定包括记者编辑在内的员工一律不准参加政治活动、游行示威、签名上书等；美国其他媒体如美联社、《洛杉矶时报》《华盛顿邮报》等对新闻工作者的政治参与也有不同程度的规范（陈婉莹，2003）。西方媒体对新闻工作者的政治参与进行限制是因为在他们看来，新闻工作者是独立于任何政党和政客的，参与政治会破坏新闻工作者的独立性，有损新闻报道的客观公正性。西方新闻工作者所赖以生存的媒介体制（或理念）与中国存在很大差别。王明生等（2012：361—373）认为，中国记者群体深度参与政治，既是对近现代报刊活动所形成的传统的秉承，更是当下政治与社会生活的现实需要。刘文科（2012）认为，大众传媒的政治影响力涉及政治生活的各个领域，并突出表现在设置政治议程、形成公共舆论、实施政治监督、塑造政治文化、改变政治关系和影响公共政策等方面。中国的新闻媒体属于国有，中国的新闻工作者是党和政府的喉舌。因此，他们可以通过日常新闻业务报道政治生活。具体而言，记者的政治参与方式体现为信息的收集、加工、扩散以及在此基础上理性的酝酿、强化与引导舆论（王明生等，2012：361—373）。更为重要的是他们可以直接参与政治，比如新闻出版是中国政协34个界别之一。在中国，一些“成名”的新闻工作者通过当选全国政协委员，可以直接参与政治、建言献策。基于此，本研究提出如下研究问题：

RQ1：中国新闻工作者的日常采编业务主观话语权与政治参与的关系如何？

RQ2：中国新闻工作者的重大采编业务主观话语权与政治参与的关系如何？

（二）测量

政治参与。我们采用由“在网络空间就公共事务公开发表评论”“在公开场合（如会议、集会等）面对民众，就公共事务公开发表评论”“被邀请参与政府的决策和咨询”和“被选为人大（或社区等）代表参与公共事务”这四个项目组成的李克特4分量表（1=从不参与，4=经常参与）对新闻工作者的政治参与进行测量，我们计算这四个项目的均值得出他们的政治参与程度（$M=1.80$，$SD=0.51$；$\alpha=0.66$）。

（三）分析

本研究采用层次回归法分析新闻工作者的主观采编话语权与政治参与的关系（见表4.14）。在回归方程中，第一层的人口统计学变量与主观社会阶层变量以及第二层的行业认可变量作为控制变量，第三层为主观采编话语权变量。

表4.14　新闻工作者传媒体制认同与政治参与的回归分析

	传媒体制认同	政治参与
	β	β
第1层　人口统计学与主观社会阶层		
学历	−0.13*	0.01
性格（1=内向）	0.13*	0.13
性别（1=男）	−0.05	0.06
个人月均收入	−0.21**	−0.15*
媒体工作年限	−0.04	0.01

续表

	传媒体制认同	政治参与
	β	β
主观社会阶层（1 = 中层）	0.10	−0.01
ΔR^2/调整后的 R^2	0.10***/0.08***	0.07*/0.04*
第 2 层　行业认可		
重大报道（1 = 参与）	−0.14*	−0.01
获奖情况（1 = 获得）	−0.64	0.22**
ΔR^2/调整后的 R^2	0.01/0.08**	0.04*/0.07**
第 3 层　主观采编话语权		
日常采编业务主观话语权	−0.04	0.08
重大采编业务主观话语权	0.31**	0.14
ΔR^2/调整后的 R^2	0.07***/0.14***	0.03*/0.10***
R^2	0.18	0.14
F	4.85***	3.59***

注：* $p<0.05$，** $p<0.01$，*** $p<0.001$。

在新闻工作者政治参与的回归方程中，主观采编话语权这一层变量增加解释了政治参与 3% 的变异，达到显著水平。其中，新闻工作者的日常采编业务主观话语权和重大采编业务主观话语权均与政治参与的相关关系不显著，这可能是样本量较小导致的统计检验力不足造成的。

（四）讨论

我们发现，新闻工作者的日常采编业务主观话语权和重大采编业务主观话语权均与政治参与的相关关系不显著，除了可能与样本量较小有关以外，我们还认为可能与以下原因有关：

第一，这可能与中国新闻工作者的政治参与程度不高有关。我们将新闻工作者的政治参与程度由低到高分为四个层次："2 分以下 = 从不参与""2—3 分（不含 3 分）= 很少参与""3—4 分（不含 4 分）= 有时参与""4 分 = 经常参与"，然后发现，64% 的新闻工作者"从不参与"，35% 的新闻工作者"很少参与"，2% 的新闻工作者"有时参与"，没有新闻工作者"经常参与"。新闻工作者的政治参与程度较低可能与他们的新闻采编业务和现实政治生活之间的差距较大有关。王明生等（2012：398—402）认为，基于政治知晓的参与能力不足是制约我国记者政治参与的因素之一。也就是说，记者的政治知晓与他们的采编业务专长并不一致，他们在采编业务上的高话语权不一定代表他们对政治的高知晓度。况且，政治知晓不等于政治参与，从政治知晓到政治参与还要经过政治态度的形成或改变的过程。

第二，这可能与作为个体的中国新闻工作者的实际政治参与千差万别有关。一部分主观采编话语权较大的新闻工作者，他们的政治参与程度可能较高；而另一部分主观采编话语权较大的新闻工作者，他们可能由于各种主客观原因（比如较高的职位层次）不一定（或者不能）热衷于外界的政治参与。一部分主观采编话语权较小的新闻工作者，他们的政治参与程度可能较低；而另一部分主观采编话语权较低者也许会通过线上线下高程度的政治参与来补偿其工作中自主性和话语权的不足，形成一种“替代性满足”。

综上，我们大体可以获知新闻工作者的主观采编话语权与政治参与无关的原因了。

第四节　本章小结

一　贡献

话语权是一个重要的政治传播学概念，新闻工作者作为党和人民的喉舌，掌握着社会的话语权，影响着公民的话语权。因此，对他们采编话语权的影响因素及影响效应进行分析有助于理解普通公民的话语权。本研究在以下两个方面作出了重要贡献：第一，本研究通过对成都、广州、福州、泉州和厦门五家省级都市报的新闻工作者进行问卷调查，分析了中国新闻工作者主观采编话语权的影响因素及影响效应，得出了一些有价值的理论发现；第二，本研究突破了以往话语权研究的方法，首次用实证方法对新闻工作者的主观采编话语权进行了探讨，得出了科学的量化研究结论。

二 不足和未来的研究

本研究的不足之处是样本的代表性不够。按照行政级别划分，中国媒体的高低层级不同，报纸可以分为中央级、省级、地市级和县级报纸；按照性质划分，报纸可以分为党报和非党报；另外，中国各地媒体的发展程度也不尽相同。本研究的样本框仅包括供职于市场化程度很高的省级都市报的新闻工作者，在样本抽取时采用的是方便抽样。因此，研究结论不一定适用于与本研究样本层级、性质和发展程度等方面不同的媒体的新闻工作者，本研究的结论也有待于在更大范围的调查中进行进一步证实。

未来的研究，至少可以在以下两个方面作出努力：一是扩大抽样范围，从而检验理论以及研究假设和模型的普适性；二是对不同国家的新闻工作者的主观采编话语权的影响因素及影响效应进行国际横向比较，以探究新闻工作者采编话语权背后的社会制度和文化等因素。

第五章

中国公民主观话语权的提升策略

前几章我们讨论了研究中国公民话语权的意义，并对中国普通公民的主观话语权和新闻工作者的主观采编话语权进行了定量研究。如前所述，本书的一个重要目的是观照中国社会现实，在定量研究的基础上对中国公民话语权建设做出现实贡献。因此，本章我们将探讨提升中国公民主观话语权的策略。

第一节　提升中国公民主观话语权的必要性

一　公民主观话语权是公民话语权的重要组成部分

如前所述，公民话语权不仅包括公民客观话语权，还包括公民主观话语权。虽然公民主观话语权不一定能够完全反映他们的客观话语权，但它是人们获得当家作主满足感和实现社会和谐的重要条件。公民主观话语权是公民话语权的重要组成部分，它对实现个人现代化、更好地贯彻中国共产党的群众路线、构建民主协商社会、推进公民社会建设以及提高国家软实力都具有重要的理论意义和实践意义。

二　中国公民主观话语权的现状决定了必须提升中国公民主观话语权

李文明（2007）认为，公共空间存在着政府、媒体和公众话语权的“三权分立”。在传统的传播活动中，公众话语权是被严重忽略的，一直处于弱势状态。这一方面是因为公共领域的“发言”机制不健全，公众极少被赋予发言机会；另一方面是因为中国历史上历来不缺少领导者话语权，以致于公民话语权受到了冲击。

（一）总体而言，中国公民的主观话语权不高。

从主观话语权的现状来看，虽然大学生群体的单位事务主观话语权与“中等”水平没有显著差异，但是国家事务主观话语权和总体主观话语权均显著低于“中等”水平。虽然大学生父母群体的单位事务主观话语权显著高于“中等”水平，总体主观话语权与“中等”水平没有显著差异，但是国家事务主观话语权显著低于“中等”水平。新闻工作者的日常采编业务主观话语权、重大采编业务主观话语权和总体主观采编话语权虽然均超过“中等”水平，但是显著低于“较高”水平。总体来看，中国公民的主观话语权不高，还有较大的提升空间。

（二）不同群体的主观话语权不均衡

1. 不同人口统计学背景的公民的主观话语权存在差异

独立样本 t 检验发现，虽然性别和性格不同的大学生父母群体的主观话语权没有显著差异，但中共党员、城市户籍的大学生父母群体的单位事务主观话语权、国家事务主观话语权以及总体主观话语权均显著高于非中共党员、农村户籍的大学生父母群体。回归分析发现，性格内向的大学生的单位事务主观话语权显著高于性格外向的大学生；与非中共党员相比，大学生父母中的中共党员的单位事务主观话语权和总体主观话语权要高。就新闻工作者的主观采编话语权来看，性格内向的新闻工作者的日常采编业务主观话语权、重大采编业务主观话语权和总体主观采编话语权均显著低于性格外向的新闻工作者。

2. 不同客观社会阶层的公民的主观话语权存在差异

虽然大学生父母的主观社会分层与单位事务主观话语权、国家事务主观话语权以及总体主观话语权无关，但是他们的客观社会阶层与单位事务主观话语权和总体主观话语权均呈正相关关系。就新闻工作者而言，他们的职位层次越高，其总体主观采编话语权也越大。

3. 不同代际公民的主观话语权存在差异

大学生群体的单位事务主观话语权、国家事务主观话语权和总体主观话语权均显著低于大学生父母群体。

如前所述，公民话语权是公民在公共领域就私人事务或公共事务发表意见的机会和影响力。不同群体主观话语权的不平等可能会造成弱势一方的个人切身利益或公共利益受损，使他们产生相对剥夺感，造成社会不公平。费斯（2005：2—3）提出了言论“沉寂化”效应理论。言论沉寂化是指对在公共辩论中处于弱势的群体（例如受仇恨言论攻击者、女性和穷人等）的评价和论断会使得这些人的社会存在感和名誉被贬损，其声音最终被完全淹没的现象。因此，国家干预是促进言论自由的力量，国家甚至不得不压制一些人的声音，以听到另一些人的声音。

（三）公民主观话语权的影响效应决定了必须提升公民主观话语权

公民主观话语权不仅受其他变量的影响，还会对其他变量产生影响。就本书的发现而言，第一，大学生群体和大学生父母群体的总体主观话语权均与政治参与正相关。因此，提升公民的主观话语权有助于提高公民的政治参与程度。第二，新闻工作者的日常采编业务主观话语权与个人利益满意度正相关，重大采编业务主观话语权与传媒体制认同和工作环境满意度正相关。因此，提升新闻工作者的日常采编业务主观话语权有助于提高他们的个人利益满意度，提升新闻工作者的重大采编业务主观话语权有助于提高他们的传媒体制认同度和工作环境满意度。由于新闻工作者的采编业务话语权是公民转让和赋予的，是公民话语权的延伸，因此，提升他们的采编业务主观话语权实质上有助于提升公民主观话语权。

总之，公民主观话语权是公民话语权的重要组成部分，中国公民主观话语权的现状决定了中国公民的主观话语权亟待提升。

第二节　提升中国公民主观话语权的宏观策略

一　遵守和落实《中华人民共和国宪法》的言论自由规定

如绪论所述，2018 年 3 月 11 日第十三届全国人民代表大会第一次会议通过的《中华人民共和国宪法修正案》第三十五条、第四十一条和第五十一条规定为我国公民行使话语权提供了根本法律保障。保障和提升中国公民话语权首要的一条就是遵循《中华人民共和国宪法》的规定，落实《中华人民共和国宪法》规定的言论自由。

二 践行党的群众路线

据笔者统计，在《中华人民共和国宪法修正案》（2018）中，“公民”一词出现了49次，“人民”出现了40次①，“群众”出现了9次。可以说，群众路线在《中华人民共和国宪法修正案》（2018）中得到了充分的表达和确认。

安世遨（2015）认为，群众路线得不到落实的根本原因之一是缺乏群众路线的实现路径和机制。他认为，对话能够构建群众路线新的理论支点，实现群众路线运行机制的改造，促进群众路线的制度完善，提升群众路线的有效性，从而成为群众路线的实现路径与机制。李君如（2013）认为，我国在推进协商民主的过程中取得了两大进展：一是人民政协协商民主渠道不断拓宽，二是人民群众在社会治理中创造的各种形式的协商民主渠道不断增加；在落实群众路线的过程中，要更加主动地推进协商民主。董树彬（2015）认为，党的群众路线和中国协商民主存在着契合性，这主要体现在二者都是党和国家科学决策的必要环节，都为人民群众广泛的政治参与提供了必要渠道。张光辉、董业宏（2011）认为，群众路线与参与式民主之间不仅在基本的价值取向上高度契合，还在基本主张上相互补充，形成一种自上而下与自下而上相结合的完美的公共决策模式；同时，参与式民主为群众路线的有效贯彻执行提供了驱动力，并为群众路线的制度化提供了载体和保障。赵艳华（2013）认为，建立党的群众路线的长效机制要完善领导干部授权机制，实现“权为民所赋”；要健全群众利益表达和利益维护机制，健全科学民主的决策机制等。

可见，贯彻群众路线是公民话语权实现的手段和保障，公民话语权的实现过程本身就是群众路线的实践过程，提升公民话语权就是更好地贯彻群众路线。

---

① 这里的统计没有把《中华人民共和国宪法修正案》（2018）正文中“中华人民共和国”“人民团体”“人民法院”“人民检察院”“人民代表大会”“人民政府”“人民解放军”“人民民主专政”“人民政治协商会议”和“人民调解”这些词语中所出现的“人民”计算在内。

三　提升公民意识

在中国共产党第十七次全国代表大会上，官方首次提出了“公民意识”这一概念，强调要加强公民意识教育。姜涌（2001）认为，公民意识是一定国度的公民关于自身权利、义务的自我意识和自我认同的总称。傅慧芳（2012）认为，公民意识要素可以分为基础层要素、核心层要素和外显层要素三个层级。基础层要素是指公民的主体意识，即公民对自己在国家中的主体地位和主体作用的认同和感知，它包括独立意识、主动意识以及创造意识。核心层要素指权利意识和责任意识。权利意识指权利认知、权利实现和权利救济，具体外显为人权意识、参与意识、包容意识等；责任意识指规范认知、使命认同和责任态度，具体外显为法定义务意识、公德意识和公德精神等。可以说，公民意识是实现个人现代化的路径，是公民话语权的内在驱动力和基础。公民意识的提升能促进公民话语权的发展。对于公民意识欠缺的臣民，很难想象到他们会有很高的话语权。张雪（2005）认为，中国人一直缺乏公民意识，培养公民意识，一是要提高公民的个人素质，二是要建设公正的社会环境。我们认为，培养公民意识的关键是公民实践。

第三节　提升中国公民主观话语权的具体策略

前面讨论了提升中国公民主观话语权的宏观策略，本节将根据本书定量研究的结果提出若干提升中国公民主观话语权的具体策略。

一　提高话语传播质量

在很大程度上话语权的大小是传播效果问题。因此，提高话语传播质量不仅是提升公民话语权的关键，还关系着话语传播效果的持续。从政治传播学的角度而言，提高话语传播质量可以从传播者、传播内容、传播渠道和传播技巧等方面努力。比如就传播者的角度而言，传播来源的可信度、知名度和动机都会对传播效果产生影响；就传播方式而言，如“一面之词或两面之词”的选择、“先说或后说”的选择、“结论是由传者给出，还是由受众得出”的选择以及“理智性劝服与情感性劝服”

的选择都会影响传播效果（李彬，2003：242—253）。

除了以上从传播者的角度提升公民话语权的举措外，还要注意传播环境因素对公民主观话语权的影响。就本书的发现而言，言论效果感知除了与大学生父母的国家事务主观话语权不相关以外，与大学生的单位事务主观话语权、国家事务主观话语权、总体主观话语权以及大学生父母的单位事务主观话语权和总体主观话语权均呈正相关关系。也就是说，如果公民感受到的言论效果越大，那么他们的主观话语权就越大，即提升公民的言论效果感知程度有助于提升他们的主观话语权。本书还发现，言论自由感知与大学生的国家事务主观话语权、总体主观话语权正相关，即提高大学生的言论自由感知程度有助于提升他们的国家事务主观话语权和总体主观话语权。此外，言论自由感知与大学生父母的国家事务主观话语权和总体主观话语权无关，而与单位事务主观话语权呈负相关关系。因此，对大学生父母群体而言，提高言论自由感知程度并不能提升他们的主观话语权。

二 提高公民的受教育水平

独立样本 t 检验发现，不同性别、户籍、性格类型以及政治面貌的大学生群体的单位事务主观话语权、国家事务主观话语权和总体主观话语权没有显著差异。本书认为，受教育程度的相同削弱了这些人口统计学变量对大学生主观话语权的影响。

教育对于提高公民素质、促进公民的全面发展有重要作用。蒋士会（2003）总结了学校教育的功能，他认为，学校教育具有个体发展的功能，即使个体获得自我意识，作为一个“完整的人”而得到发展；具有个体社会化（包括个人职业社会化、政治社会化、个人文明化和个人身份社会化）的功能。国际21世纪教育委员会的报告认为，21世纪的教育不再是发展的手段，教育本身就是发展的内容和目标；接受教育本身不再是为了谋生，而是为了社会的和谐发展、个人能力的充分发挥以及个人能够终身学习。该报告强调了教育对人的全面发展的作用，认为“学会认知”“学会做事”“学会共同生活”和“学会生存”是21世纪教育的四大支柱（联合国教育组织总部中文科，1996）。田霞（2006）认为，全面发展指个体的人的物质生活和精神生活全面而又协调的发展，身体素质和心理素质的全面发展，人格、智力、能力、体力和创造力的全面发展，学校教育特别是大学教育能够促进人的全面发展。

学校教育的正向功能可以为提高公民话语的表达质量等提供基础性保障，进而有助于提升公民的主观话语权。因此，提高公民的受教育程度对于提升特定群体的话语权、缩小不同群体之间主观话语权的差距具有重要意义。

三　破除城乡二元结构，促进城乡融合发展

城乡二元结构指以社会化生产为主要特点的城市经济和以小生产为主要特点的农村经济并存的经济结构（施虹，2002）。辛章平（2010）认为，社会发展中产生的结构性失调问题是引发我国城乡二元社会结构的本质原因。具体而言，一是我国城乡之间在经济、文化、教育等方面的差距过大，发展不平衡，导致农村、农民和农民工处于弱势地位；二是不太成熟的市场机制强化了城乡二元结构；三是城乡之间资源配置结构和收入分配结构不协调影响了农村的发展。需要注意的是，城乡二元结构最基本的前提是城乡二元户籍制度。

在中国，不同户籍的待遇不同。彭希哲、赵德余和郭秀云（2009）认为，从户籍制度的权利实质来看，户籍承载着相关利益的分配功能。户籍制度隐含了深刻的、先天性的身份歧视及不平等，造成了城市与乡村的差别、大城市与小城市的差别。就个人而言，户籍制度的最大弊端是歧视，这种歧视的产生不是因为人的能力，而是因为先天的因素。陈凌云（2006）认为，二元户籍制度导致了中国社会的两极分化，人为制造了各种差异和不公平。孙博（2014）认为，户籍制度导致了人与人之间的身份不平等、社会地位不平等、享受的权利不平等以及承担的义务不平等，最终形成了社会整体不公的局面。

城乡二元结构背后的各种利益差异直接导致了城乡居民获取话语权的各种先天条件和资质的差异，而且这种身份不平等会直接导致他们话语权感知的差异。独立样本 t 检验发现，农村户籍的大学生父母群体的主观话语权显著低于城市户籍的大学生父母群体的主观话语权，这是城乡二元户籍结构在公民主观话语权上的体现。农村人口的弱势地位和相对剥夺感甚至绝对剥夺感会导致他们产生不公平感和心理失衡，这使他们

更不容易感受到自己的话语权。在特定情况下，他们往往更有可能采取更加激进的利益表达方式。谢秋山、许源源（2012）的研究发现，与非农人口相比，农业人口选择抗争性利益表达方式的可能性更大。因此，破除城乡二元结构，促进城乡融合一体化发展不仅有利于提升农村公民的主观话语权，而且有利于整个社会话语权结构的均衡。

中国共产党第十七届三中全会通过的《中共中央关于推进农村改革发展若干重大问题的决定》指出，“我国总体上已经进入着力破除城乡二元结构，形成城乡经济社会一体化新格局的重要时期。”而这其中，户籍改革是突破城乡二元结构的起点和推动力。2016 年 1 月 28 日，时任公安部副部长黄明在全国公安机关电视电话会议上要求全国公安机关扎实有力推进户籍制度改革，加快提高户籍人口城镇化率。从公民话语权的角度来看，这一政策有助于提升农村公民的主观话语权，进而提升整个社会的公民主观话语权。

四 改变我国的社会阶层结构，提高中间阶层人数比重

赵云泽、付冰清（2010）对网贴内容进行分析后发现，网络言论更多地代表社会中间阶层的民意，社会上层次之，而掌握社会资源较少的底下阶层掌握的网络话语权也较小。本书发现，公民客观社会阶层越高，单位事务主观话语权和总体主观话语权越大。因此，公民客观社会阶层的提高有助于提升自身的主观话语权，进而有助于提升整个社会的公民主观话语权。由于生活在绝对贫困线以下的公民属于绝对被剥夺阶层，因此在社会话语权分配中，话语权得分很低的公民群体可以被称为话语权绝对被剥夺阶层。除此之外，不同社会阶层之间还存在着话语权的相对剥夺。因此，我们需要警惕“强者越强，弱者越弱”的话语权马太效应。马广海（2012）的研究发现，在我们社会的“相对下层”（包括陆学艺十大分层标准中的“中层及中下层”）群体中存在着较为普遍的消极愤懑情绪。因此，社会阶层流动不仅可以填平不同社会阶层之间话语权的鸿沟，而且能够疏解社会情绪，促进社会健康、和谐发展。

下层公民社会阶层地位的提高意味着我国会向更加和谐的社会结构转型。在任何社会，上层和最上层成员的比例都很小。李培林（2006：123—125）指出，我国合理的社会阶层体系要从“金字塔型”逐步转变

为“橄榄型”，即社会上层和下层社会成员少，而中间层社会成员成为社会的主体结构。扩大中等收入阶层比重是我国构建小康社会结构的现实选择（刘建明，2005）。

合理的社会结构的中间层不仅是指经济上富有，而且还指政治上具备能够参与社会政治活动等民主权利的社会阶层（陈春莲，2008）。汝绪华（2011）认为，在金字塔型社会中，话语权基本上就是强势阶层的权利；在橄榄型社会中，中间阶层是政策制定的影响者，也是决定政策话语走向的因素，同时，强势阶层与弱势阶层的话语权也会得到协调。汝绪华（2010①）认为，社会阶层由金字塔型向橄榄型转型就是阶层话语权由失衡状态逐步走向均衡的过程。

除了社会结构的转型，为弱势群体的话语权提供救济也是提升其话语权的有效途径。刘成付（2014）认为，一般来说，阶层话语权产生效力的途径有二：一是进入政治性的机构和组织，对公共政策直接施加影响；二是通过媒介渠道形成舆论，间接影响公共政策的形成和执行过程。他提出了均衡媒介话语权的三个方面，即均衡配置媒介资源、合理规范媒介行为和充分运用新兴媒体。王立新（2003）认为，建构法治化的利益表达制度体系、建立并拓宽通畅的人民利益表达渠道、严格规范国家社会管理阶层和私营企业主阶层的利益表达、着力培育利益表达的专门团体以及扶助弱势群体的利益表达等措施有助于政治稳定和政治民主化，有利于实现最广大人民群众的根本利益。报纸上的群众来信以及电视问政和网络问政等都为公民的话语表达提供了平台。刘左元、李林英（2012）认为，微博、网络论坛等新媒体平台，使不同阶层的人群之间产生更广泛的对话，彼此做出反馈。

五　区分同类媒介对不同群体话语权的影响

公民话语权是公民在公共领域的话语表达，话语介质或平台可能会对公民话语权产生影响。对公民来说，最重要的话语平台是媒体，既包括以报纸、广播和电视等为代表的传统媒体，也包括以网络媒体和社交媒体为代表的新媒体。民主进程的加快以及传播技术特别是社交媒体的

① 汝绪华：《论社会阶层结构与阶层话语权》，《天府新论》2010 年第 3 期，第 92—96 页。

发展使得以往传统媒体垄断信息传播的局面被彻底改变。理论上每个公民都是一个自媒体。因此，在传播理念上，要真正做到从传者本位和宣传本位向受众本位和新闻本位的转变；在传播方式上，要从垄断单向传播思维向多元互动的理念转变。朱德泉（2007）认为，新闻生产要把尽可能多的新闻事件转化为面向读者的开放式话题，从群众中来，到群众中去，只有给读者以平等说话、随时表达的机会，才能赢得读者的信任与尊重、好感与依赖。王子西（2008）认为，民生视角的新闻报道是平民话语权回归的前提，它颠覆了话语霸权，转而把话语权交给广大受众。

本书发现，虽然大学生的时政新闻接触时间与总体主观话语权无关，但增加大学生的传统媒体时政新闻接触有助于提升他们的主观话语权。廖圣清、景杨和张帅（2011）的研究发现，就接触的频率和时间而言，大学生接触的媒介主要是网络，对电视、广播和报纸的接触远远低于网络；其中大学生接触的媒介内容中政治新闻占 49.2%。现在互联网已成为大学生首要接触的媒体（黄轩庄、余海超，2011；王洪波，2013）。本书的数据也显示，大学生主要通过新媒体来接触时政新闻，通过传统媒体接触时政新闻的时间较少。王洪波等（2013）认为，价值取向越趋向于传统和主流文化，大学生就越信任传统媒体和编辑加工信息的组织型媒体；价值取向越趋向于网络型或冷漠型，大学生就越信任网络媒体和自媒体；网络依赖越深、越远离传统主流价值观，大学生就越信奉网络的力量和沉默的方式。由于传统媒体传播内容的正面导向性，大学生通过传统媒体接触到的时政新闻越多，他们的主观话语权就越强。因此，在大学生通过互联网和社交媒体渠道接触新闻成为主流的新媒体时代，如何培养他们的传统媒体接触习惯是一项严峻的课题。

本书发现，增加大学生父母的时政新闻接触时间可以提升他们的总体主观话语权。美国南加利福尼亚大学的一项报告显示，2012 年，美国人平均每天的媒介使用时间达到了 13.6 小时，预计 2015 年，将达到 15.5 小时（杨绿，2013）。本书数据显示，一周内大学生父母群体有三天接触过时政新闻。因此，如果参照美国民众的媒介接触时间，我国大学生父母的时政新闻接触时间仍然有较大的提高空间。

本书还发现，大学生父母群体一周内通过人际传播方式接触时政新闻的时间最长，通过人际传播方式接触时政新闻可以提升他们的单位事务主观话语权、国家事务主观话语权和总体主观话语权。较大众传播而言，人际传播具有更强的互动性、更大的包容性和更高的可信度。因此，通过人际传播方式接触时政新闻有助于提升大学生父母的主观话语权。

总之，实证研究表明，相同的媒介接触对不同群体主观话语权的影响可能不同。因此，要区分相同媒介对不同群体主观话语权的不同影响，合理利用相关媒介来提升不同群体的主观话语权。

六　提升公民的政治效能感

本书发现，公民的政治效能感与主观话语权正相关。因此，提升公民的政治效能感，可以提升他们的主观话语权。

学者们总结了诸多提升公民政治效能感的方式，如张平、李国青（2004）提出了提升政治效能感的四个途径：构建成功经验、重视积极的替代经验、实施现代化的言语劝说、控制负性情绪的唤醒；王可园（2015）认为，提升公民政治效能感的路径在于提高公民经济生活和文化教育水平、加强回应型政府建设、完善社会主义民主政治制度以及加强网络政治参与平台的建设与管理。

七　提高公民的政治参与程度

本书发现，公民的总体主观话语权与政治参与正相关。因此，提高公民的政治参与程度，可以提升公民的总体主观话语权。我国公民的政治参与虽然取得了明显进步，但是仍存在着很多问题，如王秋波（2008）认为，我国公民的政治参与存在着制度不健全、发展水平总体偏低、公民参与的实际效果不理想等问题。学者们就如何提高我国公民的政治参与程度提出了诸多对策，如王维国、王瑜卿（2006）认为，促进公民有序参与人大工作是扩大公民有序政治参与的根本途径。王秋波（2008）认为，发展市场经济、培育参与型政治文化、充分利用传统和新兴的公民参与渠道、丰富公民政治参与的具体形式、提高公民的政治素质是扩大公民有序政治参与的途径。梁波（2002）认为，要扩大公民的政治参与，除了大力发展社会生产力、大力发展教育科学文化事业、提高全体公民的思想道德素质和科学素质之外，还必须摒弃附庸意识，增强主体意识；建立、健全政治参与的最佳角色结构，充分发挥其政治功能；积极推进政治体制改革，使公民政治参与制度化、程序化。

八　注重不同领域主观话语权的相互影响

无论是大学生群体，还是大学生父母群体，他们的单位事务主观话语权与国家事务主观话语权均呈正相关关系。也就是说，提升他们在一个领域的主观话语权，有助于提升他们在另一个领域的主观话语权；同理，他们在一个领域的主观话语权弱化，在另一个领域的主观话语权也会相应弱化。简言之，公民不同领域的主观话语权存在着“一强俱强，一弱俱弱”的共变规律。因此，公民不同领域的主观话语权要共同提升，否则，某领域主观话语权的不足就会导致他们主观话语权的“短板效应”，影响其他领域的主观话语权。

九　注重公民主观话语权的代际影响

徐安琪（2013）的调查发现，家庭集体主义仍然是中国的主流，传统家庭核心观念并未全面走向衰落，一些主导性核心价值观念没有随历史的变迁和经济社会结构的转型而改变。彭大松（2014）的研究发现，在中国，作为家庭核心观念的孝道观、家庭本位观没有出现代际差异。本书发现，大学生与他们父母的主观话语权正相关，公民主观话语权存在着代际传递效应。也就是说，如果父代的主观话语权越大，那么子代的主观话语权也就有可能越大。因此，提升其中一代的主观话语权，有助于提升另一代的主观话语权。

十　提升新闻工作者的主观采编话语权

新闻工作者的主观采编话语权越大，就越可能按照新闻规律采编新闻，公民就越能够接近对世界真相的认识。本书发现，新闻工作者的主观采编话语权处于“中等”偏上水平，其主观采编话语权还有较大的提升空间。就影响因素而言，提升新闻工作者的主观采编话语权，需要增强读者、新闻当事人和同事等专业主义压力的感知，削弱政府和宣传部门领导、主编、报社经营部门和广告商等外部干涉压力的感知。

参考文献

中文部分

阿尔温·托夫勒:《权力的转移》，中共中央党校出版社 1991 年版。

阿诺德·约瑟夫·汤因比、池田大作:《展望二十一世纪：汤因比与池田大作对话录》，国际文化出版公司 1985 年版。

爱德华·萨义德:《东方学》，王宇根译，生活·读书·新知三联书店 1999 年版。

安世遨:《对话——群众路线的实现路径》，《理论月刊》2015 年第 7 期，第 22—25 页。

边燕杰、芦强:《阶层再生产与代际资源传递》，《人民论坛》2014 年第 2 期，第 20—23 页。

卜卫:《媒介与性别》，江苏人民出版社 2001 年版。

布迪厄、华康德:《实践与反思》，中央编译出版社 1998 年版。

布鲁玛、玛格里特:《西方主义：敌人眼中的西方》，张鹏译，金城出版社 2010 年版。

蔡雯、陈卓:《媒介融合进程中新闻报道的突破与创新——基于 2008 年重大新闻报道案例研究的思考》，《国际新闻界》2009 年第 2 期，第 61—64 页。

蔡之国:《“帮忙类”电视节目：底层阶层的权利寻租》，《当代传播》2013 年第 1 期，第 61—64 页。

曹锦清、陈中亚:《走出“理想”城堡——中国“单位”现象研究》，海天出版社 1997 年版。

曹志明:《做好四种报道　提升媒体影响力》，《中华新闻报》2009 年 3 月 18 日。

陈辰：《政治态度、政治参与和媒介使用的关系的研究：基于对澳门特区的研究》，博士论文，澳门科技大学，2014 年。

陈成文、彭国胜：《在失衡的世界中失语——对农民工阶层丧失话语权的社会学分析》，《天府新论》2006 年第 5 期，第 93—97 页。

陈春莲：《合理的阶层结构与和谐社会构建》，《重庆工商大学学报》（社会科学版）2008 年第 6 期，第 57—59 页。

陈恢忠：《论社会分层的功能》，《广西社会科学》2003 年第 4 期，第 156—158 页。

陈陆辉、陈映男：《台湾大学生的媒体使用与政治效能感》，《传播文化》2013 年第 12 期，第 3—40 页。

陈凌云：《二元户籍制度的弊端与改革》，《西南林学院学报》2006 年第 S1 期，第 78—80 页。

陈陆辉、耿曙：《政治效能感与政党认同对选民投票抉择的影响——以 2002 年北高市长选举为例》，《台湾民主季刊》2008 年第 3 期，第 87—118 页。

陈陆辉、连伟廷：《知性、党性与信息——台湾民众政治效能的分析》，《台湾民主季刊》2008 年第 3 期，第 121—156 页。

陈鹏：《媒体与中国农民政治参与的关系研究——基于全国代表性数据的实证分析》，《云南行政学院学报》2014 年第 4 期，第 101—104 页。

陈品皓：《媒体使用行为对选民政治效能感与民主评价的影响——以 2004 年“立法委员”选举为例》，台湾选举与民主化调查 2005 年国际学术研讨会，台湾政治大学选举研究中心，台北，2005 年 11 月。

陈平、刘润刚、龙涌澜：《社会分层对大学生政治认同影响的实证研究》，《常州大学学报》（社会科学版）2014 年第 1 期，第 108—112 页。

陈胜：《青年生活质量与主客观社会分层研究》，《青年探索》2005 年第 4 期，第 31—33 页。

陈堂发：《新闻媒介话语权辨析》，《新闻导刊》2004 年第 3 期，第 44—45 页。

陈婉莹：《思考新闻工作者的独立性》，http：//chinamediaresearch. cn/article. php？id＝1374，2003 年 7 月 18 日。

陈伟球：《新媒体时代话语权社会分配的调整》，《国际新闻界》2014 年第5期，第79—91页。

陈玉明、崔勋：《代际差异理论与代际价值观差异的研究评述》，《中国人力资源开发》2014年第13期，第43—48页。

陈振明、李东云：《“政治参与”概念辨析》，《东南学术》2008年第4期，第104—110页。

成伟、陈婷婷：《代际差异与冲突之分析》，《长白学刊》2009年第6期，第116—168页。

成伟、牛喜霞、迟丕贤：《社会资本代际传递之研究》，《华南理工大学学报》（哲学社会科学版）2013年第1期，第1—9页。

程喆：《话语权：农民工对法律价值的深层诉求——兼谈对农民工话语权的法律保护》，《哈尔滨学院学报》2006年第8期，第66—70页。

戴维·米勒、韦农·波格丹诺：《布莱克维尔政治学百科全书》，邓正来译，中国政法大学出版社1992年版。

邓红、李玉燕：《电视新闻特别节目的生产与传播机制》，《青年记者》2014年第20期，第59—60页。

丁柏铨、李卫红：《论时政新闻的改革创新（一）》，《采写编》2006年第4期，第7—8页。

丁方舟：《作为政治舞台的社会化媒体：框架建构与话语竞争》，《喀什师范学院学报》2014年第2期，第16—21页。

董树彬：《中国共产党对群众路线与协商民主契合性的探索》，《云南行政学院学报》2015年第3期，第56—60页。

杜李：《论群众路线》，辽宁人民出版社1984年版。

范敬英：《新闻报道与民众话语权》，《新闻窗》2007年第6期，第88—90页。

梵·迪克：《话语·心理·社会》，施旭、冯冰译，中华书局2003年版。

梵·迪克：《作为话语的新闻》，曾庆香译，法律出版社2003年版。

范雷：《80后的政治态度——目前中国人政治态度的代际比较 》，《江苏社会科学》2012年第3期，第54—62页。

方延明：《论社会主义市场经济条件下新闻理论与实践的变与不变》，载方延明著《新闻与文化研究》，社会科学文献出版社2007年版，第135—157页。

费斯:《言论自由的反讽》，刘擎、殷莹译，新星出版社 2005 年版。

费孝通:《乡土中国》，上海观察社 1947 年版。

费云霞:《话语权的双重涵义》，《语文学习》2009 年第 4 期，第 74 页。

冯广艺:《论话语权》，《福建师范大学学报》2008 年第 4 期，第 54—59 页。

冯玉荣、范利国、吴华林:《子女性格与父母性格关系的调查与分析》，《中国优生与遗传杂志》2000 年第 6 期，第 114 页。

伏东海:《媒体技术与公民话语权的互动发展研究》，《中国传媒科技》2012 年第 10 期，第 216—217 页。

傅慧芳:《公民意识的要素结构探新》，《福建师范大学学报》(哲学社会科学版) 2012 年第 2 期，第 9—16 页。

盖伊·塔奇曼:《做新闻》，麻争奇、刘笑盈、徐扬译，华夏出版社 2009 年版。

甘惜分主编:《新闻学大辞典》，河南人民出版社 1993 年版。

高丙中、袁瑞军:《中国公民社会发展蓝皮书》，北京大学出版社 2008 年版。

高丙中:《中国的公民社会发展状态——基于“公民性”的评价》，《探索与争鸣》2008 年第 2 期，第 8—14 页。

宫宏祥:《论社会分层的负面影响》，《晋阳学刊》2003 年第 2 期，第 41—45 页。

管成云:《新闻话语的设置、表述与对抗》，《浙江传媒学院学报》2008 年第 3 期，第 28—31 页。

郭虹:《“社会动员”和“社会参与”:国家治理中应对社会公共事务的新途径》，《党政研究》2015 年第 5 期，第 84—87 页。

郭继文:《从话语权视角谈约瑟夫·奈软力量理论的创新》，《前沿》2009 年第 9 期，第 3—5 页。

郭庆光:《传播学教程》，中国人民大学出版社 1999 年版。

郭秋永:《抽象概念的分析与测量:“政治效能感”的例释》，载方万全、李有成主编《第二届美国文学与思想研讨会文集》，台北“中央研究院”欧美研究所 1991 年版，第 305—342 页。

郭镇之:《舆论监督与西方新闻工作者的专业主义》，《国际新闻界》1999

年第 5 期，第 32—38 页。

哈贝马斯：《公共领域的结构转型》，曹卫东等译，学林出版社 1999 年版。

哈贝马斯：《公共领域》，曹卫东等译，学林出版社 1999 年版。

韩阳：《政府荣誉的社会建构及其消解》，《重庆社会主义学院学报》2015 年第 3 期，第 79—84 页。

何春晖、毛佳瑜：《媒体影响力的量化指标》，《新闻实践》2006 年第 10 期，第 15—17 页。

何海兵：《我国城市基层社会管理体制的变迁：从单位制、街居制到社区制》，《管理世界》2003 年第 6 期，第 52—62 页。

何舟、陈先红：《双重话语空间：公共危机传播中的中国官方与非官方话语互动模式研究》，《国际新闻界》2010 年第 8 期，第 21—27 页。

何舟：《中国政治传播研究的路向》，《新闻大学》2008 年第 2 期，第 34—36 页。

侯保疆：《公共行政中的公共事务界分》，《汕头大学学报》（人文社会科学版）2014 年第 3 期，第 68—73 页。

侯东辉、佟丽君、贺敏：《父母教养方式对子女焦虑的影响研究》，《中国健康心理学杂志》2008 年第 2 期，第 74—76 页。

侯迎忠、赵志明：《西方新闻专业主义初探》，《当代传播》2003 年第 4 期，第 55—57 页。

胡建：《当代中国公民政治认同的理论与实践研究》，博士学位论文，西南交通大学，2007 年。

胡锦涛：《在省部级主要领导干部社会管理及其创新专题研讨班上的讲话》，党建读物出版社 2011 年版。

胡锦涛：《坚定不移沿着中国特色社会主义道路前进　为全面建成小康社会而奋斗——在中国共产党第十八次全国代表大会上的报告》，《前线》2012 年第 12 期，第 6—25 页。

胡蕾：《试论女性新闻从业者的职场崛起及现实困境》，硕士学位论文，华中师范大学，2006 年。

胡荣：《社会资本与城市居民的政治参与》，《社会学研究》2008 年第 5 期，第 142—159 页。

胡岳鹏、倪大伟：《政治认同与利益表达相关性探析》，《前沿》2008 年第 7 期，第 64—66 页。

黄超、周蓓：《我国文化传媒体制改革的关键点和根本点》，《新闻知识》2010 年第 11 期，第 8—10 页。

黄旦：《传者图像：新闻专业主义的建构与消解》，复旦大学出版社 2005 年版。

黄洪基：《审视与超越——青年的时代特征与代际特征》，《当代青年研究》2004 年第 8 期，第 8—12 页。

黄建钢：《青年模糊——代际正在消失乎?》，《中国青年研究》1999 年第 6 期，第 39—40 页。

黄明：《黄明在全国公安机关电视电话会议上强调　扎实有力推进户籍制度改革　加快提高户籍人口城镇化率》，《人民公安部》2016 年 1 月 29 日。

黄顺铭：《制造职业荣誉的象征：中国官方新闻奖的制度实践（1980—2013)》，《国际新闻界》2014 年第 6 期，第 29—45 页。

黄小勇：《民生新闻与公众政治参与良性关系的构建》，《科学社会主义》2012 年第 3 期，第 48—51 页。

黄轩庄、余海超：《大学生媒介使用情况调查与分析》，《中国青年研究》2011 年第 1 期，第 62—64 页。

黄振辉：《社会资本与新社会阶层政治参与——以珠江三角洲 S 市为例》，《当代中国政治研究报告》2011 年，第 172—186 页。

加布里埃尔·A. 阿尔蒙德、西德尼·维巴：《公民文化——五国的政治态度和民主》，马殿君等译，浙江人民出版社 1989 年版。

加布里埃尔·A. 阿尔蒙德、小 G. 宾厄姆·鲍威尔：《比较政治学》，上海译文出版社 1987 年版。

贾亦凡：《“半边天”名副其实乎？——上海市女新闻工作者现状抽样调查报告》，《新闻记者》2001 年第 11 期，第 16—21 页。

江泽民：《高举邓小平理论伟大旗帜　把建设有中国特色社会主义事业全面推向二十一世纪：江泽民在中国共产党第十五次全国代表大会上的报告》，人民出版社 1997 年版。

姜雪：《微博时代我国新闻工作者职业道德失范分析》，《传播与版权》2015 年第 3 期，第 131—135 页。

姜涌:《中国的“公民意识”问题思考》,《山东大学学报》(哲学社会科学版) 2001 年第 4 期,第 82—87 页。

蒋士会:《教育功能及其演进》,《广西师范大学学报》(哲学社会科学版) 2003 年第 2 期,第 99—104 页。

揭爱花:《单位:一种特殊的社会生活空间》,《浙江大学学报》(人文社会科学版) 2000 年第 5 期,第 76—83 页。

金波:《传统媒体话语权三问》,《新闻实践》2013 年第 2 期,第 7—9 页。

金奇:《人的现代化素质略论》,《北京社会科学》2002 年第 2 期,第 143—146 页。

金勤明:《试论代际冲突与沟通》,《江西社会科学》1995 年第 3 期,第 74—76 页。

金太军、王庆五:《中国传统政治文化新论》,社会科学文献出版社 2006 年版。

金雅然、钟笑寒:《电视、政治参与和政治态度:基于 CGSS 数据的经验研究》,《经济学报》2014 年第 1 期,第 135—162 页。

鞠斐:《关于民生新闻背后的市民大众话语》,http: //www. zijin. net, 2004 年 12 月 23 日。

卡尔·曼海姆:《卡尔·曼海姆精粹》,徐彬译,南京大学出版社 2002 年版。

康新贵:《当代中国四大社会阶层分析》,http: //www. china-elections. org / NewInfo. asp? News ID =96029, 2006 年 9 月 27 日。

科恩:《论民主》,聂崇信译,商务印书馆 1979 年版。

郎俊杰、钱亚东、董梦妍:《农民工社会诉求代际差异实证研究》,《经济研究导刊》2012 年第 4 期,第 129—131 页。

劳允栋:《英汉语言学词典》,商务印书馆 2005 年版。

李彬:《传播学引论》(增补版),新华出版社 2003 年版。

李春玲:《社会阶层的身份认同》,《江苏社会科学》2004 年第 6 期,第 108—112 页。

李丹峰:《媒体使用、媒体信任与基层投票行为——以村/居委会换届选举投票为例》,《江苏社会科学》2015 年第 1 期,第 41—51 页。

李锋亮、侯龙龙、文东茅：《父母教育背景对子女在高校中学习与社会活动的影响》，《社会》2006 年第 1 期，第 112—129 页。

李光斗：《第四次浪潮下的影响力营销》，《广告人》2005 年第 7 期，第 87—88 页。

李汉林、李路路：《资源与交换——中国单位组织中的依赖性结构》，《社会学研究》1999 年第 4 期，第 44—63 页。

李汉林：《中国单位现象与城市社区的整合机制》，《社会学研究》1993 年第 5 期，第 23—32 页。

李华：《“群众路线”：内涵、逻辑与特质》，《上海党史与党建》2012 年第 1 期，第 5—9 页。

李黄骏：《中国语境下“政治参与”的概念辨析》，《理论界》2013 年第 10 期，第 12—15 页。

李景鹏：《中国公民社会成长中的若干问题》，《社会科学》2012 年第 1 期，第 13—22 页。

李君如：《以协商民主制度的完善践行群众路线》，《前线》2013 年第 9 期，第 24—27 页。

李克强：《李克强强调：改革是中国最大的红利》，http：//finance. people. com. cn/n/2012/1122/c1004 - 19667962. html，2012 年 11 月 22 日。

李路路：《论“单位”研究》，《社会学研究》2002 年第 5 期，第 23—32 页。

李路路：《再生产的延续》，中国人民大学出版社 2003 年版。

李萌：《媒体话语权对他人形象的塑造——从台湾歌手萧敬腾爆红现象谈起》，《青年记者》2009 年第 29 期，第 5—6 页。

李猛、周飞舟、李康：《单位：制度化组织的内部机制》，《中国社会科学季刊》，1996 年（总）第 16 期，第 89—108 页。

李名亮：《微博、公共知识分子与话语权力》，《学术界》2012 年第 6 期，第 75—86 页。

李明：《中国传媒体制改革制度安排的检视与思考》，《人文论谭》2011 年第 3 期，第 191—198 页。

李明宇：《传统媒体与新媒体新闻信息传播比较》，《中国广播电视学刊》2014 年第 9 期，第 100—101 页。

李培林:《社会冲突与阶层意识——当代中国社会矛盾研究》,《社会》2005 年第 1 期,第 7—27 页。

李培林:《和谐社会十讲》,社会科学文献出版社 2006 年版。

李强:《当前我国社会分层结构变化的新趋势》,《江苏社会科学》2004 年第 6 期,第 93—99 页。

李强:《试析社会分层的十种标准》,《学海》2006 年第 4 期,第 40—46 页。

李强:《当代中国社会分层:测量与分析》,北京师范大学出版社 2010 年版。

李勤、丁洁:《新闻传播环境与话语权的关系探析》,《广西大学学报》(哲学社会科学版)2004 年第 4 期,第 78—83 页。

李勤:《新闻传播环境对知情权的影响》,《当代传播》2003 年第 6 期,第 10—13 页。

李琼英:《基于社会分层视野下的利益表达问题探析》,《安徽工业大学学报》(社会科学版)2011 年第 5 期,第 24—26 页。

李水金:《中国公民话语权研究》,吉林人民出版社 2009 年版。

李蔚:《网络信息传播与网络话语权控制》,《南京政治学院学报》2009 年第 3 期,第 110—112 页。

李文明:《创新公众参与方式 搭建社会善治平台——略论媒体在解决民生问题中的作用》,《秩序与进步:社会建设、社会政策与和谐社会研究——浙江省社会学学会成立二十周年纪念暨 2007 学术年会论文集》2007 年,第 164—173 页。

李岩:《新闻专业主义在中国大陆的实践与变异》,《当代传播》2011 年第 1 期,第 4—7 页。

李元书、李宏宇:《社会分层的含义和原因分析》,《黑龙江社会科学》2004 年第 6 期,第 13—15 页。

李震:《葛兰西的文化霸权》,《学海》2004 年第 3 期,第 55—62 页。

李贞芳、韦路:《影响新闻工作者新闻价值框架形成的因素》,《国际新闻界》2007 年第 4 期,第 41—44 页。

利索夫斯基:《米德论代际关系》,黄德兴译,《现代外国哲学社会科学文摘》1999 年第 6 期,第 52—53 页。

联合国教育组织总部中文科译：《教育——财富蕴藏其中》，教育科学出版社 1996 年版。

梁波：《当代中国公民政治参与的制约因素》，《求实》2002 年第 5 期，第 47—49 页。

梁衡：《社会主义市场经济条件下的报纸管理》，《中国记者》1992 年第 12 期，第 4—5 页。

梁静：《厦大首次公布男女生比例　连续八年"阴盛阳衰"》，《海峡导报》，2015 年 8 月 21 日。

梁凯音：《对中美关系中的中国国际话语权问题的研究》，《东岳论丛》2010 年第 7 期，第 174—177 页。

廖圣清、景杨、张帅：《大学生的媒介使用、社会接触和国家印象：以刻板印象为研究视角》，《新闻与传播研究》2011 年第 1 期，第 40—50 页。

廖小平：《中国传统家庭代际伦理的现代转型和重构》，《东南学术》2005 年第 6 期，第 79—84 页。

廖小平：《改革开放以来中国社会代际价值观的嬗变轨迹》，《甘肃社会科学》2006 年第 4 期，第 215—218 页。

林爱珺、张晓锋、童兵：《我国社会的媒介影响与媒介依赖》，《新闻界》2007 年第 6 期，第 8—10 页。

林大吉：《立言为公　执言为民——关于人民政协话语权的一点思考》，《宁波大学学报》（人文科学版）2006 年第 1 期，第 103—107 页。

林林、张玉川：《女性报道者角色的嬗变——从凤凰卫视伊拉克战争谈起》，《新闻与传播研究》2003 年第 2 期，第 87—89 页。

林莺：《言说权力和新闻媒体主体性话语权力构建》，《东岳论丛》2013 年第 5 期，第 125—129 页。

刘成付：《推进社会转型期话语权的媒介重构》，《中国社会科学报》2014 年 3 月 26 日。

刘海龙：《新闻工作者微博应用困境及其根源》，《新闻记者》2012 年第 9 期，第 30—37 页。

刘红凛：《新时期党的群众路线与人民民主》，《江西社会科学》2014 年第 10 期，第 198—204 页。

刘华蓉:《大众传媒与政治》，北京大学出版社 2001 年版。

刘怀光、田慧婧:《代际交往的现代发展及其文化模式的重构》，《吉首大学学报》(社会科学版) 2011 年第 1 期，第 103—105 页。

刘建明:《扩大中等收入阶层比重　构建小康社会结构》，《理论探讨》2005 年第 2 期，第 17—20 页。

刘九洲、陈丽:《网络媒体与传统媒体话语分层研究》，《新闻界》2007 年第 6 期，第 106—107 页。

刘魁:《当代中国政治认同问题研究——基于意识形态分析的视角》，博士学位论文，南京理工大学，2012 年。

刘少华、戴瑜宏:《政府话语权：流失、分散与重构——基于微博的考察》，《湖南科技大学学报》(社会科学版) 2014 年第 2 期，第 37—41 页。

刘文科、张文静:《论媒体化政治的积极影响和消极影响》，《探索》2014 年第 3 期，第 61—64 页。

刘文科:《论大众媒体的政治影响力》，《政治学研究》2012 年第 2 期，第 37—45 页。

刘欣:《转型期中国大陆城市居民的阶层意识》，《社会学研究》2001 年第 3 期，第 8—17 页。

刘旭涛:《公共事务：政府职能界定的重新思考》，《中国行政管理》1998 年第 5 期，第 19—21 页。

刘学义:《话语权转移：转型时期媒体言论话语权实践的社会路径分析》，中国传媒大学出版社 2008 年版。

刘毅:《报纸读者的阅读兴趣调查——基于福建三地的读者调查》，《中国报业》2012 年第 20 期，第 38—40 页。

刘毅、郝晓鸣:《新闻控制、采编话语权与报道影响力》，《新闻与传播研究》2015 年第 3 期，第 23—37 页。

刘毅、郝晓鸣:《时政新闻接触与政治参与——对大学生及其父母的代群比较研究》，《传播与社会学刊》2017 年(总)第 42 期，第 91—144 页。

刘艺杰:《〈南方周末〉的同性恋报道研究——以近十年的样本为例》，硕士学位论文，兰州大学，2014 年。

刘云山:《全国宣传部长会议在京召开　刘云山出席会议并讲话》，http://

news. xinhuanet. com/politics/2015 - 01/05/c _1113884946. htm，2015 年 1 月 5 日。

刘智峰：《论群众路线与群众参与》，《当代中国史研究》1998 年第 4 期，第 62—69 页。

刘祖云：《社会分层的若干理论问题新探》，《江汉论坛》2002 年第 9 期，第 89—93 页。

刘左元、李林英：《新媒体打破了以往社会分层的对话机制和模式》，《新闻记者》2012 年第 4 期，第 95 页。

卢家银、张慧子：《网络新闻和娱乐使用对青年政治认同的影响——基于对北京三所高校的调查》，《现代传播》2015 年第 4 期，第 48—52 页。

陆学艺：《当代中国十大阶层》，社会科学文献出版社 2002 年版。

陆晔：《新闻生产过程中的权力实践形态研究》，《信息化进程中的传媒教育与传媒研究——第二届中国传播学论坛论文汇编》（上册）2002 年，第 158—166 页。

陆晔：《社会控制与自主性——新闻从业者工作满意度与角色冲突分析》，《现代传播》2004 年第 6 期，第 7—16 页。

陆晔：《媒介使用、社会凝聚力和国家认同——理论关系的经验检视》，《新闻大学》2010 年第 2 期，第 14—22 页。

陆晔、潘忠党：《成名的想象：中国社会转型过程中新闻从业者的专业主义》，《新闻学研究》2002 年（总）第 71 期，第 17—59 页。

陆晔、俞卫东：《社会转型过程中新闻生产的影响因素——2002 上海新闻从业者调查报告之三》，《新闻记者》2003 年第 3 期，第 64—67 页。

陆益龙：《态度、认同与社会分层的主观建构——基于 2008CGSS 的描述性分析》，《湖南社会科学》2011 年第 5 期，第 53—57 页。

路风：《单位：一种特殊的社会组织形式》，《中国社会科学》1989 年第 1 期，第 71—88 页。

罗伯特·基欧汉、约瑟夫·奈：《权力与相互依赖》（第三版），门洪华译，北京大学出版社 2002 年版。

罗森堡姆：《政治文化》，桂冠图书有限公司 1984 年版。

罗胥克：《制作新闻》，姜雪影译，远流出版事业股份有限公司 1994 年版。

骆峰：《论权势话语与语言规范》，《北京化工大学学报》2005 年第 1 期，第 31—36 页。

骆正林:《新闻的生产标准与政治信息的传播》,《探索》2011 年第 2 期,第 108—112 页。

吕催芳:《大学教育如何影响政治参与?》,《清华大学教育研究》2014 年第 5 期,第 70—87 页。

吕进:《公共新闻和公众话语权的提升》,《山西煤炭管理干部学院学报》2010 年第 1 期,第 126—127 页。

马丁·阿尔布罗:《官僚制》,阎步克译,知识出版社 1990 年版。

马广海:《阶层分化促使阶层意识凸显》,《社会科学报》2012 年 8 月 30 日。

马歇尔·麦克卢汉:《理解媒介:论人的延伸》(增订评注本),何道宽译,凤凰出版传媒股份有限公司、译林出版社 2011 年版。

迈克尔·G. 罗斯金等:《政治科学》(第十二版),林震等译,中国人民大学出版社 2014 年版。

迈克尔·舒德森:《新闻的力量》,刘艺娉译,华夏出版社 2011 年版。

毛跃:《论社会主义核心价值观的国际话语权》,《浙江社会科学》2013 年第 7 期,第 27—32、36 页。

梅艳:《当代大学生政治参与行为及影响因素分析——对华中科技大学 600 名本科生的调查》,硕士学位论文,华中科技大学,2006 年。

孟建、卞清:《我国舆论引导的新视域——关于官方话语和民间话语互动、博弈的理论思考》,《新闻传播》2011 年第 2 期,第 6—10 页。

孟令伟:《当代中国社会各阶层分析》,http://www.66wen.com,2006 年 8 月 24 日。

米歇尔·福柯:《知识考古学》,谢强、马月译,上海三联书店 1998 年版。

米歇尔·福柯:《话语的秩序》,肖涛译,载许宝强、袁伟选编《语言与翻译的政治》,中央编译出版社 2001 年版,第 1—31 页。

米歇尔·福柯:《规训与惩罚》,刘北成、杨远婴译,生活·读书·新知三联书店 2007 年版。

米歇尔·克罗齐、塞缪尔·亨廷顿、绵贯让治:《民主的危机》,求实出版社 1989 年版。

闵大洪:《一位坚持专业操守、治学严谨的学者——悼念挚友李斯颐》,

http://blog.voc.com.cn/blog_showone_type_blog_id_741035_p_1.html，2012年2月5日。

莫伟民：《莫伟民讲福柯》，北京大学出版社2005年版。

诺曼·H. 尼、西德尼·伏巴：《政治参与》，载格林斯坦、波尔斯比《政治学手册精选》（下册），商务印书馆1996年版。

潘知常、邓天颖：《大型新闻行动：以整合传播推进重大主题报道——〈江苏新时空〉重大主题报道的成功实践》，《现代传播》2007年第3期，第49—51页。

潘忠党、陈韬文：《中国改革过程中新闻工作者的职业评价和工作满意度——两个城市的新闻从业者问卷调查》，《中国传媒报告》2005年第1期，第41—55页。

彭大松：《家庭价值观结构、代际变迁及其影响因素》，《当代青年研究》2014年第4期，第75—82页。

彭希哲、赵德余、郭秀云：《户籍制度改革的政治经济学思考》，《复旦学报》（社会科学版）2009年第3期，第1—11页。

彭正德：《论政治认同的内涵、结构与功能》，《湖南师范大学社会科学学报》2014年第5期，第87—94页。

亓祥晨、彭万秋：《我国城市居民政治参与影响因素实证研究——基于CGSS 2008的数据分析》，《产业与科技论坛》2015年第12期，第84—86页。

齐志坚：《论社会分层对中国农村传统“差序格局”的改变》，《湖北经济学院学报》（人文社会科学版）2005年第2期，第7—8页。

千石保：《日本的“新人类”——当代日本青年价值观念和行为方式的趋向》，上海社会科学院出版社1989年版。

秦汉、杨保军：《我国新闻媒介体制的基本特征与可能改进方式》，《山西大学学报》（哲学社会科学版）2015年第6期，第73—81页。

秦钠：《透视学历社会》，《上海大学学报》（社会科学版）2003年第3期，第50—54页。

汝绪华：《话语权观的流派探微》，《湖北行政学院学报》2010年第1期，第19—23页。

汝绪华：《论社会阶层结构与阶层话语权》，《天府新论》2010年第3期，第92—96页。

汝绪华：《论阶层话语权生产的权利制度机制——基于社会阶层结构的分析》，《鲁东大学学报》（哲学社会科学版）2011年第2期，第25—29页。

芮必峰：《新闻专业主义：一种职业权力的意识形态——再论新闻专业主义之于我国新闻传播实践》，《国际新闻界》2011年第12期，第72—77页。

若文、胡春晖：《新闻报道的缺陷对传媒影响力的削减》，《今传媒》2004年第7期，第23—24页。

上海市新闻道德委员会“媒体及从业人员新闻道德状况调研”课题组：《上海新闻工作者的新闻道德认知与实践——2013年上海新闻道德状况调查报告》，《新闻记者》2014年第3期，第9—12页。

上海市新闻工作者协会女记者工作委员会：《2013年上海市女性新闻工作者调查报告》，《新闻记者》2014年第3期，第35—42页。

邵培仁：《传播学》，高等教育出版社2000年版。

申丽红：《中国社会阶层变化及其话语体现》，《河北联合大学学报》（社会科学版）2012年第5期，第16—18页。

沈明明：《中国公民意识调查数据报告》（2008），社会科学文献出版社2009年版。

施虹：《改变城乡二元经济结构》，《经济日报》2002年12月23日。

石天华：《21世纪最重要的字》，《现代语文》2004年第10期，第40页。

石研：《新闻工作者职业压力及应对策略》，《今传媒》2007年第3期，第34—36页。

石瑛、董丁戈：《论基于政治效能感的公民政治参与》，《学术交流》2012年第9期，第17—20页。

时蓉华、任国华：《父母—子女两代人的关系》，《老年学杂志》1988年第3期，第139—142页。

史卫民、张小兵：《中国政治发展范式的选择》，中国社会科学出版社2013年版。

宋健、黄菲：《中国第一代独生子女与其父母的代际互动》，《人口研究》2011年第3期，第3—16页。

孙宝寅：《传媒产业发展与管理体制改革》，《学术专刊》2003年第7期，第1—3页。

孙博：《城乡二元结构的形成及影响》，《时代金融》2014年第3期，第166—167页。

孙志刚：《媒体影响力价值几何》，《中国新闻出版广电报》2015年8月11日。

谭宏凯：《不仅仅是发声的权利——谈对外传播的“话语权”问题》，《对外传播》2009年第2期，第15—16、32页。

谭凌宇：《论全国“两会”代表委员媒介话语权的分配格局与使用情况——以〈新京报〉为例》，《媒介化社会的社会文明建构——第四届“华中地区研究生新闻传播学术论坛”优秀论文集》，2013年，第160—188页。

陶蕴芳、叶金福：《当前我国青年知识分子的政治认同实证研究》，《求实》2012年第10期，第62—65页。

田霞：《大学教育与人的全面发展》，《山西师范大学学报》（社会科学版）2006年第1期，第122—125页。

佟玉华、马继东、徐琦：《社会转型期政治发展与民主政治建设》，社会科学文献出版社2009年版。

童兵、张涛甫：《关于中国传媒体制改革创新的观察与思考》，《新闻传媒与社会发展论坛·2007——中国新闻业发展现状与趋势论文集》，2007年，第95—106页。

童庆炳：《文学理论教程》，高等教育出版社1992年版。

王春光、李烨：《当代中国社会阶层的主观性建构和客观实在》，《江苏社会科学》2002年第4期，第95—100页。

王法硕：《大学生网络政治参与的途径与影响因素——基于上海市十所高校的实证研究》，《电子政务》2014年第2期，第87—98页。

王国华、肖林、汪娟、周海灯：《论舆论场及其分化问题》，《情报杂志》2012年第8期，第1—4页。

王洪波、谭卓、惠济州：《大学生价值观与媒介使用关系研究》，《北京教育》2013年第7—8期，第100—102页。

王凯山：《新闻生产理论视域下的非常态新闻生产》，《青年记者》2013年第23期，第28—29页。

王可园：《提升我国公民政治效能感研究》，《中共宁波市委党校学报》2015 年第 2 期，第 73—80 页。

王立新：《试论我国社会分层中人民利益表达制度的建构》，《社会科学》2003 年第 10 期，第 45—50 页。

王蒙：《互联网上的国家与社会：话语权视角》，《甘肃理论学刊》2012 年第 4 期，第 49—53 页。

王明生等：《当代中国政治参与研究》，南京大学出版社 2012 年版。

王浦劬：《政治学基础》，北京大学出版社 1995 年版。

王秋波：《扩大公民有序政治参与的对策与途径研究》，《传承》2008 年第 9 期，第 112—113 页。

王绍光：《毛泽东的逆向政治参与模式——群众路线》，《学习月刊》2009 年第 12 期，第 16—17 页。

王维国、王瑜卿：《扩大公民有序政治参与的根本途径》，《北京联合大学学报》（人文社会科学版）2006 年第 1 期，第 17—21 页。

王小章：《社会分层与社会秩序——对当代中国现实的考察》，《中共宁波市委党校学报》2001 年第 5 期，第 29—36 页。

王馨竹、常若松：《新闻工作者职业压力问卷的编制》，《心理学新探》2010 年第 5 期，第 84—88 页。

王跃生：《农村家庭代际关系理论和经验分析——以北方农村为基础》，《社会科学研究》2010 年第 4 期，第 116—123 页。

王治河：《福柯》，湖南教育出版社 1999 年版。

王子西：《解读电视新闻栏目的民生视角》，《视听》2008 年第 9 期，第 27—29 页。

威廉·配第：《政治算术》，陈冬野译，商务印书馆 2014 年版。

卫夙谨：《大众传媒与农民话语权——从农民“跳楼秀”谈起》，《新闻与传播研究》2004 年第 2 期，第 16—20 页。

吴飞、吴风：《新闻专业主义理念的建构》，《中国人民大学学报》2004 年第 6 期，第 122—129 页。

吴申耀：《当代中国社会阶层分化及其政治影响》，《上海社会科学院学术季刊》2000 年第 3 期，第 116—125 页。

吴小英：《代际冲突与青年话语的变迁》，《青年研究》2006 年第 8 期，第1—8页。

吴晓林：《社会结构调整不可忽视中产阶层规模》，《民主与法制时报》2011年9月26日。

吴玥、张小贝、杨岳千：《女性新闻工作者心理健康状况调查——基于北京电视媒体一线采编的实证研究》，《西部广播电视》2014年第7期，第14—15页。

习近平：《在党的群众路线教育实践活动总结大会上的讲话》（2014-10-08），《人民日报》2014年10月9日。

向俊：《调查式电视深度报道对公民话语权建构的意义——以〈新闻调查〉为例》，《声屏世界》2011年第10期，第20—22页。

夏倩芳：《"挣工分"的政治：绩效制度下的产品、劳动与新闻人》，《现代传播》2013年第9期，第28—36页。

萧思健、廖圣清：《未来新闻工作者如何评价新闻职业道德——复旦大学新闻学院对新闻专业学生的调查报告》，《新闻记者》1999年第6期，第33—35页。

谢静、徐小鸽：《媒介的组织传播模式及其与新闻生产的关系——上海与新加坡报纸的比较研究》，《新闻大学》2008年第4期，第48—57页。

谢立中：《多元话语分析：以社会分层研究为例》，《社会学研究》2008年第1期，第68—102页。

谢秋山、陈世香：《政治效能感与抗争性利益表达方式——基于CGSS2010的定量研究》，《甘肃行政学院学报》2014年第3期，第88—95、113页。

谢秋山、许源源：《"央强地弱"政治信任结构与抗争性利益表达——基于城乡二元分割结构的定量分析》，《公共管理学报》2012年第4期，第12—20页。

辛章平：《城市化与城乡二元社会结构的消解》，《宁夏社会科学》2010年第1期，第47—52页。

熊光清：《新生代农民工政治效能感分析——基于五省市的实地调查》，《社会科学研究》2013年第4期，第32—37页。

熊丙奇：《北大学生不知道自己有话语权》，http：//bqxiong. blogchina. com/1316996. html，2006年2月26日。

熊美娟：《澳门居民政治参与实证研究》，《广东行政学院学报》2013 年第 5 期，第 45—51 页。

休梅克：《大众传媒把关》（中文注释版），张咏华注释，上海交通大学出版社 2007 年版。

徐安琪：《家庭价值观的变迁特征探析》，《中州学刊》2013 年第 4 期，第 75—81 页。

徐永光：《中国公民社会元年》，《NPO 纵横》2008 年第 4 期，第 1—5 页。

许耀桐：《关于党的群众路线形成和发展的认识》，《理论探索》2013 年第 4 期，第 5—10、13 页。

薛海波、符国群、江晓东：《面子意识与消费者购物决策风格：一项 70 后、80 后和 90 后的代际调节作用研究》，《商业经济与管理》2014 年第 6 期，第 65—75 页。

薛文婷、毕剑琥：《〈中国体育报〉和〈体坛周报〉新闻生产机制之比较》，《体育与科学》2013 年第 3 期，第 77—82 页。

杨保军：《论新闻传播环境的构成与特征》，《阴山学刊》2005 年第 2 期，第 5—12 页。

杨春霞：《试析舆论话语权与传媒影响力》，《社会科学论坛》2006 年第 9（下）期，第 142—144 页。

杨金帮：《新媒体时代的记者素质和修养》，《新闻界》2005 年第 6 期，第 132—133 页。

杨菊华、李路路：《代际互动与家庭凝聚力——东亚国家和地区比较研究》，《社会学研究》2009 年第 3 期，第 26—53 页。

杨绿编译：《2015 年美国人平均每天使用媒介时间或达 15.5 小时》，《中国社会科学报》2013 年 11 月 4 日。

姚文华：《记者素质与新闻质量》，《新闻知识》1988 年第 4 期，第 28—31 页。

姚余芳：《和谐社会与政治观的转型》，《探索与争鸣》2005 年第 6 期，第 33—35 页。

伊文：《从汶川到芦山：灾难见证公民社会成长》，《中国减灾》2014 年第 7 期，第 31—33 页。

英克尔斯、史密斯：《从传统人到现代人》，顾昕译，中国人民大学出版社 1992 年版。

俞德鹏:《城乡社会:从隔离走向开放——中国户籍制度与户籍法研究》,山东人民出版社 2002 年版。

俞可平:《对待中国现代化应走出传统“中西之争”》,《北京日报》2011 年 11 月 28 日。

喻国明:《角色认知与职业意识——中国新闻工作者职业意识与职业道德抽样调查报告(之一)》,《青年记者》1998 年第 2 期,第 4—6 页。

喻国明:《中国新闻工作者的职业意识与职业道德》,《新闻记者》1998 年第 3 期,第 10—17 页。

喻国明:《21 世纪传媒业揭秘》,中国工人出版社 2001 年版。

喻国明:《关于传媒影响力的诠释——对传媒产业本质的一种探讨》,《国际新闻界》2003 年第 2 期,第 5—11 页。

喻国明:《中国传媒业发展的关键与“问题单”——兼论传媒体制改革的现实性与迫切性》,《新闻记者》2003 年第 3 期,第 35—37 页。

喻国明:《微博是个好东西》,《中国党政干部论坛》2011 年第 12 期,第 19—21 页。

于泳红:《大学生内隐职业偏见和内隐职业性别刻板印象研究》,《心理科学》2003 年第 4 期,第 672—675 页。

约翰·斯道雷:《文化理论与通俗文化导论》,南京大学出版社 2001 年版。

约瑟夫·奈:《美国定能领导世界吗》,何小东、盖玉云译,军事译文出版社 1992 年版。

张蓓:《媒介使用与城市居民的政治参与——基于中国综合社会调查的研究》,《学海》2014 年第 5 期,第 56—62 页。

张潮、黄超:《新闻媒体对官二代的话语建构——对 3 家代表性报纸相关报道的内容分析》,《新闻记者》2013 年第 3 期,第 39—44 页。

张存:《当代中国社会阶层分化背景下的公民政治参与》,硕士学位论文,山东大学,2008 年。

张光辉、董业宏:《群众路线与中国参与式民主发展的逻辑契合》,《领导科学》2011 年第 35 期,第 4—7 页。

张国祚:《关于“话语权”的几点思考》,《求是》2009 年第 9 期,第 43—46 页。

张继光:《试论新闻话语权》,《太原大学学报》2012 年第 4 期，第 82—83 页。

张健:《“话语权”及公民社会中的话语表达》,《媒介公共服务：理论与实践》2007 年，第 32—38 页。

张凌云:《台湾媒体话语与民间话语的碰撞与交融》,《绥化学院学报》2012 年第 2 期，第 136—138 页。

张明新:《互联网时代中国公众的政治参与：检验政治知识的影响》,《中国地质大学学报》(社会科学版) 2011 年第 6 期，第 49—57 页。

张铭清:《话语权刍议》,《中国广播电视学刊》2009 年第 2 期，第 35—36 页。

张平、李国青:《论政治效能感的作用机制及其培养》,《东北大学学报》(社会科学版) 2004 年第 1 期，第 55—57 页。

张卿卿:《竞选新闻框架与广告诉求对选民政治效能与信赖感的影响》,《新闻学研究》2002 年 (总) 第 71 期，第 135—165 页。

张卿卿:《竞选媒体使用对选民竞选议题知识与政治效能感的影响——以两千年“总统”大选为例》,《选举研究》2002 年第 1 期，第 1—39 页。

张荣华:《“新闻是如何可能的”：现代新闻话语生产的形式与逻辑》,《阅江学刊》2014 年第 2 期，第 92—98 页。

张思维、陈尚荣:《网络时代下的大学生与新闻接触》,《新闻传播》2011 年第 1 期，第 23—24 页。

张西民:《新闻法制与社会发展》，载董郁玉、施滨海编《中国政治——面向新体制选择的时代》，今日中国出版社 1998 年版。

张小明:《公共危机预警机制设计与指标体系构建》,《中国行政管理》2006 年第 7 期，第 14—19 页。

张学标:《新闻话语权中公权力的影响》,《当代传播》2009 年第 4 期，第 108—109 页。

张雪:《试论公民意识的培养》,《华南师范大学学报》(社会科学版) 2005 年第 2 期，第 112—116 页。

张翼:《中国社会阶层结构变动趋势研究——基于全国性 CGSS 调查数据的分析》,《中国特色社会主义研究》2011 年第 3 期，第 65—74 页。

张育仁:《自由的历险：中国自由主义新闻思想史》，云南人民出版社

2002 年版。

张韵婷：《中国女性传媒工作者话语权变迁探讨》，硕士学位论文，暨南大学，2005 年。

张志安：《新闻生产与社会控制的张力呈现——对〈南方都市报〉深度报道的个案分析》，《新闻与传播评论》2008 年，第 165—173 页。

张志洲：《话语质量：提升国际话语权的关键》，《红旗文稿》2010 年第 14 期，第 22—24 页。

赵海月：《论教育含量对政治参与的制约》，《吉林大学社会科学学报》2001 年第 1 期，第 90—96 页。

赵朋飞、王宏健、赵曦：《父母权力资本对子女权力可得性的影响分析——基于 CHFS 全国调查的发现》，《西北人口》2015 年第 4 期，第 102—108 页。

赵启正、冯春海：《"国缘"建构的媒体影响力评估》，《新闻战线》2014 年第 2 期，第 77—79 页。

赵文晶、刘军宏：《碎片化：旨在分享与赋权的新型传播观》，《中国软科学》2013 年第 3 期，第 158—165 页。

赵艳华：《论党的群众路线长效机制建设》，《理论与当代》2013 年第 8 期，第 18—19 页。

赵云泽、付冰清：《当下中国网络话语权的社会阶层结构分析》，《国际新闻界》2010 年第 5 期，第 63—70 页。

赵振宇、徐宁：《从 35 家报社招聘启事看报业人才需求新动向》，《传媒》2004 年第 4 期，第 44—46 页。

曾凡斌：《社会资本、媒介使用与政治参与——基于 2005 中国综合社会调查（CGSS）的农村数据的研究》，《媒介化社会的社会文明建构——第四届"华中地区研究生新闻传播学术论坛"优秀论文集》2013 年，第 5—23 页。

曾凡斌：《社会资本、媒介使用与城市居民的政治参与——基于 2005 中国综合社会调查（CGSS）的城市数据》，《现代传播》2014 年第 10 期，第 33—40 页。

曾诗祺：《政党认同、媒介使用与选民投票决定之研究——九十三年第六届"立委"选举之分析》，硕士学位论文，台湾中山大学，2006 年。

曾艺、陈乐:《新闻工作者的微博使用及对其新闻生产的影响》,《新闻传播》2014 年第 2 期，第 79—80 页。

郑保卫、陈绚:《传媒人对“有偿新闻”的看法——中国新闻工作者的职业道德调查报告》,《新闻记者》2004 年第 5 期，第 20—22 页。

郑杭生、李路路等:《当代中国城市社会结构：现状与趋势》，中国人民大学出版社 2004 年版。

郑建君:《政治沟通在政治认同与国家稳定关系中的作用——基于 6159 名中国被试的中介效应分析》,《政治学研究》2015 年第 1 期，第 86—103 页。

郑磊、朱志勇:《教育是否促进了中国公民的政治选举投票参与——来自 CGSS 2006 年的调查数据的证据》，《北京大学教育评论》2013 年第 2 期，第 165—168 页。

郑立冬、李钢:《微博时代大学生话语权的实现困境及出路》,《北京邮电大学学报》（社会科学版）2012 年第 6 期，第 1—6 页。

郑丽勇、郑丹妮、赵纯:《媒介影响力评估指标体系研究》，《新闻大学》2010 年第 4 期，第 121—126 页。

中共中央:《中共中央关于全面深化改革若干重大问题的决定》，人民出版社 2013 年版。

中共中央文献研究室:《中国共产党中央委员会关于建国以来党的若干历史问题的决议》，《三中全会以来重要文献选编》（下），人民出版社 1982 年版。

中国记协:《中国记协印发新修订的〈中国新闻奖评选办法〉》，http://news.xinhuanet.com/zgjx/2014-12/30/c_133886602_3.htm，2014 年 12 月 30 日。

“中国代际关系研究”课题组:《中国人的代际关系：今天的青年人和昨天的青年人——实证研究报告》,《人口研究》1999 年第 6 期，第 56—62 页。

中国社会科学院语言研究所词典编辑室编:《现代汉语词典》，商务印书馆 2005 年版。

中国共产党第十七届三中全会:《中共中央关于推进农村改革发展若干重大问题的决定》，2008 年 10 月 12 日中国共产党第十七届中央委员会第三次全体会议通过。

中国广播网:《中国工薪阶层人均收入不到世界一半　评:需改善收入分配》,http://finance.qq.com/a/20120403/003322.htm,2012年4月3日。

“中国女新闻工作者的现状与发展”课题组:《中国女新闻工作者的现状与发展》,《妇女研究论丛》1996年第3期,第14—18页。

中国人力资源和社会保障部:《人社部公布全国小时最低工资标准和月最低工资标准》,http://www.ce.cn/xwzx/gnsz/gdxw/201509/29/t20150929 6609111.shtml,2015年9月29日。

中华全国新闻工作者协会、中国社会科学院新闻研究所、“中国女新闻工作者现状与发展”课题组:《中国女新闻工作者现状与发展调查报告》,《新闻与传播研究》1995年第2期,第1—6页。

《中华人民共和国村民委员会组织法》(2010修订),2010年10月28日第十一届全国人民代表大会常务委员会第十七次会议修订。

《中华人民共和国宪法修正案》,2018年3月11日第十三届全国人民代表大会第一次会议通过。

中华人民共和国教育部:《2013年全国教育事业发展统计公报》,http://old.moe.gov.cn/publicfiles/business/htmlfiles/moe/moe_633/201407/171144.html,2014年7月4日。

钟伟凯:《媒介使用、网络信息对政党认同的影响》,硕士学位论文,台湾政治大学,2009年。

周劲:《新闻专业主义的本土化探索》,《新闻大学》2013年第4期,第133—140页。

周俊、毛湛文:《规范的失范:基于历年〈中国新闻工作者职业道德准则〉的实证研究》,《国际新闻界》2013年第10期,第152—166页。

周翔、刘欣、程晓璇:《微博用户公共事件参与的因素探索——基于政治效能感与社会资本的分析》,《江淮论坛》2014年第3期,第136—143页。

周小游:《〈人民日报〉新生代农民工媒介形象研究》,硕士学位论文,湘潭大学,2013年。

周勇:《转型期的困境与压力——对中国新闻工作者心理焦虑的实证分析》,《国际新闻界》2009年第8期,第55—61页。

“走转改”与新闻队伍建设课题组：《“80 后”新闻工作者状况调查》，《新闻战线》2014 年第 4 期，第 71—74 页。

朱德泉：《给公众更多新闻话语权》，《青年记者》2007 年第 13 期，第 77 页。

朱天宇：《时政新闻报道的角色与功能》，《新闻传播》2012 年第 3 期，第 157 页。

庄会晓：《从全民传播的发展趋势分析话语权转移》，硕士学位论文，中国海洋大学，2011 年。

邹吉君、曲卫君：《现代化的内涵及人的现代化》，《东岳论丛》2000 年第 1 期，第 75—77 页。

英文部分

Aarts, K., & Semetko, H. A. (2003). The divided electorate: Media use and political involvement. *Journal of Politics*, *65* (3), 759 - 784.

Abbott, A. (2014). *The system of professions: An essay on the division of expertlabor*. University of Chicago Press.

Abramson, P. R. (1983). *Political attitudes in America: Formation and change*. Freeman.

Almond, G. A., & Verba, S. (1969). *The civil culture*, Princeton, N. J.: Princeton University.

Altschull, J. H. (1995). *Agents of power: The media and public policy*. Prentice Hall.

Bagozzi, R. P., & Yi, Y. (1988). On the evaluation of structural equation models. *Journal of the academy of marketing science*, *16* (1), 74 - 94.

Bakker, T. P., & De Vreese, C. H. (2011). Good news for the future? Young people, Internet use, and political participation. *Communication Research*, 0093650210381738.

Barnes, S. H. (1966). Participation, education, and political competence: Evidence from a sample of Italian socialists. *American Political Science Review*, *60* (2), 348 - 353.

Beam, R. A. (2006). Organizational goals and priorities and the job satisfaction of US journalists. *Journalism and Mass Communication Quarterly*, *83* (1), 169 -185.

Becker, H. (2000). Discontinuous change and generational contracts. In S. Arber and C. Attias-Donfut (Eds.), *The Myth of Generational Conflict: The Family and State in Ageing Societies* (pp. 114 - 132). London: Routledge.

Bergen, L. A., & Weaver, D. (1988). Job satisfaction of daily newspaper journalists and organization size. *Newspaper Research Journal*, *9* (2), 1 -13.

Breed, W. (1955). Social control in the newsroom: A functional analysis. *Social Forces*, *33* (4), 326 -335.

Breuer, A., Landman, T., & Farquhar, D. (2015). Social media and protest mobilization: Evidence from the Tunisian revolution. *Democratization*, *22* (4), 764 -792.

Campbell, A., Gurin, G., & Miller, W. E. (1954). *The voter decides.* Evanston, IL: Row, Peterson.

Chan, J. M., Pan, Z., and Lee, F. L. F. (2004). Professional aspirations and job satisfaction: Chinese journalists at a time of change in the media, *Journalism and Mass Communication Quarterly*, *81* (2), 254 -273.

Chan, M., & Guo, J. (2011). The impact of political identity, efficacy, and selective media exposure on political participation: A comparative study of young adults in the United States and Hong Kong. Paper presented at the annual meeting of the Association for Education in Journalism and Mass Communication, Renaissance Grand & Suites Hotel, St. Louis, MO, 2015 -07 -06 from http://citation. allacademic. com/meta/p504827_index. html.

Cook, T. E. (1998). *Governing with the news: The news media as a political institution.* University of Chicago Press.

Corner, J. (1995). *Television form and public address.* London: Edward Arnold.

Dan, H. (2011). Power and right: "Yu Lun Jian Du" as a practice of Chinese media from an institutionalism perspective. *Journalism Studies*, *12* (1), 106 -118.

Debard, R. (2004). Millennials coming to college. *New Directions for Student Services*, *2004* (106), 33 – 45.

Demers, D. P. (1994). Effect of organizational size on job satisfaction of top editors at US dailies. *Journalism & Mass Communication Quarterly*, *71* (4), 914 – 925.

Demers, D. P. (1995). Autonomy, satisfaction high among corporate news staffs. *Newspaper Research Journal*, *16* (2), 91 – 111.

Duncan, O. D. (1961). *A socioeconomic index for all occupations and properties and characteristics of the socioeconomic index*, *occupations and social status* (A. J. Reiss, Ed.), Free Press, Glencoe, IL. pp. 109 – 161.

Easton, D., & Dennis, J. (1967). The child's acquisition of regime norms: Political efficacy. *American Political Science Review*, *61* (1), 25 – 38.

Egri, C, P., & Ralston, D, A. (2004). Generation cohorts and personal values: A comparison of China and the United States. *Organization Science*, *15* (2), 210 – 220.

Form, W. H., & Huber, J. (1971). Income, race, and the ideology of political efficacy. *The Journal of Politics*, *33* (3), 659 – 688.

Fornell, C., & Larcker, D. F. (1981). Evaluating structural equation models with unobservable variables and measurement error. *Journal of Marketing Research*, *18* (1), 39 – 50.

Forrest, A. L., & Weseley, A. J. (2007). To vote or not to vote? An exploration of the factors contributing to the political efficacy and intent to vote of high school students. *Journal of Social Studies Research*, *31* (1), 3 – 11.

Fowler, G. L., & Shipman, J. M. (1984). Pennsylvania editors' perceptions of communication in the newsroom. *Journalism Quarterly*, *61* (4), 822 – 826.

Gaventa, J. (2003a). *Foucault*: *power is everywhere*, http://www. powercube. net/other-forms-of-power/foucault-power-is-everywhere/. Cited 2016 – 03 – 15.

Gaventa, J. (2003b). *Power after Lukes*: *A review of the literature*, Brighton: Institute of Development Studies.

Gaziano, C., & Coulson, D. C. (1988). Effect of newsroom management styles on journalists: A case study. *Journalism and Mass Communication Quarterly*, *65* (4), 869 –880.

Gitlin, T. (1980). *The whole world is watching: Mass media in the making & unmaking of the new left*. Univ of California Press.

Hair, J. F., Anderson, R. E., Tatham, R. L., & Black, W. C. (1998). *Multivariate data analysis*. Upper Saddle River, NJ: Prentice Hall.

Hallin, D. C. (1992). The passing of the "high modernism" of American journalism. *Journal of Communication*, *42* (3), 14 –25.

Hanitzsch, T., & Mellado, C. (2011). What shapes the news around the world? How journalists in eighteen countries perceive influences on their work. *The International Journal of Press/Politics*, *16* (3), 404 –426.

Hanitzsch, T., Anikina, M., Berganza, R., Cangoz, I., Coman, M., Hamada, B., … & Mwesige, P. G. (2010). Modeling perceived influences on journalism: Evidence from a cross-national survey of journalists. *Journalism & Mass Communication Quarterly*, *87* (1), 5 –22.

Holmes, J. (2000). *Doing collegiality and keeping control at work: Small talk in government departments*. In J. Coupland (Ed.), Smalltalk (pp. 51 –58). Horlow, England: Pearson.

Hong, L. (1998). Profit or ideology? The Chinese press between party and market. *Media, Culture & Society*, *20* (1), 31 –41.

Joseph, T. (1981). Existing decision-making practices on American dailies. *Newspaper Research Journal*, 2 (4), 56.

Kenski, K., & Stroud, N. J. (2006). Connections between Internet use and political efficacy, knowledge, and participation. *Journal of Broadcasting & Electronic Media*, *50* (2), 173 –192.

Kerlinger, F. N. (1986). *Foundations of behavioral research* (*3rd ed.*). New York: Harcourt Brace Jovanovich.

Kornhauser, W., & Hagstrom, W. O. (1963). *Scientists in industry: Conflict and accommodation*, Berkeley, CA: University of California Press.

Kostroski, W. L. (1974). Participation in America: Political democracy and social equality. by sidney verba and norman h. nie. (new york: harper &

row, 1972. pp. xxiii, 428.). *Journal of Politics*, *36* (1), 222 – 224.

Krueger, B. S. (2002). Assessing the potential of Internet political participation in the United States: A resource approach. *American Politics Research*, *30* (5), 476 – 498.

Kupperschmidt, B. R. (2000). Multigeneration employees: Strategies for effective management. *Health Care Manager*, *19* (1), 65 – 76.

Kushin, M. J., & Yamamoto, M. (2010). Did social media really matter? College students' use of online media and political decision making in the 2008 election. *Mass Communication and Society*, *13* (5), 608 – 630.

Lambert, R. D., Curtis, J. E., Brown, S. D., & Kay, B. J. (1986). Effects of identification with governing parties on feelings of political efficacy and trust. *Canadian Journal of Political Science*, *19* (4), 705 – 728.

Lancaster, L. C., & Stillman, D. (2002). *When generations collide. Who they are. Why they clash. How to solve the generational puzzle at work.* New York: Collins Business.

Lane, R. E. (1959). *Political Life: Why People Get Involved in Politics.* New York: Oxford University.

Larson, K. G. (2004). *The lnternet and political participation : The effect of lnternet use on voter turnout* (Doctoral dissertation, Georgetown University).

Lee, Chin-Chuan. (1990). *Mass media: Of China and about China.* In Chin-Chuan Lee (ed.), Voice of China: The interplay of politics and journalism, pp. 3 – 32. New York: Guilford Press.

Lee, K. M. (2006). Effects of Internet use on college students' political efficacy. *Cyberpsychology & Behavior*, *9* (4), 415 – 422.

Lin, S. J. (2014). Media use and political participation reconsidered: The actual and perceived influence of political campaign messages. *Chinese Journal of Communication*, *7* (2), 135 – 154.

Lin, Y., & Lim, S. (2002). Relationships of media use to political cynicism and efficacy: A preliminary study of young South Korean voters. *Asian Journal of Communication*, *12* (1), 25 – 39.

Lippmann, W. (2004). *Public opinion*, NewYork, Doner Publications, INC, 8.

Liu, Q., & McCormick, B. (2011). The media and the public sphere in contemporary China. *Boundary 2*, *38* (1), 101 – 134.

Mcquail, D. (2000). *Mass communication theory: An introduction.* Sage Publications.

Moon, S. J. (2013). Attention, attitude, and behavior second-level agenda-setting effects as a mediator of media use and political participation. *Communication Research*, *40* (5), 698 – 719.

Newhagen, J. E. (1994). Media use and political efficacy: The suburbanization of race and class. *Journal of the American Society for Information Science*, *45* (6), 386 – 394.

Nie, N. H., Verba, S., & Kim, J. O. (1974). Political participation and the life cycle. *Comparative Politics*, *6* (3), 319 – 340.

Nygren, G. (2012). Autonomy-a crucial element of professionalization. *JOURNALISTIKSTUDIER VID SÖDERTÖRNS HÖGSKOLA 4*, 73 – 95.

Oblinger, D., & Oblinger, J., Eds. (2005). *Educating the net generation.* Washington, D. C.: EDUCAUSE.

Pan, Z., & Chan, J. M. (2003). Shifting journalistic paradigms how China's journalists assess "media exemplars". *Communication Research*, *30* (6), 649 – 682.

Perrucci, R., Knudsen, D. D. (1983). *Sociology*, St. Paul: West Publishing Co., p. 228

Parry, E., & Urwin, P. (2011). Generational differences in work values: A review of theory and evidence. *International Journal of Management Reviews*, *13* (1), 79 – 96.

Pollard, G. (1995). Job satisfaction among newsworkers: The influence of professionalism, perceptions of organizational structure, and social attributes. *Journalism & Mass Communication Quarterly*, *72* (3), 682 – 697.

Polumbaum, J. (1990). The tribulations of China's journalists after a decade of reform. *Voices of China: The interplay of politics and journalism*, 33 – 68.

Rahmawati, I. (2014). Social media, politics, and young adults: The impact of social media use on young adults' political efficacy, political knowledge, and political participation towards 2014 Indonesia general election.

Rodgers Jr, H. R. (1974). Toward explanation of the political efficacy and political cynicism of black adolescents: An exploratory study. *American Journal of Political Science*, *18* (2), 257 - 282.

Ryfe, D. M. (2009). Broader and deeper a study of newsroom culture in a time of change. *Journalism*, *10* (2), 197 - 216.

Salamon, L. M., & Van Evera, S. (1973). Fear, apathy, and discrimination: A test of three explanations of political participation. *American Political Science Review*, *67* (4), 1288 - 1306.

Schlesinger, P. (1987). *Putting "reality" together: BBC news*. New York: Methuen. First published 1978 by Constable & Co., Ltd., London.

Schulz, W. (2005). *Political efficacy and expected political participation among lower and upper secondary students. A comparative analysis with data from the IEA civic education study*. Online Submission.

Shi, T. (1999). Voting and nonvoting in China: Voting behavior in plebiscitary and limited-choice elections. *The Journal of Politics*, *61* (4), 1115 - 1139.

Shils, E. (1997). The virtue of civility: Selected essays on liberalism. *Tradition and Civil Society*, Chicago: Liberty Fund.

Shoemaker, J. Pamela and Reese, Stephen D. (1996). *Mediating the message: Theories of influences on mass media content*. New York: Longman Publishers.

Silverstein, M., & Bengtson, V. L. (1997). Intergenerational solidarity and the structure of adult child-parent relationships in American families. *American journal of Sociology*, *103* (2), 429 - 460.

Sjovaag, H. (2013). Journalistic autonomy: Between structure, agency and institution. *NORDICOM Review: Nordic Research on Media and Communication*, *34* (Special Issue), 155 - 167.

Skovsgaard, M. (2014). Watchdogs on a leash? The impact of organisational constraints on journalists' perceived professional autonomy and their relationship with superiors. *Journalism*, *15* (3), 344 - 363.

Soloski, J. (1989). News reporting and professionalism: Some constraints on the reporting of the news. *Media, Culture & Society*, *11* (2), 207 –228.

Spector, P. E. (1997). *Job satisfaction: Application, assessment, causes and consequences.* Thousand Oaks, CA: Sage.

Stamm, K., & Underwood, D. (1993). The relationship of job satisfaction to newsroom policy changes. *Journalism & Mass Communication Quarterly*, *70* (3), 528 –541.

Tuchman, G. (1976). Telling stories. *Journal of Communication*, *26* (4), 93 –97.

Tuchman, G. (1978). *Making news: A study in the construction of reality.* New York: Free Press.

Turner, G. (2000). *British cultural studies.* London: Routledge Press.

Wang, H. (2010). How big is the cage? An examination of local press autonomy in China. *Westminster Papers in Communication and Culture*, *7* (1), 56 –72.

Ward, C. R. (1997). The context of intergenerational programs. In S. Newman, C. R. Ward, T. B. Smith, J. O. Wilson, J. M. McCrea, G. Calboun, E. Kingson & T. Francis (Eds.), *Intergenerational programs: Past, present and future* (pp. 21 –36.). Washington D. C.: Taylor & Francis.

Wareing, S. (2004). What is language and what does it do? In L. Thomas, S. Singh, J. Peccei, J. Thornborrow., & J. Jones (Eds.), *Language, society and power: An introduction* (pp. 1 –16). London: Routledge.

Weaver, D. H., & Wilhoit, G. C. (1996). *The American journalist in the 1990s: U. S. news people at the end of an era.* Mahwah, NJ: Lawrence Erlbaum.

Wetherell, M., & Potter, J. (1992). *Mapping the language of racism: Discourse and legitimisation of exploitation.* New York; London: Harvester Wheatsheaf.

Willnat, L., Wong, W. J., Tamam, E., & Aw, A. (2013). Online media and political participation: The case of Malaysia. *Mass Communication and Society*, *16* (4), 557 –585.

Winfield, B. H., & Peng, Z. (2005). Market or party controls? Chinese media in transition. *Gazette*, *67* (3), 255 –270.

Wu, C. L. (2003). Psycho-political correlates of political efficacy the case of the 1994 New Orleans Mayoral Election. *Journal of Black Studies*, *33* (6), 729 –760.

Yong, Z. V., & Lee, F. L. F. (2013). What does it take for women journalists to gain professional recognition? Gender disparities among pulitzer prize winners, 1917 – 2010. *Journalism & Mass Communication Quarterly*, *90* (2), 248 –266.

Zhong, Y., & Chen, J. (2002). To vote or not to vote: An analysis of peasants' participation in Chinese village elections. *Comparative political studies*, *35* (6), 686 –712.

Zi, L. (2003). Breaking news, state media reform. *Beijing Review*, *46* (35), 11 –12.

Ziter, C. B. (1981). Commentary: More effective people management through QWL. *Newspaper Research Journal*, *2* (3), 64 –69.

附　　录

附录 1　《中国公民主观话语权研究》文献回顾编码表

一　文献编号：

二　标题：

三　发表载体类别：

1. 期刊　　2. 报纸

3. 学位论文　　4. 会议论文

四　发表年度：________年

五　被引用次数：________次

六　所涉及主题：

1. 话语权理论　　2. 公民话语权

3. 官方话语权　　4. 经济话语权

5. 意识形态话语权　　6. 媒体话语权

7. 文化话语权　　8. 学术界话语权

9. 其他________

七　文献类别：

1. 学术论文　　2. 评论/议论/感想/观点

3. 对策/建议　　4. 宣传/消息

5. 其他________

附录2　大学生—父母问卷调查

访问员手册

一　调查对象

调查对象为本科二、三、四、五年级学生及其父母（不包括新闻传播学院的学生）。学生与其父母组成一个配对样本：如果被调查学生是男生，则相应地对其父亲进行调查；如果被调查学生是女生，则相应地对其母亲进行调查。

二　调查要求

（一）在调查前，首先要询问调查对象是否接受过本调查，以免造成重复调查。

（二）每份问卷完成的顺序：首先被调查学生在访问员的监督下完成学生部分问卷，然后由被调查学生本人完成对其父母的问卷调查，并向访问员提供认真完成本问卷调查的相关证明。

三　问卷质量控制

（一）为了确保问卷的真实性，督导将电话复核每份问卷的真实性。因此，访问员、被调查学生及其父母均须在所调查的问卷上留下自己的姓名和电话。待督导复核完问卷的真实性、准确性后再发放相应的劳务费和礼品。如果在复核过程中，发现某位访问员的问卷中有任意一份问卷的数据的真实性和准确性存在问题，则该访问员所有的问卷均作废。

（二）为了保证问卷质量真实可靠，同时又为了充分尊重和保护调查对象的隐私，请将各位访问员、被调查学生及其父母的姓名和联系方式填写在本页下方，待督导对问卷进行核查后，将此页和主体问卷部分分离并将其作废。

我承诺严格按照调查要求高质量完成本调查问卷。

访问员姓名　　　：________　访问员电话　　　：________

被调查学生姓名　：________　被调查学生电话　：________

调查执行时间　　：____月____日____时____分

被调查学生父母姓名：________　被调查学生父母电话：________

调查执行时间　　：____月____日____时____分

大学生—父母调查问卷

问卷编号：

您好：

我们是某大学新闻传播学院的研究人员。我们拟选取250名左右的本科生及其父母进行一项匿名学术调查，希望能得到您真实的回答。此调查仅用于学术研究，我们将会保护您的一切资料。这可能会耽误您二十分钟时间。待问卷通过真实性复核后，我们会赠送给您一份精美的礼品。谢谢您!

（请您就认为合适的选项打“√”或者填写合适的答案）

一 大学生问卷调查部分

（一）对以下观点您的同意程度：

	1. 完全不同意	2. 基本不同意	3. 中立	4. 基本同意	5. 完全同意
A. 对学校事务而言					
1. 我没有机会发表意见和看法					
2. 我的意见和看法能够受到同学的重视					
3. 我的意见和看法能够受到老师（领导）的重视					
4. 我的意见和看法可能被采纳					
B. 对国家大事（方针、政策等）而言					
5. 我没有机会提出意见和建议					
6. 我的意见和建议能够受到他人（不含领导）的重视					
7. 我的意见和建议能够受到领导的重视					
8. 我的意见和建议可能被采纳					

（二）您平均一周有几天使用以下方式获取时事政治新闻：

	0天	1天	2天	3天	4天	5天	6天	7天
9. 通过电视收看时事政治新闻								
10. 通过广播收听时事政治新闻								
11. 通过报纸阅读时事政治新闻								
12. 通过新闻网站获取时事政治新闻								
13. 通过社交工具（如微博/微信/论坛等）获取时事政治新闻								
14. 通过和他人聊天（或谈论）获取时事政治新闻								

（三）您对下列提法的同意程度：

	1. 完全不同意	2. 基本不同意	3. 中立	4. 基本同意	5. 完全同意
15. 我积极参加校内和班级的选举（投票）活动					
16. 我经常参加各种竞选或者当选为各类班级（学校或其他）干部或学生代表					
17. 我经常向学生干部或学校领导提出自己的意见					
18. 我经常通过面谈、媒体、书信、电子邮件或电话等方式向相关部门反映问题或情况					
19. 公民可以无所顾忌地发言而不受到任何追究					
20. 公民可以自由地对政府及其工作人员提出建议和批评					
21. 民众的意见对政府的决策有很大影响力					

续表

	1. 完全不同意	2. 基本不同意	3. 中立	4. 基本同意	5. 完全同意
22. 现行的人民代表大会和政治协商制度能有效地帮助民众向政府表达意见					
23. 大众媒体可以有效地反映民众的意见					
24. 我对国家的发展前途充满希望					
25. 总体而言，我对当前政府是信任的					
26. 我认同中国共产党对我国的领导					
27. 我认为公安、检察院、法院等司法部门大多数情况下是公正的					
28. 我觉得我对公共事务（国家或集体事务）有自己的想法					
29. 我觉得我有能力表达我的意见、建议或想法					
30. 我认为相关部门、机构（或领导）不会在意我的想法					
31. 我觉得我有能力参与公共事务（国家或集体事务）					

（四）个人背景资料

32. 性别：

1. 男　　2. 女

33. 年龄：________岁

34. 政治面貌：

1. 中国共产党党员　　2. 中国共青团员

3. 民主党派人士　　4. 群众

35. 入学前户籍：

1. 农村　　2. 城市

36. 入学前居住地：

1. 农村　　2. 县及以下城镇

3. 除省会城市外的地级市　　4. 省会城市或直辖市

37. 年级：

1. 大二　　2. 大三

3. 大四　　4. 大五

38. 专业：________

39. 以最近半年来看，平均每个月您个人可支配的生活费用合计大约为：

1. 300 元以下　　2. 300—499 元

3. 500—999 元　　4. 1000—1499 元

5. 1500—1999 元　　6. 2000—2499 元

7. 2500—2999 元　　8. 3000 元以上

40. 与同学相比，总体而言，您自认为您的性格属于：

1. 内向型　　2. 外向型

请将您的姓名和电话填写在《访问员手册》页的相应位置。

二　父母问卷调查部分

注意事项：

1. 如果被调查学生为男生，则调查其父亲；如果被调查学生为女生，则调查其母亲。

2. 告诉学生本人父母，这是一个匿名学术调查，请他们根据自己的想法来回答，答案没有对错和好坏之分。

3. 不要诱导调查对象做出任何选择。

（五）对以下观点您的同意程度：

	1. 完全不同意	2. 基本不同意	3. 中立	4. 基本同意	5. 完全同意
A. 对单位（社区或者村里）事务而言					
1. 我没有机会发表意见和看法					
2. 我的意见和看法能够受到他人（不含领导）的重视					
3. 我的意见和看法能够受到领导的重视					

续表

	1. 完全不同意	2. 基本不同意	3. 中立	4. 基本同意	5. 完全同意
4. 我的意见和看法可能被采纳					
B. 对国家大事（方针、政策等）而言					
5. 我没有机会提出意见和建议					
6. 我的意见和建议能够受到他人（不含领导）的重视					
7. 我的意见和建议能够受到领导的重视					
8. 我的意见和建议可能被采纳					

（六）您平均一周有几天使用以下方式获取时事政治新闻：

	0天	1天	2天	3天	4天	5天	6天	7天
9. 通过电视收看时事政治新闻								
10. 通过广播收听时事政治新闻								
11. 通过报纸阅读时事政治新闻								
12. 通过新闻网站获取时事政治新闻								
13. 通过社交工具（如微博/微信/论坛等）获取时事政治新闻								
14. 通过和他人聊天（或谈论）获取时事政治新闻								

（七）您对下列提法的同意程度：

	1. 完全不同意	2. 基本不同意	3. 中立	4. 基本同意	5. 完全同意
15. 我积极参加各种选举（投票）活动					
16. 我经常参加各种竞选或者当选为各类干部或人大（政协、民主党派和社会团体等）代表					
17. 我经常向干部或领导提出自己的意见					
18. 我经常通过面谈、媒体、书信、电子邮件或电话等方式向相关部门反映问题或情况					
19. 公民可以无所顾忌地发言而不受到任何追究					
20. 公民可以自由地对政府及其工作人员提出建议和批评					
21. 民众的意见对政府的决策有很大影响力					
22. 现行的人民代表大会和政治协商制度能有效地帮助民众向政府表达意见					
23. 大众媒体可以有效地反映民众的意见					
24. 我对国家的发展前途充满希望					
25. 总体而言，我对当前政府是信任的					
26. 我认同中国共产党对我国的领导					
27. 我认为公安、检察院、法院等司法部门大多数情况下是公正的					
28. 我觉得我对公共事务（国家或集体事务）有自己的想法					
29. 我觉得我有能力表达我的意见、建议或想法					
30. 我认为相关部门、机构（或领导）不会在意我的想法					
31. 我觉得我有能力参与公共事务（国家或集体事务）					

（八）个人背景资料

32. 性别：

1. 男　　2. 女

33. 年龄：________岁

34. 政治面貌：

1. 中国共产党党员　　2. 中国共青团员
3. 民主党派人士　　4. 群众

35. 户籍：

1. 农村　　2. 城市

36. 现居住地：

1. 农村　　2. 县及以下城镇
3. 除省会城市外的地级市　　4. 省会城市或直辖市

37. 学历：

1. 文盲/半文盲　　2. 小学毕业
3. 初中　　4. 高中、中专、中技或职高
5. 大专　　6. 本科
7. 硕士　　8. 博士

38. 职业：（如果已经退休，请回答退休前的职业）

1. 临时工、农民工、无职业者
2. 体力劳动工人
3. 技术工人
4. 办公室一般工作人员（含相应层次的公务员、事业、国企、部队、私企和外企等从业人员）
5. 一般管理人员与一般专业技术人员（含相应层次的公务员、事业、国企、部队、私企和外企等从业人员）
6. 中层管理人员与中级专业技术人员（含相应层次的公务员、事业、国企、部队、私企和外企等从业人员）
7. 高层管理人员与高级专业技术人员（含相应层次的公务员、事业、国企、部队、私企和外企等从业人员）
8. 其他________

39. 以最近半年来看，您的家庭人均月收入大约为：

1. 600 元以下　　2. 600—999 元
3. 1000—1499 元　　4. 1500—1999 元
5. 2000—2499 元　　6. 2500—2999 元
7. 3000—3499 元　　8. 3500—3999 元

9. 4000—4499 元
10. 4500—4999 元
11. 5000—5499 元
12. 5500—5999 元
13. 6000—6999 元
14. 7000—7999 元
15. 8000—8999 元
16. 9000—9999 元
17. 10000—11999 元
18. 12000—13999 元
19. 14000—15999 元
20. 16000—17999 元
21. 18000—19999 元
22. 20000 元以上

40. 与他人相比，总体而言，您自认为您的性格属于：

1. 内向型
2. 外向型

41. 您认为您处于社会的：

1. 最下层
2. 下层
3. 中下层
4. 中层
5. 中上层
6. 上层
7. 最上层

请将您的姓名和电话填写在《访问员手册》页的相应位置。

附录3　大学生及其父母访谈大纲

访谈编号：

尊敬的同学及父母：

您好！

以下是一个学术访谈，请您认真考虑后再回答，这需要耽误您一定的时间。我们会在访谈结束后给您一定的报酬！谢谢您！（如果接受访谈的学生是男生，则父母部分访谈其父亲；如果接受访谈的学生是女生，则父母部分访谈其母亲）

一　大学生访谈部分

（一）主体问题

1. 性别与主观话语权

（1）请问大学的男生和女生会认为他们在学校事务的话语权（即发表意见的机会的拥有程度、意见受重视的程度以及意见可能被采纳的程度，下同）的大小上有显著不同吗？为什么？

（2）请问大学的男生和女生会认为他们在国家大事（方针、政策等）的话语权的大小上有显著不同吗？为什么？

（3）请问大学的男生和女生会认为他们在整个社会上的话语权的大小上有显著不同吗？为什么？

2. 户籍与主观话语权

（1）请问来自农村和城市的大学生会认为他们在学校事务的话语权的大小上有显著不同吗？为什么？

（2）请问来自农村和城市的大学生会认为他们在国家大事（方针、政策等）的话语权的大小上有显著不同吗？为什么？

（3）请问来自农村和城市的大学生会认为他们在整个社会上的话语权的大小上有显著不同吗？为什么？

3. 性格与主观话语权

（1）请问性格内向和外向的大学生会认为他们在学校事务上的话语权的大小上有显著不同吗？为什么？

（2）请问性格内向和外向的大学生会认为他们在国家大事（方针、政策等）的话语权的大小上有显著不同吗？为什么？

（3）请问性格内向和外向的大学生会认为他们在整个社会上的话语权的大小上有显著不同吗？为什么？

4. 政治面貌与主观话语权

（1）请问大学生中的共产党员和非共产党员会认为他们在学校事务的话语权的大小上有显著不同吗？为什么？

（2）请问大学生中的共产党员和非共产党员会认为他们在国家大事（方针、政策等）上的话语权的大小上有显著不同吗？为什么？

（3）请问大学生中的共产党员和非共产党员会认为他们在整个社会上的话语权的大小上有显著不同吗？为什么？

（二）个人背景资料

1. 性别：

1. 男　　　　2. 女

2. 年龄：________岁

3. 政治面貌：

1. 中国共产党党员　　　　2. 中国共青团员

3. 民主党派人士　　　　4. 群众

4. 入学前户籍：

1. 农村　　　　2. 城市

5. 入学前居住地：

1. 农村　　　　2. 县及以下城镇

3. 除省会城市外的地级市　　　　4. 省会城市或直辖市

6. 年级：

1. 大二　　　　2. 大三

3. 大四　　　　4. 大五

7. 专业：________

8. 以最近半年来看，平均每个月您个人可支配的生活费用大约为：

1. 300 元以下　　　　2. 300—499 元

3. 500—999 元　　　　4. 1000—1499 元

5. 1500—1999 元　　　　6. 2000—2499 元

7. 2500—2999 元　　　　8. 3000 元以上

9. 与同学相比，总体而言，您自认为您的性格属于：

1. 内向型　　　　2. 外向型

二　大学生父母访谈部分

（一）主体问题

1. 性别与主观话语权

（1）请问男女公民会认为他们在单位（或社区、村组）事务的话语权（即发表意见的机会的拥有程度、意见受重视的程度以及意见可能被采纳的程度，下同）的大小上有显著不同吗？为什么？

（2）请问男女公民会认为他们在国家大事（方针、政策等）上的话语权的大小上有显著不同吗？为什么？

（3）请问男女公民会认为他们在整个社会上的话语权的大小上有显著不同吗？为什么？

2. 户籍与主观话语权

（1）请问农村和城市公民会认为他们在单位（或社区、村组）事务的话语权的大小上有显著不同吗？为什么？

（2）请问农村和城市公民会认为他们在国家大事（方针、政策等）上的话语权的大小上有显著不同吗？为什么？

（3）请问农村和城市公民会认为他们在整个社会上的话语权的大小上有显著不同吗？为什么？

3. 性格与主观话语权

（1）请问性格内向和外向的公民会认为他们在单位（或社区、村组）事务的话语权的大小上有显著不同吗？为什么？

（2）请问性格内向和外向的公民会认为他们在国家大事（方针、政策等）的话语权的大小上有显著不同吗？为什么？

（3）请问性格内向和外向的公民会认为他们在整个社会上的话语权的大小上有显著不同吗？为什么？

4. 政治面貌与主观话语权

（1）请问共产党员和非共产党员会认为他们在单位（或社区、村组）事务的话语权的大小上有显著不同吗？为什么？

（2）请问共产党员和非共产党员会认为他们在国家大事（方针、政策等）的话语权的大小上有显著不同吗？为什么？

（3）请问共产党员和非共产党员会认为他们在整个社会上的话语权的大小上有显著不同吗？为什么？

5. 社会阶层与主观话语权

有社会学者根据人们的学历、家庭人均月收入和职业等级这三方面的综合评价，将人们所处的社会阶层从低到高依次分为“最下层”“下层”“中下层”“中层”“中上层”“上层”和“最上层”七个层次。

（1）请问不同社会阶层的公民会认为他们在单位（或社区、村组）事务的话语权的大小上有显著不同吗？为什么？

（2）请问不同社会阶层的公民会认为他们在国家大事（方针、政策等）的话语权的大小上有显著不同吗？为什么？

（3）请问不同社会阶层的公民会认为他们在整个社会上的话语权的大小上有显著不同吗？为什么？

（二）个人背景资料

1. 性别：

1. 男　　2. 女

2. 年龄：________岁

3. 政治面貌：

1. 中国共产党党员　　2. 中国共青团员

3. 民主党派人士　　4. 群众

4. 户籍：

1. 农村　　2. 城市

5. 现居住地：

1. 农村　　2. 县及以下城镇

3. 除省会城市外的地级市　　4. 省会城市或直辖市

6. 学历：

1. 文盲/半文盲　　2. 小学毕业

3. 初中　　4. 高中、中专、中技或职高

5. 大专　　6. 本科

7. 硕士　　8. 博士

7. 职业：（如果已经退休，请回答退休前的职业）

1. 临时工、农民工、无职业者

2. 体力劳动工人

3. 技术工人

4. 办公室一般工作人员（含相应层次的公务员、事业、国企、部队、私企和外企等从业人员）

5. 一般管理人员与一般专业技术人员（含相应层次的公务员、事业、国企、部队、私企和外企等从业人员）

6. 中层管理人员与中级专业技术人员（含相应层次的公务员、事业、国企、部队、私企和外企等从业人员）

7. 高层管理人员与高级专业技术人员（含相应层次的公务员、事业、国企、部队、私企和外企等从业人员）

8. 其他________

8. 以最近半年来看，您的家庭人均月收入大约为：

1. 600 元以下　　2. 600—999 元

3. 1000—1499 元　　4. 1500—1999 元

5. 2000—2499 元　　6. 2500—2999 元

7. 3000—3499 元　　8. 3500—3999 元

9. 4000—4499 元
10. 4500—4999 元
11. 5000—5499 元
12. 5500—5999 元
13. 6000—6999 元
14. 7000—7999 元
15. 8000—8999 元
16. 9000—9999 元
17. 10000—11999 元
18. 12000—13999 元
19. 14000—15999 元
20. 16000—17999 元
21. 18000—19999 元
22. 20000 元以上

9. 与他人相比，总体而言，您自认为您的性格属于：

1. 内向型
2. 外向型

10. 您认为您处于社会的：

1. 最下层
2. 下层
3. 中下层
4. 中层
5. 中上层
6. 上层
7. 最上层

附录4　被访大学生及父母的人口统计学特征

编号	性别	年龄	性格	政治面貌	户籍	居住地	年级/学历	专业/职业	生活费/收入（元）	主观社会阶层
1C	男	20	外向	团员	城市	地级市	大三	多媒体	1500－1999	—
1P	男	49	外向	群众	城市	地级市	本科	中层管理与专业技术人员	5000－5499	中层
2C	女	21	外向	团员	农村	农村	大三	电子信息科学与技术	1000－1499	—
2P	女	43	外向	群众	农村	县及以下城镇	初中	临时工、农民工、无职业者	1500－1999	中层
3C	男	21	内向	团员	农村	农村	大三	美术	1500－1999	—
3P	男	44	内向	群众	农村	农村	初中	农民工	600 以下	最下层
4C	女	20	外向	团员	城市	县及以下城镇	大二	英语	1500－1999	—
4P	女	47	外向	群众	城市	县及以下城镇	大专	个体户	8000－8999	中层
5C	女	21	外向	团员	农村	农村	大三	信息工程	1000－1500	—
5P	女	45	外向	群众	农村	农村	小学	体力劳动工人	3500－3900	中层

注：1. 本访谈的对象是大学生及其父母。

2. 编号中的 C 代表子女，P 代表父母；编号中相同的数字表明访谈的两个对象为父子或母子关系，比如 1C 和 1P 是父子关系，以此类推。

3. 对大学生而言，户籍和居住地均属于入学前；大学生填答专业，父母填答职业；生活费指大学生月均生活费（仅学生填写），收入指家庭人均月收入（仅父母填写）。

4. 表中的团员指共青团员，地级市指除省会城市外的地级市。

附录5 报社新闻工作者调查

问卷编号：

您好：

我们是某大学新闻传播学院的研究人员。我们拟选取350名左右的报社新闻工作者来进行一项匿名学术调查，希望能得到您真实的回答。此调查仅用于学术研究，我们将会保护您的一切资料，这可能会耽误您十分钟时间。谢谢您！

（请您就认为合适的选项打“√”或者填写合适的答案）

一 主体问卷

（一）对以下观点您的同意程度：

	1. 完全不同意	2. 基本不同意	3. 中立	4. 基本同意	5. 完全同意
A. 在日常采编业务方面					
1. 我没有机会发言					
2. 我的发言能够受到同事的重视					
3. 我的发言能够受到领导的重视					
4. 我的发言能够被采纳					
B. 在重大采编业务方面					
5. 我没有机会提出意见和建议					
6. 我的意见能够受到同事的重视					
7. 我的意见能够受到领导的重视					
8. 我的意见能够被采纳					

（二）您认为您所采写的新闻报道的影响力情况：

9. 我认为我所采编的稿件对读者：

1. 几乎没有影响　2. 影响很小
3. 影响一般　4. 影响较大
5. 影响很大

10. 我认为我所采编的稿件对新闻当事人：

1. 几乎没有影响　2. 影响很小
3. 影响一般　4. 影响较大
5. 影响很大

11. 我认为我所采编的稿件对其他媒体：

1. 几乎没有影响　2. 影响很小
3. 影响一般　4. 影响较大
5. 影响很大

12. 我所采编的稿件引起的社会反应：

1. 几乎没有反应　2. 反应很小
3. 反应一般　4. 反应较大
5. 反应很大

（三）您是否经常参与以下活动：

13. 在网络空间就公共事务公开发表评论：

1. 从不参与　2. 很少参与
3. 有时参与　4. 经常参与

14. 在公开场合（如会议、集会等），面对民众，就公共事务公开发表评论：

1. 从不发表　2. 很少发表
3. 有时发表　4. 经常发表

15. 被邀请参与政府的决策和咨询：

1. 从未被邀请　2. 很少被邀请
3. 有时被邀请　4. 经常被邀请

16. 被选为人大（或社区等）代表参与公共事务：

1. 从未当选　2. 很少当选
3. 有时当选　4. 经常当选

（四）您对以下判断的同意程度：

	1. 完全不同意	2. 有些不同意	3. 中立	4. 有些同意	5. 完全同意
17. 我所在的报社充分发挥了媒体的舆论监督功能					
18. 我所在报社的新闻报道能引起读者的广泛关注和议论					
19. 读者经常对我报社所做的新闻报道进行反馈					
20. 读者有困难或需求时，经常寻求我们报社的帮助					
21. 当地政府对我所在报社的新闻报道非常重视					
22. 我报社组织的各项社会活动能得到社会各界的广泛响应					
23. 相比同城其他报纸，我所在的报纸是一家更令人信任的报纸					
24. 在当代中国，政府对新闻的管制是合理的					
25. 总体而言，我认可本地宣传部门对媒体的日常业务指导					
26. 现行的新闻体制不利于报纸有效地进行舆论监督					
27. 在现行制度下，媒体在重大问题报道上应该统一声音					
28. 新闻媒体在中国有很高的可信度					

（五）您是否认同以下说法：

	1. 完全不认同	2. 有些不认同	3. 中立	4. 比较认同	5. 完全认同
29. 从事新闻工作，使我获得了较为可观的收入					
30. 从事新闻工作，使我很有职业成就感					

续表

	1. 完全不认同	2. 有些不认同	3. 中立	4. 比较认同	5. 完全认同
31. 我的编辑记者身份能给我带来更多的人脉资源					
32. 从事新闻工作有助于我实现人生的追求					
33. 我对我目前的工作感到很满意					
34. 从事新闻工作能够发挥我的专长					
35. 短期内，我不会离开新闻行业					
36. 通过我日常的新闻报道，社会会变得越来越好					
37. 总体而言，我看好目前我所在报社的发展前景					
38. 总体而言，报社同事之间的关系是和睦的					
39. 凭借我的工作能力和表现，我有机会得到职位晋升					
40. 我对我所在的报社具有很强的归属感					

（六）请评估下列因素对您采编新闻的影响：

	1. 没什么影响	2. 有些影响	3. 影响较大	4. 影响非常大
41. 读者的看法				
42. 同事的看法				
43. 主编（包括编委）们的看法				
44. 当事人的看法				

续表

	1. 没什么影响	2. 有些影响	3. 影响较大	4. 影响非常大
45. 报社经营部门和广告商的看法				
46. 政府和宣传部门领导的看法				

二 个人背景资料

（一）职业概况

47. 您当前的职务是：

1. 见习记者　　2. 见习编辑
3. 文字记者　　4. 摄影记者
5. 文字编辑　　6. 美术编辑
7. 采编中层干部　　8. 报社编委及以上
9. 其他________

48. 您当前主要从事的新闻采编类别是：（选择最合适的一项即可）

1. 时政新闻　　2. 文化新闻
3. 国内新闻　　4. 体育娱乐新闻
5. 经济新闻　　6. 国际新闻
7. 省内新闻　　8. 社会新闻
9. 新闻评论　　10. 社区新闻
11. 突发新闻　　12. 网络新闻
13. 教育新闻　　14. 法制新闻
15. 军事新闻　　16. 民生新闻
17. 其他________

49. 您是否曾经参与报社重大的新闻报道活动：

1. 是　　2. 否

50. 您曾经获得中国新闻奖________次，曾经获得省记协颁发的省级新闻奖________次。（如果没有，请填写 0 次）

51. 您在媒体工作的年限是：________年（如果可能，请精确到半年）

（二）个人基本资料

52. 性别：

1. 男　　2. 女

53. 年龄：________岁

54. 婚姻状况：

1. 未婚　　2. 已婚　　3. 其他________

55. 学历：

1. 高中、中专、中技或职高　　2. 大专

3. 本科　　4. 硕士

5. 博士

56. 以最近半年来看，您个人的月均收入大约为：

1. 3000 元以下　　2. 3000—3999 元

3. 4000—5999 元　　4. 6000—7999 元

5. 8000—9999 元　　6. 10000—11999 元

7. 12000—13999 元　　8. 14000—15999 元

9. 16000—17999 元　　10. 18000—19999 元

11. 20000 元以上

57. 与同事相比，总体而言，您自认为您的性格属于：

1. 内向型　　2. 外向型

58. 您认为您处于社会的：

1. 下层　　2. 中层　　3. 上层

后　记

本书在我的博士论文的基础上修改而成。在付梓之际，我首先要感谢我的导师张铭清教授。在开题前，他从确定论文的题目到内容多次与我讨论，还与我在南洋理工大学的导师郝晓鸣教授交流看法，确定论文提纲。在论文进入写作阶段后，他又对论文的布局提出了很有见地的调整意见，直到完成初稿。初稿完成后，他认真阅读，提出改进意见，并对文字进行了逐字逐句的修改。他的尽心尽责是我完成本论文的重要条件。

同时，我要感谢我的另一位导师郝晓鸣教授。他高才博学、乐观豁达、淡泊名利，始终保持一颗赤子之心。无论是我在新加坡期间还是回国后，对于我的各种问题和请求他都会在第一时间给予解答和帮助。他对本论文进行了全程指导和修改，没有他的心血，本论文不可能如此顺利地完成。

感谢黄星民教授、许清茂教授、阎立峰教授等对本论文写作的指导和帮助。

感谢那些接受本书调查或访谈的学生、家长与新闻工作者们。

感谢父母和家人，他们是我坚强的后盾。

最后感谢为本书出版提供过帮助的所有人。

刘　毅

2019 年 6 月